강신주의
장자 수업

2권

강신주의 장자 수업

2권

{ 밀쳐진 삶을 위한 찬가 }

강신주 지음

ㄹㄱㅑㄴ

| 차례 |

3부 등불을 불어 끄고

4부 바람 부는 곳으로

차례

1부 대지를 뛰어올라

3부

등불을 불어 끄고

25

에히 파시코(ehi pasiko)! 아니 그냥 파시코!

총명 이야기

내가 누군가 '귀가 밝다'고 말한 것은 그가 '특정한 저것의 소리를 듣는다'는 의미가 아니라 그가 '스스로 듣는다'는 것을 의미한다. 내가 누군가 '눈이 밝다'고 말한 것은 그가 '특정한 저것의 모양을 본다'는 의미가 아니라 그가 '스스로 본다'는 것을 의미한다.

　　무릇 스스로 보지 않고 저것을 보는 경우나 스스로 얻지 않고 저것을 얻는 경우는 다른 사람이 얻으려는 것을 얻음이지 자신이 얻을 수 있는 것을 얻음이 아니며, 다른 사람이 맞다고 하는 것에 맞추려 함이지 자신이 맞추어야 할 것에 맞추는 것이 아니다.

「변무」

吾所謂聰者, 非謂其聞彼也, 自聞而已矣. 吾所謂明者, 非謂其見彼也, 自見而已矣.

夫不自見而見彼, 不自得而得彼者, 是得人之得而不自得其得者也, 適人之適而不自適其適者也.

「駢拇」

릴케가 '보는 법'을 배운 이유

독일 시인 릴케(Rainer Maria Rilke, 1875~1926)는 스물여덟 살의 청년 말테의 입을 빌려 말합니다. "나는 보는 법을 배우고 있다(Ich lerne sehen)"고요. 1910년에 출간된 릴케의 소설 『말테의 수기(Die Aufzeichnungen des Malte Laurids Brigge)』에 나오는 말입니다. 얼핏 지나칠 수도 있지만 곱씹으면 무섭고도 섬뜩한 말입니다. 스물여덟 살까지 말테, 즉 릴케도 분명 무언가를 보았을 테니까요. 도시를, 거리를, 건물을, 산을, 강을, 구름을, 여자를, 남자를, 할아버지를, 할머니를, 꽃을, 새를 무수히 보고 또 보았을 겁니다. 그런데 릴케는 이를 모조리 부정합니다. 태어나 처음으로 걸음마를 배우는 아기처럼 릴케는 이제야 보는 법을 배우고 있다고 이야기합니다. 궁금해집니다. 이제까지 릴케는 어떻게 봤던 것일까요? 릴케는 남이 보는 것이나 남이 보아야 한다고 하는 것들을 보았을 뿐입니다. 달리 말해 그는 자신이 보는 것이나 자신이 보아야 한다고 여기는 걸 보지 못했다는 이야기입니다. 릴케처럼 대부분의 사람들은 보는 법을 새로 배우지는 않습니다. 자신이 '보고' 있는 걸 '자신이' 보고 있다고 믿으니까요. 그렇다면 무엇이 릴케로 하여금 이런 비범한 자각에 이르게 했을까요? 그건 릴케가 시인이 되려고 마음먹었기 때문입니다. 바로 그 순간 그는 무언가 잘못되어 있다는 걸 느끼게 됩니다. 아무리 시를 써보아도 이미 누군가가 쓴 시와 비슷하기만 합니다. 남의 눈으로 세상을 보았기에 이런 난처한 일이 벌어진 것입니다. 남의 눈으로 보고 그걸 글로 표현하니, 릴케의 시는 어디선가 읽어본 듯한 시가 되고 만 겁니다. 바로 이 대목에서 릴케는 자기 눈으로 보지 않으면 시인이 될 수 없다는 걸 자각합니다. 그래서 그는 보는 법을 배워야 한다고 다짐합니다. 유모차나 누군가의 등에서 벗어나 이제 걷는 법을 익혀야 하는 어린아이처럼 말입니다. 자기 발로 걷기 시작한 아이가 앞으로 얼마나 넘어질지, 그리고 앞으로 얼마나 길을 잃을지는 모릅니다. 그것은 자기 삶을 살아내기 위해 감당해야만 하는 역경일 겁니다.

"나는 보는 법을 배워야 한다!" 릴케만이 아니라 모든 인문정신이 공유하는 슬로건입니다. 군주가 보라는 대로 보지 않고, 아버지가 보라는 대로 보지 않고, 선생님이 보라는 대로 보지 않고, 신이 보라는 대로 보지 않아야 합니다. 그래야 우리는 자기 삶을 자유롭게 영위할 수 있습니다. 군주, 아버지, 선생님 그리고 신이 자신들이 보는 대로, 자신들이 보라는 것만을 보라고 강요하는 경우가 있습니다. 바로 이것이 억압입니다. 인간의 자유를 긍정했던 인문정신이 이런 억압적 상황을 묵과할 리 없습니다. 특정 시선을 강요하는 억압체제에 맞서 치열하게 싸울 뿐만 아니라, 억압에 복종해 스스로의 눈으로 보지 않는 이웃들을 깨우려 간절히 노력합니다. 이와 반대로 자신의 눈을 저주하고 기꺼이 군주, 아버지, 선생님, 신의 눈으로 자신과 세상을 보고자 하는 사람들도 많습니다. 자신의 눈으로 보는 것을 무서워하고 불안해하는, 이런 유아적 정신이 바로 노예의 정신이자 종교적 정신입니다. 『신약성경』의 '요한복음'에 흥미로운 구절이 등장합니다. "보지 아니하고 믿는 자들은 복이 있도다." 그만큼 종교는 인간들이 스스로 보게 되는 것을 두려워했습니다. 인간들이 자기 눈으로 보는 것을 긍정하고 자신이 볼 수 없는 것을 회의(懷疑)한다면, 보이지 않는 신이나 사후 세계라는 개념으로 인간들을 지배하는 종교는 설 자리가 없어질 테니까요. 그러니 "보지 아니하고 믿으라"고 하는 겁니다. 인간들이 스스로 보지 않게 되었을 때 복은 인간에게 돌아가는 것이 아니라, 보이지 않지만 존재하고 있다는 신에게 돌아가게 됩니다. 아니 정확히 말해, 신을 팔아 생계를 유지하는 사제들에게 복이 있게 될 겁니다.

기독교와 마찬가지로 종교적이지만, 불교에는 묘한 데가 있습니다. 불교에서 인간은 부처를 숭배해야 하지만 동시에 인간도 부처가 될 수 있기 때문입니다. 원칙적으로 부처의 눈으로 보아야 하지만 동시에 자신의 눈으로 볼 수도 있다는 가르침, 종교로서는 정말 개운치 않은 종교가 불교입니다. 분명한 것은, 승려들에게 복이 있으려면 중생들은 부처의 눈으로만 세상을 보아야 한다는 겁니다. 자기 눈으로 세상을 보게 된다면, 중생들이 사찰을 찾아 시주할 일도 없을 테니까요. 모든 사람이 부처가 되면 붕괴되는 종교! 탄생할 때부터 그 내부에 시한폭탄을 장착했던 종교! 그것이 불교입니다. 시한폭탄의 초침이 돌아가고 있다는 긴박감 때문인지, 종교성과 함께하는 불교의 인문성은 더 극적인 데가 있습니다. 밝은 대낮보다 짙은 어둠 속에서 작은 촛불이 더 인상적인 것과 마찬가지입니다. 『앙굿따라니카야(Aṅguttara Nikāya)』에 실린 작은 경전 「마하나마경(Mahānāmasutta)」에서 고타마 싯다르타는 이야기합니다. "에히 파시코(ehi pasiko)!" "와서 보라(come and see)!"는 아주 강렬한 인문주의 선언입니다. 내 말을 믿지 말고 여기로 와서 너의 눈으로 직접 보라는 이야기입니다. '봄'을 뜻하는 '파삼(passam)'에서 유래한 '파시코'라는 말은 강렬합니다. 그렇습니다. 싯다르타는 중생들이 자기 눈으로 보는 법을 배우기를 원했던 겁니다. 중생들이 자기 눈으로 보게 되면, 그들도 자신처럼 깨달은 자, 즉 부처가 된다는 걸 싯다르타는 알았으니까요. 바로 여기서 릴케의 발원은 부처가 되겠다는 의지와 다름없다는 사실이 분명해집니다. 그러나 엄격하게 말해, 보는 법이나 그것을 가르치는 선생은 필요 없을지도 모릅니다. "오라!"는 말은 사족에 불과합니다. "와서" 볼 필요조차 없습니다. 그냥 "보면" 되니까요. 「변무」 편의 '총명 이야기'에서 장자의 입장은 바로 이겁니다.

남의 눈으로 보지 말고 스스로 보라

자기 곁에 "와서 보라!"고 말할 때, 우리는 자신의 보는 방식을 강요하지 않고 제자가 스스로 자기 눈으로 보기를 바라는 싯다르타의 애정, 제자가 스스로 볼 때까지 돌봐주겠다는 부처의 마음을 느낍니다. 자비의 감각은 바로 여기에 자리 잡고 있습니다. 그러나 장자는 쿨합니다. 그냥 스스로 "보라!"고 말할 테니까요. 아이가 자전거를 넘어지지 않고 탈 때까지 자전거의 뒤를 잡아주는 자상함은 장자에게 없습니다. 장자는 느꼈을지도 모릅니다. 아이가 넘어질까 봐 우려하며 자전거를 잡아주는 애정,

자전거와 함께 넘어지는 아이를 잡아주려고 그 곁에서 노심초사하는 노파심이 오히려 아이가 혼자 힘으로 자전거를 타게 되는 순간을 지연시킨다는 사실을요. 물론 아이는 자전거를 타다 넘어질 수 있고, 다시 넘어질지도 모른다는 두려움에 자전거 타기를 끝내 포기할 수도 있습니다. 이 경우 장자는 아이를 안아주지도 격려하지도 않습니다. "그럼 타지 말든가!" 보는 것도 마찬가지입니다. 장자는 사람들이 모두 스스로의 눈으로 보기를 원합니다. 그러나 기대와 달리 사람들은 신, 군주, 아버지, 선생의 눈으로 보려 하고 심지어 타인에게도 그러기를 강요할 수도 있습니다. 이럴 때 장자는 그냥 등을 돌리고 떠납니다. "아님 말고!" 스스로 본다는 것은 자유의 영역이니까요. 물론 장자가 보는 법을 이야기한 것도 사람들을 구원하겠다는 그의 소명의식 때문은 아니라는 걸 알아야 합니다. 사람들은 스스로의 눈으로 보는 장자를 목도하고 어떻게 하면 스스로 볼 수 있는지 그에게 물었을 겁니다. 그래서 장자는 스스로 보는 법을 말한 겁니다. 총명 이야기에서 릴케의 조바심이나 싯다르타의 노파심을 찾을 수 없는 이유가 바로 여기에 있습니다.

총명 이야기라는 제목에 등장하는 '총명(聰明)'이라는 말은 지금은 머리가 좋고 지적인 사람을 묘사할 때 주로 사용합니다. 그런데 총명은 원래 탁월한 청각 능력이나 시각 능력을 가리키는 말입니다. '총(聰)'은 '귀가 밝다'는 뜻이고, '명(明)'은 '눈이 밝다'는 뜻이죠. 하긴 잘 듣고 잘 보아야 멍청해 보이지 않으니, 총명이라는 말이 똑똑한 사람을 가리키게 된 것은 당연한 수순일 겁니다. 진정으로 총명한 사람이나 진짜로 똑똑한 사람은 앵무새 같은 사람이 아니라 자기 생각과 자기 말을 할 수 있는 사람입니다. 자유인은 표절자가 아니라 작가(author)일 수밖에 없다고 생각했던 장자의 일관된 입장입니다. 장자는 자기 생각을 더 분명하고 더 인상적으로 피력하기 위해 총명이라는 단어의 감각적 의미를 되살려내려고 합니다. 장자가 총명을 분리해서 다루는 것으로 총명 이야기가 시작되는 이유입니다. 먼저 '총', '귀가 밝다'는 것의 의미를 다룹니다. 처음부터 장자는 자기 생각을 단도직입적으로 밝힙니다. 특정 소리를 잘 들을 수 있는지의 여부가 아니라 스스로 들을 수 있는지의 여부가 핵심이라는 겁니다. 간단한 예를 생각해보죠. A가 "바깥에 무슨 소리가 들리는 것 같아"라고 말하자, B가 귀를 기울이다 말합니다. "어, 그러네. 늑대가 텐트 주변을 돌고 있는 소리야." 분명 B가 A보다 청력이 좋은 것처럼 보입니다. 그러나 주목해야 할 것은 A가 주의를 환기시키지 않았다면 B는 늑대가 조심스레 걷는 그 작은 소리를 듣지 못했으리라는 사실입니다. 이 경우 A가 '스스로 들은' 사람이라면, B는 스스로 듣지 못한 사람입니다. A가 들어보라고 하지 않았다면 B는 늑대 소리를 듣지 못했을 가능성이 큽니다. 그렇다면 A가 B보다 귀가 밝은 게 아닐까요? 그래서 장자는 말했던 겁니다. "내가 누군가 '귀가 밝다'고 말한 것은 그가 '특정한 저것의 소리를 듣는다'는 의미가 아니라 그가 '스스로 듣는다'는 것을 의미한다"고요.

'특정한 저것의 소리를 듣는다'는 것과 '스스로 듣는다'는 것 사이에는 묘한 의미의 뒤틀림 혹은 불일치가 있습니다. 사실 양자가 엮일 수 있는 경우의 수는 네 가지나 있습니다. 남이 저 소리를 들어보라고 해서 무슨 소리인지 식별한 사람, 남이 저 소리를 들어보라고 했지만 무슨 소리인지 식별하지 못한 사람, 저 소리를 스스로 막연히 듣고 무슨 소리인지 식별한 사람, 저 소리를 스스로 막연히 들었지만 무슨 소리인지 식별하지 못한 사람. 이 중 '남이 저 소리를 들어보라고 했지만 무슨 소리인지 식별하지 못한 사람'이나 '저 소리를 스스로 막연히 듣고 무슨 소리인지 식별한 사람' 중에 누가 더 귀가 밝은지 고민할 여지가 없습니다. 그래서 장자는 나머지 두 경우를 놓고 저울질했던 것 같습니다. '남이 저 소리를 들어보라고 해서 무슨 소리인지 식별한 사람'과 '저 소리를 스스로 막연히 들었지만 무슨 소리인지 식별하지 못한 사람' 중에는 어느 쪽이 귀가 밝다고 할 수 있을까요? 장자는 후자의 손을 들어줍니다. 왜일까요? '남이 저 소리를 들어보라고 해서 무슨 소리인지 식별한 사람'은 남이 개입하지 않았다면 막연한 소리조차 듣지 못했을 것이기 때문입니다. 그에 반해 '저 소리를 스스로 막연히 들었지만 무슨 소리인지 식별하지 못한 사람'에게는 희망이 있습니다. 텐트에 함께 있던 지인의 귀를 이용해 무슨 소리인지 바로 식별할 수도 있고, 아니면 날이 밝은 뒤 캠핑장을 살펴보고 늦게나마 무슨 소리인지 식별할 수도 있기 때문입니다. '명', '눈이 밝다'는 의미도 마찬가지입니다. 장자는 말합니다. "내가 누군가 '눈이 밝다'고 말한 것은 그가 '특정한 저것의 모양을 본다'는 의미가 아니라 그가 '스스로 본다'는 것을 의미한다"고요. 여기서도 '남이 저것을 보라고 해서 어떤 것인지 식별한 사람'보다는 '저것을 스스로 막연히 보고는 있지만 어떤 것인지 식별하지 못한 사람'이 더 눈이 밝다는 것이 장자의 입장입니다.

'팩트'는 팩트가 아니다

"이게 팩트야!"라는 표현은 강력한 힘이 있습니다. 이것이 사실이니 이걸 보라는 이야기입니다. 그런데 이때 '팩트'라고 강조된 것은 현실을 구성하는 일부분에 불과한 경우가 많습니다. 국가가 특정한 무언가를 팩트라고 강조하며 그것을 보라고 유혹합니다. 예를 들어 연예인의 스캔들이라는 팩트를 상소해 국민들로 하여금 중요한 정치적 이슈들에서 눈을 돌리게 할 수도 있습니다. 혹은 최저임금 인상을 요구하는 노동계급의 움직임에 대응하기 위해, 직원을 쓰는 대신 편의점에서 밤샘하는 자영업자의 모습이나 편의점 아르바이트를 구하기 힘든 대학생들의 모습을 팩트로 부각시키는 겁니다. 국가의 전횡을 막으려는 저항운동에 맞서, 시위로 인한 교통 체증에 짜증 내는 시민들의 모습을 팩트로 강조하는 것은 애교에 가깝죠. 여기에 데이터나 통계 기법까지 도입하면 국가가 보라고 유혹하는 팩트는 그야말로 날개를 달게 됩니다. '팩트 물신주의'라고 해도 좋고 '팩트 형이상학'이라고 해도 좋을 사태입니다. 연예인이 마약을 한 건 분명 팩트이고, 최저임금이 올라 학생들이 아르바이트 구하기 힘든 것도 분명 팩트이고, 시위로 길이 막혀 불편함을 느끼는 시민이 있다는 것도 분명 팩트입니다. 그러나 이런 팩트는 가치중립적인 팩트나 순수한 팩트가 아니라 이미 특정 해석이 장착된 팩트이거나 보라고 강요된 팩트에 불과합니다. 그냥 외워두면 편합니다. 팩트는 팩트가 아니라고 말입니다. 중요한 것은,

국가가 보라는 팩트만 보다 보면 우리는 국가의 노예로 전락한다는 사실입니다. 모든 것을 국가의 시선으로만 보니까요. 이럴 때 우리의 눈은 우리 자신의 눈이 아니라 국가의 눈에 지나지 않습니다.

국가의 팩트 물신주의 전략은 사실 자본주의 체제로부터 배운 겁니다. 매스컴을 통한 상품 홍보 전략을 생각해보세요. 최근 전기 자동차 광고가 좋은 예일 겁니다. 지금 우리는 지구온난화와 환경문제가 남의 일이나 먼 일이 아니라 우리가 당면한 위기라고 느끼고 있습니다. 무더위, 집중호우, 산사태, 물 부족 등등을 온몸으로 겪고 있죠. 지금까지 자동차 자본은 제조 과정에서부터 생산된 자동차에 이르기까지 생태계를 그야말로 초토화시킨 주범 중 하나입니다. 그런데 이제 우리 이웃들과 함께 환경문제를 고민하는 제스처를 취합니다. 경유나 휘발유로 움직이는 차를 타지 말고 전기 자동차를 타서 환경을 보호하고 미래를 구하자고 호소합니다. 내연기관 자동차와 달리 전기 자동차는 배기가스를 배출하지 않습니다. 이건 팩트입니다. 그러나 이 팩트는 전기 자동차에 내장된 배터리를 충전할 전기를 만들기 위해 생태계를 얼마나 많이 파괴하는지를 보지 못하게 합니다. 팩트 물신주의의 극적인 사례라고 할 수 있습니다. 거대 자본만이 팩트 물신주의 전략을 사용하는 것은 아닙니다. 스마트폰을 켜고 액정 화면을 보세요. 소위 '셀럽'들이 입고 먹고 누리는 상품들, 영화처럼 근사한 편집 기술로 매력을 더한 상품들이 우리의 시선을 끌고 있을 겁니다. 세련된 사람이나 여유가 있는 사람들은 이 상품들을 예의 주시하고 있다는 이미지와 함께, '당신도 세련되고 여유로우려면 이 상품을 구매해야 한다'는 은근한 유혹도 이어집니다. 팩트 물신주의가 상품 물신주의에서 유래한다는 분명한 증거입니다. 우리는 액정 화면이 보여주는 상품이 아닌 것에는 눈길도 주지 않으니까요. 이렇게 우리는 우리 자신의 눈이 아니라 자본의 눈으로 보게 되고 맙니다. 그 결과 노동의 대가로 받은 임금은 고스란히 자본의 주머니로 되돌아가게 됩니다.

눈이 없는 것을 '맹(盲)'이라 하고, 귀가 없는 것을 '롱(聾)'이라 합니다. 맹이라는 한자는 '눈'을 뜻하는 '목(目)'과 '없다'는 뜻의 '망(亡)'으로 구성되어 있습니다. 반면 롱이라는 한자는 '용'을 뜻하는 '용(龍)'과 '귀'를 뜻하는 '이(耳)'로 구성됩니다. 뱀이든 용이든 파충류에게는 귀가 없다는 것에 착안한 글자입니다. 어쨌든 맹인이나 농인에게는 다른 사람이 귀가 되고 눈이 되어주어야 합니다. 그런데 이런 경우와 달리 누군가 자신이 귀와 눈이 되어줄 테니 너는 스스로 듣지도 보지도 말라고 유혹하거나 강요할 때가 있습니다. 이런 유혹과 강요에 복종하는 순간 우리는 기묘한 맹인이나 엽기적인 농인이 되고 맙니다. 「소요유」 편에서 장자가 말했던 상황이 펼쳐진 겁니다. "어찌 몸에만 농맹(聾盲)이 있겠는가? 저 앎에도 역시 농맹이 있다(豈唯形骸有聾盲哉? 夫知亦有之)." 눈이 있어도 보지 못하고 귀가 있어도 듣지 못하니, 눈이 없어 보지 못하고 귀가 없어 듣지 못하는 경우보다 더 '웃픈' 상황입니다. 이런 희비극을 폭로하는 것이 총명 이야기입니다. 국가나 자본의 팩트 물신주의에 대한 가장 강력한 비판은 이렇게 탄생합니다. 특정한 저것의 소리를 들을 수 있거나 특정한 저것의 모양을 볼 수 있는 것보다 스스로 듣고 스스로 볼 수 있는 것을 장자가 강조한 것도 이런 이유에서입니다. 이제야 총명 이야기의 핵심이 '특정한 저것의 소리'나 '특정한 저것의 모양'이라고 번역한 '피(彼)'라는 글자에 있음을 알게 됩니다. '피', 즉 '저것'은 내가 아닌 타인이나 국가 혹은 자본이 보라고 유혹하거나 강요하는 팩트였던 겁니다. 그래서 총명 이야기 후반부에서 장자는 말합니다. "무릇 스스로 보지 않고 저것을 보는 경우나 스스로 얻지 않고 저것을 얻는 경우는 다른 사람이 얻으려는 것을 얻음이지 자신이 얻을 수 있는 것을 얻음이 아니며, 다른 사람이 맞다고 하는 것에 맞추려 함이지 자신이 맞추어야 할 것에 맞추는 것이 아니다." 정말 무서운 일입니다. 자신이 얻을 수 있는 것을 얻지 못하고 자신이 맞추어야 할 것에 맞추지 못한 채, 자신의 소중한 삶을 허비하고 있다는 사실이 말입니다. 그러니 싯다르타는 노파심에 절절하게 호소했던 겁니다. "내게 와서 네 눈으로 보라!" 그러나 장자는 사람들이 국가나 자본의 눈 대신 스승의 눈으로 보게 되는 것마저 경계합니다. "네가 있는 그곳에서 네 눈으로 보라!" "에히 파시코"가 아니라 그냥 "파시코!" 릴케는 장자에게 미소를 던집니다.

26

깨기 힘든 악몽

여희 이야기

어떻게 내가 삶을 즐거워하는 것이 하나의 착각이 아니라는 것을 알겠는가? 어떻게 내가 죽음을 싫어하는 것이 우리들이 마치 젊어서 고향을 잃고도 고향으로 되돌아갈 줄 모르는 것이 아님을 알겠는가? 여희(麗姬)는 애(艾)라는 곳을 지키던 어느 여족(麗族)의 딸이었다. 진(晉)나라가 처음에 그녀를 잡아 데리고 왔을 때, 눈물이 그녀의 옷을 적실 정도였다. 진의 궁궐에 이르러 진왕(晉王)과 침상을 같이하고 맛있는 고기를 먹게 되자, 그녀는 자신의 눈물을 후회했다. 어떻게 내가 죽은 사람들이 처음에는 살기를 바랐음을 후회하지 않는다는 것을 알겠는가?

꿈속에서 잔치를 연 사람이 아침에 깨서 울부짖으며 눈물을 흘리고, 꿈속에서 울부짖으며 눈물 흘리던 사람이 아침에 깨서 새벽에 사냥을 즐긴다. 꿈을 꾸는 동안 우리는 자신이 꿈꾸고 있음을 알지 못하고, 꿈꾸고 있으면서 꿈속의 꿈을 해몽하기도 한다. 우리는 깨어나서야 자신이 꿈꾸고 있었음을 안다. 단지 크게 깨어날 때만 우리는 큰 꿈을 꾸었음을 알게 될 것이다. 그렇지만 어리석은 자들은 자신이 깨어 있다고 생각하고 분명하게 아는 듯 "왕이구나! 목축민이구나!"라고 말하는데, 고루하기만 하구나!

「제물론」

予惡乎知說生之非惑邪? 予惡乎知惡死之非弱喪而不知歸者邪? 麗之姬, 艾封人之子也. 晉國之始得之也, 涕泣沾襟. 及其至於王所, 與王同筐床, 食芻豢, 而後悔其泣也. 予惡乎知夫死者不悔其始之蘄生乎?

夢飲酒者, 旦而哭泣, 夢哭泣者, 旦而田獵. 方其夢也, 不知其夢也, 夢之中又占其夢焉. 覺而後知其夢也. 且有大覺而後知此其大夢也. 而愚者自以爲覺, 竊竊然知之, "君乎! 牧乎!" 固哉!

「齊物論」

내 생각은 나만의 꿈이 아닐까

———

『장자』에는 장자와 그 계승자들의 사유뿐만 아니라 심지어 겉보기에는 장자적인 듯 보이지만 사실은 '반(反)장자적인' 사유마저 담겨 있습니다. 그래서 『장자』를 읽을 때 우리는 '장자적인' 것의 징표에 민감할 필요가 있습니다. 예를 들어 공자를 주인공으로 캐스팅한 이야기들은 '장자적'이라고 생각해도 거의 무리가 없습니다. 공자는 당시 지성계의 최고 권위자로 인정받았는데, 장자는 그런 공자의 입을 빌려 자기 사유를 피력합니다. 흥미롭게도 장자가 캐스팅한 공자는 자기 사상, 즉 『논어』의 내용을 부정합니다. 이렇게 공자가 등장하는 이야기들에서 장자는 공자의 권위를 이용하고 동시에 공자의 사상도 해체하는 지적 기민함을 보입니다. '장자적인' 것을 알려주는 징표가 또 하나 있습니다. '꿈'이라는 모티브가 바로 그겁니다. 장자는 꿈을 자기만의 생각, 잘못된 생각 혹은 편견이나 착각 등에 비유합니다. 예를 들어 배우자가 자신을 사랑한다고 믿고 있었는데, 사실은 배우자가 바람을 피우고 있었다고 해보죠. 그 사실을 알고 나면 배우자가 자신을 사랑한다고 믿었던 시간을 꿈속에 있었던 시간이라고 절규할 겁니다. 자신의 삶을 허비하는 이런 꿈도 있지만 타인의 삶을 파괴하는 꿈도 있습니다. 부모는 아이를 사랑하고 있다고 확신했지만, 아이가 스스로 목숨을 끊는 비극이 발생할 수 있습니다. 나중에 아이가 부모의 기대에 부응하지 못하는 자신의 모습을 비관했다는 것이 알려집니다. 부모가 확신했던 자식 사랑은 자기만의 꿈이었을 뿐, 아이에게는 갚기 불가능한 부채 혹은 부담 자체였던 겁니다.

자신에 대해, 타인에 대해, 사물에 대해, 사건에 대해, 관계에 대해, 그리고 사회에 대해 내가 품고 있는 생각은 나만의 꿈이 아닐까? 장자의 꿈 모티브는 이런 반성을 유도합니다. 그렇다고 장자가 단순히 유아론(solipsism)을 표방하고 있다고 생각해서는 안 됩니다. 장자는 깨어남, 즉 각(覺)을 이야기하니까요. 이건 꿈이 아닐까 하고 장자가 반성히고 회의하는 이유는 꿈으로부터 깨어나기 위해서입니다. 방법론적 유아론(methodological solipsism)! 장자에게 있어 꿈 모티브의 핵심은 바로 이겁니다. 사실 어떤 생각을 하든 바로 '이것은 내 생각일 뿐이야'라고 유아론자의 태도를 취한다면, 철저한 유아론자는 되지 않을 수 있습니다. '내 생각일 뿐이야'라고 자신의 생각을 의심하는 순간, 우리는 타인의 생각은 나와 다르리라는 걸 직감하고 있는 셈이니까요. 설령 그 순간 타인이 실제로 어떻게 생각하고 있는지는 막연할지라도 말입니다. 철저한 유아론자는 타자 혹은 세계가 내 생각과 달리 움직인다는 걸 생각조차 할 수 없습니다. 철저한 유아론자는 '여행을 함께 가면 딸이 행복할 거야'라는 생각이 들자마자 딸에게 여행을 통고합니다. 반면 방법론적 유아론자는 '이건 딸과 무관하게 나만의 생각일 수도 있어'라고 의심합니다. 당연히 그는 여행에 대한 딸의 속내를 조심스레 읽으려 하겠죠. 사실 진짜로 방법론적 유아론자가 된다면 우리는 평생 철학책 한 권 읽지 않아도 됩니다. 철학은 우리로 하여금 '이건 나만의 생각에 불과해'라고 반성하도록 만드는 학문이니까요. '나만의 생각에 불과하다'는 자각은 '타자들은 나처럼 생각하지 않을 수 있다'는 걸 안다는 것과 동시적입니다. 『장자』에서 꿈의 모티브가 등장할 때마다 우리가 잊지 말아야 할 것은 바로 이 점입니다. 장자는 우리를 철저한 유아론자의 길이 아니라 방법론적 유아론자의 길로 안내하는 철학자니까요.

몽각관(夢覺關)! 꿈과 깨어남을 가르는 관문이라는 뜻입니다. 한쪽은 꿈의 세계이고, 다른 한쪽은 깨어남의 세계입니다. 꿈의 세계 가장 바깥, 그 변경에 몽각관이라는 거대한 관문이 있다고 상상해보세요. 이 관문에 이르는 것도 만만한 일이 아니지만, 이 관문을 넘는 것은 또 다른 차원의 어려움입니다. 순수한 유아론자는 꿈의 세계 중심부에 살고 있는 사람입니다. 그래서 그는 꿈의 세계가 유일한 세계라고, 저 지평선 끝까지 가도 자신의 세계는 끝없이 펼쳐지리라 확신합니다. 반면 방법론적 유아론자는 꿈의 세계의 변경에 이르러 몽각관을 올려다보는 사람에 비유할 수 있습니다. 그는 한 번도 넘어간 적이 없으나 몽각관만 넘으면 완전히 다른 세계가 열릴 것임을 직감하니까요. 그 다른 세계, 몽각관 너머의 세계는 대붕이 사는 곳이라는 건 확실합니다. 『장자』는 몽각관까지 안내하는 일종의 로드맵인지 모릅니다. 사실 『장자』의 모든 이야기들은 몽각관에 이르는 다양한 여정에 대한 기록이라고 할 수 있습니다. 몽각관으로 떠나는 출발지는 너무나 다양합니다. 꿈의 세계 그 중심부의 번화한 다운타운일 수도, 주거지가 밀집한 도시 외곽 업타운일 수도, 아니면 도시 바깥의 한적한 촌락일 수도 있으니까요. 몽각관으로 가는 길들은 출발지가 다양한 만큼 여정의 길이도 방향도 복잡하기만 합니다. 친절하게도 『장자』에는 다양하고 복잡한 여정을 한 면에 압축한 전체 개관도가 있어, 그 몽각관으로 가는 여정에서 길을 잃지 않도록 도와줍니다. 바로 그것이 「제물론」 편에 등장하는 '여희 이야기'입니다. 그만큼 이 이야기는 중요합니다. 문장 하나하나, 글자 하나하나가 일종의 압축 파일과 같은 성격을 갖기 때문입니다. 여희 이야기가 「제물론」 편에 들어 있다는 사실에도 주목해야 합니다. 문학적 묘사와 추상적 논증에 매혹되이 독자들이 몽각관으로 가야 하는 여정을 잊을까 봐 우려한 장자의 노파심입니다. 그러니까 여희 이야기는 작게는 「제물론」 편, 크게는 『장자』 전체의 운명이 걸려 있는 결정적인 이정표인 셈입니다.

장자의 역사적 상상력

기원전 422년, 그때까지 명목상 천자의 권위를 가지고 있던 주(周)나라가 그 명목마저 잃게 되는 사건이 벌어집니다. 황하는 모자 테두리 모양(ㄇ)으로 서쪽에서 동쪽으로 흐릅니다. 볼록하게 솟은 가운데의 황하 아래쪽 부분은 오르도스(Ordos)라고 불립니다. 농경보다 목축이 번성했던 광대한 고원지대였습니다. 오르도스는 '중심지'나 '야영지' 혹은 '무리' 등을 뜻하는 오르두(Ordu)에서 유래한 지명입니다. 그만큼 이곳은 천하질서와 무관한 유목민들의 땅이었습니다. 후에 이 유목민들은 중국

정주민들에게 쫓겨나 흉노(匈奴)라는 북방 유목민 연합체의 중심이 됩니다. 추방된 유목민들이 돌아올까 봐 두려워 만든 것이 만리장성의 시초가 된다는 것도 기억해둘 필요가 있습니다. 진(晉)나라(BC 265~BC 403)는 오르도스 우측 황하 위쪽에 있던 제후국이었습니다. 진나라는 주나라의 천하질서를 멀리로는 북방 유목사회로부터 지키고 가깝게는 좌측 오르도스를 견제하는 북방의 최전선이었습니다. 진나라는 묘한 곳이었습니다. 오르도스나 그 북쪽 지역처럼 농경보다는 목축이 발달한 곳이었습니다. 그럼에도 진나라는 농경 정착국가의 질서라고 할 수 있는 천하 이념을 받아들입니다. 한마디로 진나라는 경제적으로는 유목사회였지만 정치적으로는 정착사회였던 겁니다. 사실 주나라가 오르도스 우측 지역을 점령하면서 탄생한 국가가 진나라일 가능성이 높습니다. 그런데 이렇게 중요한 진나라가 한(韓)나라, 위(魏)나라, 그리고 조(趙)나라로 분열된 겁니다. 진나라는 주나라가 책봉한 제후국이었으니 한·위·조, 즉 삼진(三晉)의 출현은 진나라에 대한 혁명이었을 뿐만 아니라 천자국 주나라에 대한 도발이었죠. 그런데도 주나라는 이를 묵인하고 방조했던 겁니다. 어쩌면 북방 유목사회의 역습으로부터 천하를 지키겠다는 주나라의 고육책이었는지도 모릅니다. 한·위·조, 이 세 국가를 부정했다가는 그들이 천하질서를 이탈해 북방 유목 전통으로 흡수될 가능성이 있었으니까요. 어쨌든 춘추시대는 이렇게 막을 내리고 전국시대가 시작됩니다. 이제 명분도 필요 없습니다. 힘만이 유일한 가치가 되니까요. 부국강병을 꿈꾸는 무한 경쟁의 시대가 이렇게 열립니다.

전국시대 중엽, 대략 기원전 300년 전후에 살았던 장자가 여희 이야기의 배경으로 진나라를 선택한 이유는 여러모로 의미심장합니다. 진나라는 유목민적 삶과 정착민적 삶이 묘하게 섞인 곳, 유목질서와 천하질서가 불안하게 공존했던 곳입니다. 지배와 복종으로부터 나름 자유로웠던 유목민적 삶과, 지배와 복종에 취약한 정착민적 삶! 진나라, 그곳은 영토국가에 비해 느슨하고 유목국가에 비해 빡빡한 정치 질서가 유지된 곳이었습니다. 자기 남쪽 다른 제후 국가들에 비해 중앙집권적 질서가 약했기에 진나라는 한·위·조, 세 국가로 분열될 수 있었던 겁니다. 그러니까 진나라 사람들은 언제고 정착생활을 떠나 북쪽 초원과 사막지대로 들어가 전면적인 유목생활을 시작할 수 있었습니다. 당연히 천하 안은 삶을 보존하는 문명이고 천하 바깥은 삶을 기약할 수 없는 야만이라는 이데올로기적 협박은 그들에게 먹히기 힘들었습니다. 복종은 지배자의 말을 듣지 않으면 죽을 수 있다는 협박이 제도화되고 내면화되어야 가능합니다. 나보다 힘이 센 누군가가 우리 목을 조르며 "죽을래, 아니면 살래!"라고 협박합니다. 이런 협박을 무력화시키는 방법, 복종의 강요를 좌절시키는 방법은 단순합니다. "그래, 죽여라!" 복종하는 삶을 영위하느니 자유로운 죽음을 결연히 선택하는 순간, 그 누구도 우리를 복종시킬 방법은 없습니다. 물론 그 강자는 우리를 죽일 수 있지만 우리를 지배와 복종 관계로 몰아넣어 착취하거나 수탈할 수는 없죠. 그러나 유목민들에게는 죽음의 협박 자체가 무용지물입니다. "죽을래, 아니면 살래?"라는 협박은 한 번은 가능하겠지만 두 번은 불가능합니다. 유목민들은 가축과 가족을 데리고 다른 곳으로 이미 떠나버렸을 테니까요.

두 번의 협박, 아니 반복적인 협박은 천하에 포획된 정착민적 삶을 사는 이들에게 통하는 방법입니다. 그래서 정착·농경 생활은 영토국가 탄생의 기반이 되는 겁니다. 정착지를 떠나서는 죽을 것 같고, 지배에 복종하지 않으면 죽을 것 같습니다. 반대로 천하에 머물면 살 수 있을 것 같고, 복종을 감내하면 살 수 있을 것 같습니다. 자신들을 생사관(生死關)에 가두어버리면서 정착민들은 피지배계급이 되고 맙니다. 이제 복종하는 삶이 죽음보다 불행한 삶이라는 호소도 피지배계급의 귀에는 들어오지 않습니다. 이미 그들은 죽음의 공포에 깊이 사로잡혀 있으니까요. 자유에의 길은 복종을 거부하면, 혹은 정착지를 떠나서는 죽을 수도 있다는 꿈에서 깨어나야만 시작될 수 있습니다. 생사관이 몽각관이기도 한 이유입니다. 바로 여기서 천하 내부와 천하 외부가 공존했던 진나라와 그곳의 삶이 상징적 힘을 갖습니다. 천하를 상대화할 수 있는 역사적 상상력이 주는 힘이라고 해도 좋습니다. 이런 배경에서 죽음을 감내하는 자유인의 투쟁은 여유를 갖게 됩니다. 국가를 미련 없이 떠나는 길도 있다는 걸 아는 순간, 복종에서 벗어나려는 투쟁은 자유가 아니면 죽음이라는 거친 이분법의 절박감과 긴장에서 벗어날 수 있으니까요. 진나라라는 역사적 상징은 생사관과 몽각관을 통과하는 데 경쾌함과 여유를 제공합니다. 생사관과 몽각관을 천하의 변경 진나라 위에 놓는 예민한 문학적 감각! 장자가 일급의 지성인 이유입니다. 먼저 장자는 죽음에 대한 공포를 완화시키려고 합니다. 죽음에 대한 공포가 복종을 거부하거나 땅을 떠나지 못하도록 만드는 심적 장애물이기 때문입니다. 이번 이야기가 여희의 일화로 시작된 이유입니다. "진(晉)나라가 처음에 그녀를 잡아 데리고 왔을 때, 눈물이 그녀의 옷을 적실 정도였다. 진의 궁궐에 이르러 진왕(晉王)과 침상을 같이하고 맛있는 고기를 먹게 되자, 그녀는 자신의 눈물을 후회했다. 어떻게 내가 죽은 사람들이 처음에는 살기를 바랐음을 후회하지 않는다는 것을 알겠는가?" 여기서 죽음은 무조건 불행하고 두려운 것이라는 판단은 유보되고 맙니다. 설사 복종에 맞서다 죽더라도 그 죽음이 핍박받는 삶보다 낫다는 인식까지는 이제 한 걸음이면 족합니다.

어떻게 하면 꿈에서 깰 수 있는가

우리의 세계는 지배와 복종 관계를 현실이라고 믿는, 그야말로 리얼한 꿈의 세계로, 생사관으로 불러도 좋은 몽각관에 둘러싸여 보호되고 있습니다. 태어난 것만큼 죽는 것도 자연스러운 일임을 알려주는 이야기들이 『장자』 곳곳에 많습니다. 생사관의 높이를 낮추려는 장자의 복안입니다. 그래야 생사관 너머가 죽음의 세계가 아니라 다른 삶이 펼쳐지는 세계라는 것을, 야만의 세계가 아니라 진정한 문명이 시작되는 세계라는 것을 사람들이 알 테니까요. 반대로 국가는 생사관을 부단히 보수하고 수리해 그 성벽을 더 두껍고 더 높게 만들려고 합니다. 피지배계급이 생사관 바깥을 엿보거나 혹은 넘지 못하도록 해야 하니까요.

생사관을 세우고 생사관에 사람을 가두어두는 것이 국가입니다. 결국 국가의 본질은 삶과 죽음을 분류하고 이어서 삶에 우월한 가치를 부여하는 데 있습니다. 사람들이 죽음을 두려워해야 국가는 생사여탈의 칼을 휘둘러 복종을 강요할 수 있으니까요. 물론 꿈의 세계 중심부가 삶이 가장 보호되는 곳이고 생사관 근처는 죽음에 가까운 위험한 곳으로 표상됩니다. 중심과 주변의 구별, 그리고 중심에 대한 우월성이 인정되면서 생사관은 점점 다른 범주들로 번식하게 됩니다. '지배 중심적인' 지배와 피지배의 구분, '남성 중심적인' 남자와 여자의 구분, '아버지 중심적인' 아버지와 자식의 구분, '일자 중심적인' 일자와 다자의 구분, '하늘 중심적인' 하늘과 땅의 구분, '인간 중심적인' 인간과 자연의 구분, '신 중심적인' 신과 만물의 구분, '자본 중심적인' 자본과 노동의 구분은 모두 생사관의 사생아들입니다. 1991년 콜레주 드 프랑스 강연에서 피에르 부르디외(Pierre Bourdieu, 1930~2002)가 응시했던 국가의 맨얼굴도 바로 이것입니다. 2014년 『국가에 대해(Sur l'etat)』라는 책은 당시 그의 육성을 녹취해 우리에게 들려주고 있습니다.

  "내가 이해하는 것처럼 국가는 분류 원리들(principes de classement)의 생산자, 즉 세계의 모든 것들 그리고 특히 사회적인 것들에 적용될 수 있는 구조화시키는 구조들(structures structurantes)의 생산자로 파악되어야만 한다. (…) 제정신을 가진 사람에게 이것은 자명한 사실이다." 부르디외는 사회학자답게 국가가 자신을 영속화하기 위해 다양한 분류 원리들을 생산한다는 걸 이야기합니다. 장자는 부르디외보다 더 나아갑니다. 분류 원리들을 작동시키는 최종적 분류 원리로서 생사관을 응시하니까요. 어쨌든 부르디외의 성찰은 장자와 마주치면서 우리에게 묘한 울림을 줍니다. 장자 시대와 마찬가지로 지금도 우리는 누구나 중심에 서려 하고, 누구나 지배계급이 되려 하고, 누구나 자본가가 되려 합니다. 그것이 불가능하다면 가급적 중심 근처에 있으려 하고, 가급적 지배계급 근처에 있으려 하고, 가급적 자본가 근처에 있으려 합니다. 문제는 갈등과 경쟁이 치열해지니 꿈의 세계가 현실보다 더 현실적인 것으로 느껴진나는 데 있습니다. 우리의 일상과 내면을 지배하는 이 모든 것들이 국가가 생산한 것이라니 모골이 송연한 일입니다. 우리가 현실이라 느끼고 살아내는 모든 것이 사실 국가의 꿈이라는 사실, 지금 우리의 꿈은 내 것이라기보다 국가의 것이라는 사실! 불쾌하고 불편할지라도 부르디외의 "제정신을 가진 사람"이나 장자의 "깨어난 사람에게" "이것은 자명한 사실"일 뿐입니다. 어떻게 하면 제정신을 가질 수 있고, 어떻게 하면 깨어날 수 있을까요? 아니 어떻게 해야 부르디외는 사람들로 하여금 제정신을 갖게 하고, 어떻게 해야 장자는 사람들로 하여금 꿈에서 깨어나게 할 수 있을까요? 말하고 말하고 말할 뿐이고, 글 쓰고 글 쓰고 글 쓸 뿐입니다.

　중요한 것은 꿈속에서도 들릴 수 있는 말이나 글, 다시 말해 국가 바깥, 꿈 바깥, 생사관 바깥의 상쾌한 바람을 느끼도록 하는 말이나 글입니다. 부르디외와 달리 장자가 부단히 우리를 방법론적 유아론자로 만들려고 하는 것도 이런 이유에서입니다. "꿈속에서 잔치를 연 사람이 아침에 깨서 울부짖으며 눈물을 흘리고, 꿈속에서 울부짖으며 눈물 흘리던 사람이 아침에 깨서 새벽에 사냥을 즐긴다." 그러니까 자신이 어떻게 판단하고 행동하건 항상 그것이 나만의 꿈이 아닌지 의심하라는 겁니다. 친구를 만날 때, 애인을 만날 때, 고양이를 만날 때, 꽃을 만날 때, 늑대를 만날 때, 바람을 만날 때, 매번 우리는 개운치 않게 생각하고 개운치 않게 행동해야 합니다. 깔끔한 분류와 명확한 가치평가는 국가의 꿈이니까요. 대붕은 바람이 충분히 모여야 날 수 있는 법입니다. 작은 꿈에서 깨어나는 경험이 충분히 쌓여야 합니다. 생사관과 몽각관을 가볍게 날아 넘어갈 수 있는 대붕이 되려면 말입니다. 대붕이 되어 관문이 보이지 않을 정도로 높게 비상할 때, 천하는 아주 협소한 세계라는 것이 분명해질 겁니다. 장자의 말대로 "단지 크게 깨어날 때만 우리는 큰 꿈을 꾸었음을 알게" 되니까요. 여희 이야기를 마치며 장자는 자신이 꾸었던 큰 꿈, 가위 눌리면서도 깨기 힘들었던 그 지독한 악몽을 분명히 합니다. 바로 국가주의입니다. "그렇지만 어리석은 자들은 자신들이 깨어있다고 생각하고 분명하게 아는 듯 '왕이구나! 목축민이구나!'라고 말하는데, 고루하기만 하구나!" 마지막까지 장자는 진나라를 역사적 상징으로 쓰는 노련함을 보여줍니다. 왕과 농민이 아니라 왕과 목축민으로 지배와 복종 관계를 묘사하니까요. 농민과 달리 목축민은 언제든 영토국가를 떠날 수 있는 힘을 가지고 있습니다. 어리석은 자들의 큰 꿈에도 자유의 실마리를 새겨 넣었던 철학자, 바로 장자입니다.

27

장주가 장자로
다시 태어난 날

조릉 이야기

조릉의 수렵 금지 구역 근처에서 노닐고 있을 때, 장주(莊周)는 남쪽에서 방금 날아온 기이한 까치를 보았다. 날개폭이 일곱 자이고 눈 크기가 한 치나 되는 이 까치는 장주의 이마를 스치듯 지나가 밤나무 숲에 앉았다.

　장주는 말했다. "이 새는 무슨 새인가! 큰 날개로 날지도 못하고, 큰 눈으로 나를 보지도 못하는구나!"

　장주는 자신의 옷자락을 걷고 밤나무 숲으로 걸음을 재촉하며 석궁으로 그 새를 겨냥했다. 그때 그는 매미 한 마리를 목도했는데, 그 매미는 방금 아름다운 그늘을 발견해 그 자신을 잊고 있었다. 사마귀 한 마리가 앞발을 들고 그 매미를 낚아채려 했는데, 그 사마귀도 얻을 것을 기대하며 자신이 드러났다는 걸 잊고 있었다. 그 기이한 까치도 그 사마귀를 뒤따르며 이롭다고 여기고 있었던 것인데, 그 까치도 이익을 기대하며 자신의 실제 상황을 잊고 있었던 것이다.

　장주는 소스라치게 놀라면서 말했다. "아! 사물들은 본질적으로 서로 연루되어, 하나의 종류가 다른 종류를 부르는구나!"

　장주가 석궁을 던지고 숲에서 되돌아 나오는데 사냥터 관리인이 그에게 욕하며 달려왔다. 장주는 집으로 돌아와 사흘 동안 마음이 편하지 않았다.

　그러자 인저(藺且)가 물었다. "선생님께서는 최근 무엇 때문에 이리도 마음이 편하지 않으신 겁니까?"

　장주가 대답했다. "지금까지 나는 드러난 것을 지키며 나 자신을 잊으려 했고, 혼탁한 물을 보며 맑은 연못에 매료되어 있었다. 게다가 나는 선생님으로부터 이미 '그 사회에 들어가서는 그곳의 규칙을 따르라'고 하신 말씀을 들은 적이 있다. 얼마 전 조릉에서 노닐 때 나는 나 자신을 잊었다. 기이한 까치가 이마를 스치고 날아들었을 때 나는 밤나무 숲에서 노닐며 나의 실제 상황을 잊었다. 아니나 다를까, 밤나무 숲을 지키던 사냥터 관리인은 나를 범죄자로 여겼다. 이것이 내가 마음이 편하지 않은 이유다."

「산목」

莊周遊於雕陵之樊, 睹一異鵲自南方來者. 翼廣七尺, 目大運寸. 感周之顙而集於栗林.

莊周曰, "此何鳥哉! 翼殷不逝, 目大不睹!"

蹇裳躩步, 執彈而留之. 睹一蟬, 方得美蔭而忘其身. 螳蜋執翳而搏之, 見得而忘其形. 異鵲從而利之, 見利而忘其眞.

莊周怵然曰, "噫! 物固相累, 二類相召也!"

捐彈而反走, 虞人逐而誶之. 莊周反入, 三日不庭.

藺且從而問之, "夫子何爲頃間甚不庭乎?"

莊周曰, "吾守形而忘身, 觀於濁水而迷於清淵. 且吾聞諸夫子曰, '入其俗, 從其令.' 今吾遊於雕陵而忘吾身. 異鵲感吾顙, 遊於栗林而忘眞. 栗林虞人以吾爲戮. 吾所以不庭也."

「山木」

장주(莊周)와 장자(莊子)의 차이

    ———

『장자』에는 장자를 주인공으로 하는 이야기가 많습니다. 장자의 삶과 사유를 직간접적으로 알려주는 중요한 자료들입니다. 그런데 자세히 살펴보면 장자와 관련된 이야기들에는 미묘한 차이가 보입니다. 장자(莊子)라는 이름으로 진행되는 이야기가 있고, 그와 달리 장주(莊周)라는 이름으로 기술된 이야기도 있습니다. 장자 계열 이야기들과 장주 계열 이야기들이 있는 겁니다. 주(周)는 장자의 이름이고, 자(子)는 '선생'이라는 의미죠. 장자라는 경칭으로 진행되는 장자 계열 이야기들에서 이미 장자는 선생으로 존경받고 있습니다. 당연히 이 계열 이야기들에서 장자는 별다른 인간적 약점이 없는 위대한 인물로 그려집니다. 반면 장주로 불리며 묘사된 장주 계열 이야기들에서 장자는 인간적 냄새가 나는 인물로 나름 객관적으로 묘사됩니다. 장주 계열 이야기들에서 그가 성인(聖人)이나 도인(道人)의 느낌이 없는 것도 이런 이유에서일 겁니다. 그래서 장자 계열 이야기들을 읽을 때는 거품을 좀 빼고 읽고, 반대로 장주 계열 이야기들을 읽을 때는 거품을 살짝 넣어서 읽을 필요가 있지요. 아마 두 계열 이야기들 사이 그 어딘가에 '장자'의 맨 얼굴이 있을 테니까요. 「산목」편의 조릉 이야기는 장자가 아니라 장주를 주인공으로 한 가장 중요한 일화입니다. 이 이야기에는 장주를 우리가 알고 있는 장자로 성장하게 한 중요한 체험이 기록되어 있습니다.

조릉 이야기에서 우리는 장자에게 익명의 스승과 인저(藺且)라는 제자가 있었다는 것도 알게 됩니다. 특히 장자의 제자 인저가 장자의 사유를 이해하는 데 매우 중요한 인물임은 분명합니다. 인저는 스승 장자가 누구와도 다른, 그만의 개성을 갖춘 철학자로 탄생하는 과정, 누구에게도 의지하지 않고 자기 다리로 우뚝 서게 되는 드라마틱한 과정을 지켜보았기 때문입니다. 사실 인저가 장자 곁에 없었다면 조릉 이야기는 만들어지지도 않았을 겁니다. 결국 장자의 지적 성숙 과정을 알려주는 결정적인 자료를 우리 손에 안겨준 공은 전적으로 인저에게 있다고 할 수 있습니다. 하지만 인저의 공은 여기서 그치지 않았을 겁니다. 우리가 읽고 있는 『장자』의 원형적 판본을 만드는 데도 인저가 결정적 역할을 했을 것이 분명하니까요. 아무리 위대한 사상가일지라도 사후 그의 삶과 사유를 정리해줄 제자가 없다면 그는 아무것도 아닐 겁니다. 바울이 아니었다면 예수도 지금 우리가 알고 있는 예수와는 사뭇 달랐을 것처럼 말입니다. 시조가 빛나기 위해서는 그 계승자가 창대해야만 하는 법입니다. 인저는 장자의 사상을 반석에 올려놓았을 뿐만 아니라 장자의 지적 유산의 관리자였을 겁니다. 이후 장자의 후학들이 뛰어놀 수 있는 놀이터는 이렇게 만들어진 것으로 보입니다. 이런 이유에서 조릉 이야기를 만든 사람은 장자와 함께 인저의 실명을 기록할 수밖에 없었던 겁니다. 인저는 실명이 거론될 정도로 장자의 후학들에게 경시할 수 없는 권위를 지닌 인물이었으니까요. 자, 이제 인저가 들려주는 스승의 경험, 장주를 장자로 만든 그 사건의 내막을 들여다볼 시간입니다.

장자는 조릉의 사냥 금지 구역 부근에서 노닐고 있었던 것으로 보입니다. 그의 손에는 습관적으로 석궁이 들려 있었습니다. 장자가 등불 아래에서 책만 읽던 창백한 지식인이 아니었다는 증거입니다. 여행의 귀재 장자는 능숙한 사냥꾼이기도 했던 겁니다. 그가 유목민적 감수성에 깊게 공감하게 된 것도 우연만은 아닙니다. 어쨌든 조릉 근처에 장자가 이르렀을 때, 거대한 까치가 그의 이마를 스치며 날아가 사냥 금지 구역 안의 밤나무 숲 어느 나뭇가지에 앉습니다. 일곱 자는 2미터가 넘는 길이니 정말 거대한 까치였죠. 아마도 이 까치가 대붕 이야기에 등장하는 대붕의 모티브가 되었을 겁니다. 장자는 그 까치를 잡고자 했습니다. 문제는 장자가 거대한 까치를 잡겠다는 일념에 사로잡혀 자신이 지금 수렵 금지 구역 안으로 들어가고 있다는 걸 인지하지 못했다는 사실입니다. 당시 군주나 귀족들은 자기 영지 안에 수렵 구역을 가지고 있었습니다. 권력자들의 놀이터였지요. 그러니 이곳에 침입해 사냥을 하는 것은 권력자의 재산을 훔치는 것과 마찬가지의 범죄였습니다. 물론 장자도 수렵 금지 구역에 들어가면 안 된다는 걸 알았고, 그래서 그는 그 바깥에서 노닐고 있었을 겁니다. 그런데 거대한 까치, 그 보기 힘든 사냥감을 보자 장자는 누구든 사냥할 수 있는 공간과 권력자만 사냥할 수 있는 공간을 가르는 선을 넘어가버린 겁니다. 거대한 까치를 겨냥해 석궁을 날리려는 순간, 매미 한 마리가 장자의 눈에 들어옵니다. 여름의 뜨거운 햇빛에 지쳐 있던 매미는 시원한 그늘에서 더위를 피하고 있었습니다. 문제는 그 매미가 시원한 그늘의 유혹에 빠져 자신의 몸이 완전히 노출되어 있다는 걸 미처 알아채지 못했다는 겁니다. 아니나 다를까, 장자의 눈에는 그 매미를 잡아먹으려는 사마귀 한 마리가 들어옵니다. 이렇게 조릉 이야기는 점점 깊어집니다.

매미, 사마귀, 까치, 장주가 자신을 잊은 까닭

사마귀도 상황이 좋지만은 않습니다. 매미를 앞발로 잡아채려 할 때 사마귀는 자신도 외부에 노출되었다는 걸 망각했으니까요. 매미가 시원한 그늘에 정신이 팔려 "그 자신을 잊고 있었던[忘其身]" 것과 마찬가지로, 사마귀도 매미에 정신이 팔려 "자신이 드러났다는 걸 잊고 있었던 겁니다[忘其形]". 그제야 장자는 거대한 까치가 석궁을 들고 있는 사냥꾼, 즉 자신을 의식하지 못하고 밤나무 숲에 앉은 이유를 알게 됩니다. 그 까치는 사마귀를 잡아먹으려는 데 정신이 팔려 사냥꾼의 표적이 된 겁니다. 매미와 사마귀와 마찬가지로 거대한 까치도 이익을 기대하며 "자신의 실제 상황을 잊고 있었던 겁니다[忘其眞]". 조릉 이야기는 매미에 대해 "망기신(忘其身)", 사마귀에 대해 "망기형(忘其形)", 그리고 거대한 까치에 대해서는 "망기진(忘其眞)"이라고 이야기합니다. "그 자신[身]", "자신의 드러남[其形]", 그리고 "자신의 실제 상황[其眞]"으로 표현을 바꾸면서 상황을 점진적으로 더 명료하게 묘사하는 기법이 인상적입니다. 매미가 '그 자신을 잊었다'는 말은 매미가 시원한 그늘에 심취해 자신을 의식하지 않은 상태를 말합니다. 여기서는 매미가 무방비 상태에 있어 사마귀의 먹이가 되리라는 사실이 아직 분명히 표현되지 않습니다. 그러나 사마귀가 '자신의 드러남을 잊었다'는 말은 '그 자신을 잊었다'는 표현보다 더 구체적입니다. 누군가에게 자신이 노출되었다는 뉘앙스로 그 누군가를 암시하니까요. 물론 여기서 그 누군가는 바로 거대한 까치입니다. 이어서 표현이 더 심화됩니다. 거대한 까치가 '자신의 실제 상황을 잊었다'고 할 때, 거대한 까치는 사마귀의 상위 포식자지만 동시에 장자의 사냥감이라는 상황이 분명해지니까요.

매미, 사마귀 그리고 거대한 까치가 모두 유사한 상황에 처해 있다는 사실이 중요합니다. 매미의 세계에는 시원한 그늘과 자신만 있어서, 이 세계에는 사마귀가 들어올 여지가 없습니다. 사마귀의 세계에는 매미와 자신만 있어서, 이 세계에는 거대한 까치가 들어올 여지가 없습니다. 마찬가지로 거대한 까치의 세계에는 사마귀와 자신만 있어서, 이 세계에는 사냥꾼 장자가 들어올 여지가 없습니다. 여기서 묘한 반전이 일어납니다. 매미가 그 자신을 잊었을 때 매미가 실제로 잊은 것은 앞발을 들고 있는 사마귀였고, 사마귀가 자신의 드러남을 잊었을 때 사마귀가 실제로 잊은 것은 나뭇가지에 앉은 거대한 까치였고, 거대한 까치가 자신의 실제 상황을 잊었을 할 때 이 거대한 까치가 실제로 잊은 것은 석궁을 겨냥하는 장자였으니까요. 여기서 우리는 '잊다'라는 뜻의 '망(忘)'이라는 글자에 주목해야 합니다. 보통 장자 사유에서 '망'은 빈 배처럼 자의식과 소유 의식을 잊은 긍정적인 상태, 빈 구멍처럼 바람을 맞아 그에 맞게 바람 소리를 낼 수 있는 소망스러운 상태를 가리킵니다. 그렇지만 조릉 이야기에서 '망'은 이익을 얻으려는 마음으로 자신이 처한 상황을 의식하지 못하는 부정적이고 절망적인 상태를 나타냅니다. 달리 말해 『장자』에서 '망'은 대부분 협소한 세계가 넓게 확장되는 계기를 가리키는데, 조릉 이야기에서만큼은 '망'이 넓은 세계를 망각하고 협소한 세계에 갇히는 계기를 나타냅니다. 조릉 이야기를 읽을 때 반드시 주의해야 할 부분입니다.

어쨌든 매미에서 사마귀로, 그리고 사마귀에서 거대한 까치로 이어지는 먹이사슬을 직관하자마자 장자는 온몸에 소름이 돋습니다. 왜 그랬을까요? 지금 자신도 그 거대한 까치에 정신이 팔려 다른 어떤 것도 의식하지 못하는 '망'의 상태에 있다는 걸 자각했기 때문입니다. 매미, 사마귀, 거대한 까치, 그리고 자기 자신! 바로 이 순간 거대한 까치에 정신이 팔린 자기 뒤에서 자신을 노리는 상위 포식자가 있으리라는 불길한 느낌이 장자의 몸을 감싼 겁니다. 마침내 장자는 수렵 금지 구역에 들어와 있는 자신을 발견합니다. "아! 사물들은 본질적으로 서로 연루되어 하나의 종류가 다른 종류를 부르는구나!" 장자의 소름 끼치는 예감은 얼마 지나지 않아 사실로 밝혀집니다. "장주가 석궁을 던지고 숲에서 되돌아 나올 때, 사냥터 관리인이 그에게 욕하며 달려"온 겁니다. 조릉 이야기의 완전한 먹이사슬은 이렇게 완성됩니다. 그늘 → 매미 → 사마귀 → 까치 → 장자 → 사냥터 관리인! 물론 사냥터 관리인 뒤에는 군주나 귀족, 나아가 최종적으로 국가라는 최상위 포식자가 있을 겁니다. 분명한 것은 장자가 수렵 금지 구역에서 조금만 늦게 나왔다면 사냥터 관리인에게 잡혀 곤욕을 치렀으리라는 사실입니다. 여기서 우리는 장자의 깨달음을 추론해볼 필요가 있습니다. 무언가를 얻겠다는 기대, 시원한 그늘이든 매미든 사마귀든 거대한 까치든 무언가를 얻으면 자신에게 이익이 되리라는 기대가 중요합니다. 이익이 되는 대상에 정신이 팔리는 순간, 우리는 자신을 포함한 다른 모든 것에 주의를 기울이지 못하게 됩니다. 한마디로 말해 미끼의 유혹에 빠진 물고기가 된다는 겁니다. 낚싯바늘은 보지 못하고 거기에 꽂힌 벌레만 보는 물고기입니다. 벌레와 자신만이 있는 좁은 세계에 갇힌 물고기는 자신에게 위기가 찾아온 걸 모릅니다. 그 대가는 치명적입니다. 목숨마저 부지하기 힘드니 자유는 말해 무엇하겠습니까?

대붕의 첫걸음

문제는 그리 단순하지 않습니다. 이득에 대한 기대 자체를 없애야 한다고 성급하게 결론 내려서는 안 됩니다. 실현 불가능할 뿐만 아니라 비현실적인 생각이니까요. 어떤 균형이 필요합니다. 물고기를 다시 생각해보세요. 먹이를 먹지 않아도 죽고, 먹이를 먹어도 죽을 수 있습니다. 그래서 낚싯바늘에 달린 먹이와 그렇지 않은 먹이, 다시 말해 미끼가 되는 먹이와 미끼가 아닌 먹이를 구분하는 것이 중요합니다. 어떻게 구분할 수 있을까요? 위기에서 간신히 벗어난 장자는 고민을 거듭합니다. 지금까지 자신이 옳다고 생각했던 것, 나아가 스승으로부터 배운 가르침마저 근본적으로 흔들렸으니까요. 장자의 고뇌는 사흘간 계속됩니다. 사흘이라는 기간은 장자에게 짧지만 긴 시간이었습니다. 장주가 우리가 알고 있는 장자로 탄생하는 잉태와 출산의 시간이기도 했지요. 당연히 인저는 불안한 마음으로 스승의 고뇌를 지켜볼 수밖에 없었습니다. 스승의 안색이 너무나 좋지 않아 걱정이 되어도 물어볼 수 없었던 겁니다. 스승에 대한 예의인 셈이죠. 다행히도 사흘이 지나 스승의 안색이 조금 풀어지자, 인저는 자초지종을 조심스레 물었습니다. "선생님께서는 최근에 무엇 때문에 이리도 마음이 편하지 않으신 겁니까?" 사흘 동안의 침묵을 깨고 장자의 입에서 흘러나온 말은, 조릉의 경험 이전의 자신과 조릉의 경험 이후의 자신 사이의 간극과 단절을 반영하고 있었습니다. 믿었다가 배신당하는 것이 불신했다가 배신당하는 것보다 더 큰 충격을 주는 법입니다. 장자에게는 자신이 옳다고 믿었던 것이 있었습니다. 그가 인저와 같은 제자를 가르친 것도 자신이 나름 진리를 알고 있다는 자부심 때문이었을 겁니다. 조릉의 경험은 이런 자부심을 산산이 부수고 맙니다. 그렇다면 조릉 경험 이전 장자의 생각은 극복의 대상이거나 아니면 잘해야 수정의 대상일 수밖에 없습니다.

장자는 조릉 이전 자신의 생각과 삶을 세 가지로 요약합니다. 첫째, 장자는 드러난 것을 지키며 그 자신을 잊으려 했습니다. 둘째, 장자는 혼탁한 물을 보며 맑은 연못을 꿈꾸었습니다. 그리고 마지막 셋째, 장자는 스승의 가르침에 따라 사회마다 다른 규칙들을 존중하려고 했습니다. 하지만 조릉의 경험은 장자의 세 가지 생각에 "아니다"라고 말합니다. 먼저 자신을 잊을 정도로 자신에게 '드러난[形]' 대상이나 사건에 몰입하면 우리는 협소한 세계에 간히고 만다고 조릉의 경험은 말해줍니다. 한마디로 장자는 "신선놀음에 도낏자루 썩는 줄 모른다"는 속담의 진실을 제대로 체험한 셈입니다. 자신을 잊을 정도로 드러난 것들에 몰입해야 한다는 장자의 첫 번째 생각에 이렇게 브레이크가 걸립니다. 바로 여기서 자기 마음을 맑은 연못처럼 만들어 주어진 상황을 투명하게 비추겠다는 장자의 두 번째 생각도 의심에 빠지고 맙니다. 거울을 생각해보세요. 거울은 자기 뒷면과 자기 옆에 있는 것은 비추지 못합니다. 마음도 마찬가지입니다. 내 앞에 드러난 것들을 맑은 연못처럼 투명하게 비추고 있으니, 모든 것을 비추고 있다고 착각할 수 있습니다. 이런 착시 효과로 인해 마음은 실제로 자신이 일부분만 비추고 있다는 현실을 간과하기 쉽습니다. 그래서 자신의 첫 번째 생각과 두 번째 생각에 짙은 영향을 미쳤을 스승의 가르침도 의심의 대상이 됩니다. 대상이나 사건에 몰입하면 그것들이 다른 문맥에 있을 수도 있다는 가능성을 생각조차 할 수 없습니다. 매미가 자신을 잃을 정도로 행복감을 느낀 서늘한 그늘은 사마귀가 없다면 아무런 문제가 없는 곳이지만 사마귀가 있으면 위험하기 그지없는 곳입니다. 문제는, 매미로서는 시원한 그늘이 어떤 문맥에 있는지 사전에 알 수 없다는 사실입니다. 사마귀가 자신을 노린다는 것을 알았다면 매미는 그 시원한 그늘에 들어가지 않았을 겁니다. 그래서 "그 사회에 들어가서는, 그곳의 규칙을 따르라(入其俗, 從其令)!"는 스승의 가르침은 순진한 주장으로 판명됩니다. 그 사회에 들어가지 않고 그곳의 규칙을 알 수 있는 방법은 없으니까요. 시원한 그늘에 들어가 사마귀의 표적이 된 매미에게 "그곳의 규칙을 따르라"는 충고가 무슨 의미가 있을까요?

사흘은 장주가 장자로 태어난 인고의 시간, 질적 단절의 시간인 것은 맞습니다. 그러나 이렇게 다시 태어난 장자는 아직 어린 장자에 지나지 않습니다. 인저와 대화를 시작하면서 장자는 장자로서 걸음마를 시작한 셈입니다. 사흘 동안 침묵하면서 장자는 기존의 생각에 비판적 거리를 두는 데 성공했을 뿐입니다. 나흘째에 장자는 자신의 사유와 삶이 어떤 방향으로 진행될지 아직 막연하고 불안했을 겁니다. 그러나 그가 결코 조릉의 경험 이전으로 퇴행하지 않으리라는 건 분명합니다. 어쨌든 '잊는다'는 뜻의 망(忘) 개념을 계속 사용한다면, 그것은 좁은 세계에 갇히는 것이 아니라 넓은 세계로 열리는 것을 의미하게 될 겁니다. 또한 사전에 미리 알 수는 없지만 내 앞에 있는 먹이가 미끼인지 아니면 그냥 먹이인지를 식별하려는 데 온 힘을 모을 겁니다. '노닌다'는 뜻의 유(遊) 개념도 주어진 대상이나 사건에 그냥 몰입하는 것이 아니라, 먹이라면 몰입해서 먹고 미끼라면 미련 없이 떠난다는 의미로 확장되리라는 것도 확실합니다. 어쩌면 조릉에서 장자는 자신의 행동으로 앞으로 펼쳐질 그의 사유와 삶의 방향을 미리 보여주었는지도 모릅니다. 장자는 서늘한 느낌에 수렵 금지 구역을 허겁지겁 탈출합니다. 비록 당장은 범죄자로 몰려 도망갔다는 부끄러운 기억이겠지만, 그것은 우리 인간이 할 수 있는 최선의 행동입니다. 그 서늘한 느낌! 장자가 거대한 까치와 자신만으로 구성된 협소한 세계에서 벗어나는 방아쇠였습니다. 사마귀가 없었다면 좋았겠지만 사마귀가 있다는 서늘한 느낌이 들면 매미는 신속하게 시원한 그늘을 벗어나 있는 힘을 다해 나무 위로 날아올라야 합니다. 물론 쾌적하고 시원한 그늘을 포기하고 땡볕에 노출되는 가난함을 감당해야만 하는 일입니다. "그 사회에 들어가 규칙이 마음에 들지 않으면 그곳을 신속히 떠나라!" 사마귀도 그렇고 거대한 까치도 마찬가지입니다. 머물러도 좋다면 머물고, 떠나야 한다면 과감히 떠나는 것! 바로 이것이 소요유(逍遙遊)니까요. 마침내 대붕의 첫걸음을 시작한 장지입니다.

머물러도 좋다면 머물고, 떠나야 한다면 과감히 떠나는 깃!
바로 이것이 소요유(逍遙遊)니까요

28

허영의 세계에서
기쁨의 공동체로

새끼 돼지 이야기

우연히 죽은 어미의 젖을 빨고 있는 새끼 돼지들을 본 적이 있다. 그런데 잠시 후 새끼들은 놀라 눈망울을 굴리며 모두 어미를 버리고 달아났다. 그 새끼들은 어미에게서 자신을 보지 못했을 뿐이고, 어미에게서 유(類)를 얻지 못했을 뿐이기 때문이다. 새끼들이 자기 어미를 사랑하는 것은 어미라는 형체가 아니라 그 형체를 움직이도록 한 것이다. (…)

인기지리무신(闉跂支離無脹)은 위나라 영공에게 유세를 했다. 영공은 그를 너무나 좋아하게 되어 정상적인 사람을 보면 오히려 그들의 다리가 너무 앙상해 보였다. 옹앙대영(甕盎大癭)은 제나라 환공에게 유세를 했다. 환공은 그를 너무나 좋아하게 되어 정상적인 사람을 보면 오히려 그들의 목이 너무 앙상해 보였다. 그러므로 그 매력이 월등하다면 그 형체는 잊게 되는 법이다. 그런데 사람들은 잊어야 할 것은 잊지 못하고 잊지 말아야 할 것을 잊는다. 이것이 바로 '진짜 잊음'이라고 말한다.

「덕충부」

適見独子食於其死母者. 少焉眴若皆棄之而走. 不見己焉爾, 不得類焉爾.
所愛其母者, 非愛其形也, 愛使其形者也. (…)
闉跂支離無脤說衛靈公. 靈公說之, 而視全人, 其脛肩肩. 甕㼒大癭說齊桓
公. 桓公說之, 而視全人, 其脰肩肩. 故德有所長而形有所忘, 人不忘其所忘
而忘其所不忘, 此謂誠忘.

「德充符」

보는 자가 보이는 자를 지배한다

시선의 정치경제학은 억압사회에 길들여진 인간의 서글픈 자화상을 보여줍니다. 평온한 굴종을 선택한 결과, 피지배자들은 지배자의 간택과 총애를 놓고 경쟁하게 됩니다. 지배자가 권력과 부를 독점하고 있으니까요. 피지배자들은 지배자가 가진 권력과 부의 기원을 쉽게 간과합니다. 피지배자들이 복종과 수탈을 감내하지 않았다면, 지배자도 있을 수 없고 당연히 권력과 부도 불가능합니다. 그러니 권력과 부의 독점은 원초적 범죄입니다. 안타깝게도 권력과 부의 독점은 장자가 살았던 전국시대나 지금 우리가 사는 자본주의 사회에서나 엄연한 현실입니다. 부당한 상황을 현실로 받아들이는 순간, 피지배자들은 지배자의 시선을 붙잡아 그의 소유욕을 불러일으키려고 경쟁하게 됩니다. 그래야 피지배자는 지배자가 독점한 권력과 부의 일부분을 얻을 수 있으니까요. 여기에 지배자의 눈 밖에 났다가는 생계를 유지하기 힘들다는 절박감도 한몫 단단히 합니다. 피지배자는 지배자에게 소유되기를 욕망합니다. 출퇴근 노예로 비유할 수 있는 자발적 복종입니다. 그러니 피지배자는 지배자의 소유욕을 자극하는 매력을 갖추려고 하는 겁니다. 그것은 눈으로 직접적으로 볼 수 있는 외모나 행동일 수도 있고, 아니면 숫자나 문자로 기록되어 간접적으로 알 수 있는 스펙일 수도 있습니다. 예쁘지 않더라도 예쁘게 보여야 하고 쓸모가 없어도 쓸모 있어 보여야 합니다. 바로 이것이 허영입니다. 억압사회가 외형에 몰두하는 허영의 사회이기도 한 이유입니다. 복잡한 이야기가 아닙니다. 가부장제 사회에서 화장에 열심인 사람은 대부분 여자라는 것, 자본주의 사회에서 스펙을 화려하게 갖추려는 사람은 대개 노동자라는 것만 생각해보세요. 외모든 스펙이든 실제 이상으로 꾸며야 합니다. 그래야 삶의 안정, 생계 확보, 나아가 지배 계층으로의 신분 상승도 꿈꿀 수 있으니까요. 설령 억압사회일지라도 이미 정착생활에 길들여져 다른 삶을 꿈꿀 수 없게 되어 벌어진 애달픈 현상입니다.

여기서 묘한 아이러니가 벌어집니다. 지배자마저도 외형에 병적으로 몰두하게 되는 겁니다. 보는 자가 지배자라면 보이는 자는 피지배자임에도 왜 이런 아이러니가 발생하는 걸까요? 피지배자는 시선을 떨구고 고개를 숙이기 위해 순간적으로나마 한 번은 반드시 지배자를 보게 되기 때문입니다. 여기에 한 가지 심리적 요소도 개입합니다. 예복과 금관을 벗고 벌거숭이가 되는 순간, 지배자는 자신이 피지배자들과 별 차이가 없다는 걸 직감하고 있는 겁니다. 간혹 지배자가 피지배자와 목욕을 함께 하는 경우가 있습니다. 예를 들어 군주가 신하에게 목욕을 함께 하자고 권한다면, 군주는 그 신하를 동생처럼 생각하고 있다는 걸 보여주려 하는 겁니다. 화려한 곤룡포를 벗음으로써 군주가 지배자로서의 권위를 스스로 내려놓으니 신하로서는 감격할 일입니다. 이제 예쁘지 않거나 쓸모가 없다면 군주에게 내쳐질 수도 있다는 불안감이 사라질 테니까요. 하긴 형이 동생을 귀양 보내거나 정리해고하는 일은 드물 겁니다. 그러나 대부분의 지배자는 본능적으로, 심지어 병적으로 화려한 외양에 집착합니다. 피지배자의 눈에 지배자로 식별되기 위해 지배자는 빛나는 금관과 화려한 의복을 과시합니다. 국가나 문명이라는 이름으로 탄생한 억압사회의 유물들, 특히 피라미드나 거대 분묘 안의 풍경을 들여다보세요. 죽어서라도 화려한 금관과 의복을 가지고 있으려는 지배자들의 욕망, 외양에 대한 그들의 병적인 집착을 우리는 쉽게 확인합니다. 심지어 그들은 시신을 방부처리하여 자신의 외양을 영원히 보존하려 하죠. 어쩌면 바로 이것이 억압사회 도처에 허영이 독버섯처럼 번식하는 이유일 겁니다. 지배계급의 구별 짓기 욕망은 피지배계급 내부에도 퍼지니까요. 더 예쁘고 더 쓸모 있다는 과시는 지배자들의 소유욕을 자극할 뿐만 아니라 동시에 경쟁자들의 경쟁 욕구도 무력화시킬 수 있습니다. 여기에 경쟁자를 좌절시키는 화려한 옷, 세련된 집, 귀족적 소비 패턴은 화룡점정이 될 겁니다.

겉치레와 허영에 젖은 억압사회는 시각이라는 감각에 의존한다는 사실이 중요합니다. 농경이든 유목이든 아니면 산업이든, 어떤 경제체제로 돌아가든 상관없습니다. 지배와 복종 관계, 즉 국가주의가 작동하는 한 겉치레와 허영은 전체 사회를 휘감아버리니까요. 억압사회를 벗어나는 작은 실마리가 허영의 논리를 극복하는 데 있다면, 우리는 시각의 독점적 지위를 해체해야만 합니다. 보는 자가 보이는 자를 지배한다는 사실, 그리고 보이는 것만 소유할 수 있다는 사실을 떠올리는 것으로 충분합니다. 군주가 보이지 않으니 무릎 꿇을 일도 없고, 광대한 토지가 보이지 않으니 그걸 소유할 수도 없습니다. 신상품도 보이지 않고 명품도 보이지 않으니 허영을 발휘할 일도 없을 겁니다. 금관도, 궁전도, 외모도, 스펙도 식별할 수 없다면, 극단적으로 말해 인간이 모두 일순간 눈이 멀게 된다면, 국가주의나 자본주의 체제도 모두 모래성처럼 무너질 겁니다. 물론 그렇다고 해서 인간을 맹인으로 만들어서는 안 되겠죠. 생존 자체가 불가능해지거나 힘들어질 테니 말입니다. 시각으로부터 독점적 지위를 박탈해 다른 감각과 대등하도록 만들면 됩니다. 시각이 권좌를 차지하는 감각의 제국을 붕괴시키고, 청각, 후각, 미각, 촉각 등 다른 감각들도 시각만큼 발언권을 갖게 하는 겁니다. 감각들의 민주화라고 할 수 있습니다. 어쨌든 중요한 것은 시각의 독점적 지위가 흔들리고 의심되면, 강고해 보이기만 하던 억압사회가 균열을 일으키기 시작한다는 사실입니다. 「덕충부」에 등장하는 '새끼 돼지 이야기'를 통해 장자는 바로 이 작업을 하려 했습니다. 억압사회가 시각 지배적인 사회라는 걸 간파하지 않았다면 불가능한 일입니다. 허영과 겉치레의 억압사회에 균열이 생길 때, 그 갈라진 틈으로 어떤 삶의 전망이 보일까요? 감각들이 민주화될 때, 우리 삶은 어떻게 변할까요? 새끼 돼지들의 비극적인 상황에서 장자는 우리의 이런 의문을 풀어줄 실마리를 찾게 됩니다.

새끼 돼지들은 왜 어미를 버리고 달아났을까

새끼 돼지 이야기는 제목처럼 "죽은 어미의 젖을 빨고 있는 새끼 돼지들" 일화로 시작됩니다. 새끼 돼지들은 어미의 젖으로 배고픔을 달래기 위해 어미의 품을 파고듭니다. 어제도 품을 내주었던 어미였으니까요. 그런데 젖을 빨던 새끼들은 시각적으로는 어제와 같은 어미지만 무언가 다르다는 걸 느낍니다. "잠시 후 새끼들은 놀라 눈망울을 굴리며 모두 어미를 버리고 달아나고" 맙니다. 눈으로는 분명 자기 어미로 보였기에, 죽은 어미를 버리고 달아나기까지 "잠시" 시간이 필요했던 겁니다. 여기서 새끼들이 죽은 어미를 버리고 달아났다는 데 주목해야 합니다. 이는 새끼 돼지들이 시각에 지배되지 않는다는 것을 보여주니까요. 인간과는 매우 다르죠. 간혹 죽은 애인이나 아이를 쉽게 떠나지 못하는 사람들이 있고, 심지어 주변 사람들에게 그의 죽음을 알리지 않고 시신과 상당한 시간 함께하는 엽기적인 일이 벌어지기도 하죠. 그만큼 우리는 시각에 압도적인 지배를 받는 동물입니다. 고인의 시각적 형체를 유지하기 위해 시신을 방부 처리하거나 근사한 영정을 만들어 장례를 지내는 것만 봐도 시각 중심적인 면모가 인간의 특징인 것은 분명합니다. 시신이 부패하기 시작해 고인의 시각적 형체가 변해야, 인간은 고인을 떠나거나 떠나보낼 수 있습니다. 새끼 돼지가 몇 분도 걸리지 않고 시각의 지배를 벗어난 것과는 정말 대조적입니다. 장자는 여기서 멈추지 않고 새끼 돼지가 어미를 버리고 달아난 이유를 분석합니다. "그 새끼들은 어미에게서 자신을 보지 못했을 뿐이고, 어미에게서 유(類)를 얻지 못했을 뿐이다[不見己焉爾, 不得類焉爾]"라고 장자는 논평합니다.

장자의 언급에서 "어미에게서"라는 말에 주목해야 합니다. 원문에 '언(焉)'이라는 한자가 보입니다. 고전 한문에서 이 한자는 '어차(於此)'를 줄인 문법적 기능을 담당합니다. 그래서 '언'은 '이것에서'나 '이것으로부터'라고 풀이됩니다. '이것'은 당연히 어미 돼지를 가리킵니다. 어미에게서 자기를 보고 어미에게서 '유'를 얻지 못했다는 의미가 중요합니다. 이해를 돕기 위해 반대 경우를 생각해보죠. 어미 돼지가 살아 있을 때 새끼는 어미에게서 "자신을 보았고[見己]" "유를 얻었을[得類]" 겁니다. 새끼가 어미에게서 자신을 본다는 건 무슨 뜻일까요? 자신이 어미가 사랑하는 내상임을 아는 겁니다. 새끼는 어미의 젖을 빨 때 기쁨을 느끼고 어미도 자신의 젖을 내줄 때 기쁨을 느낀 겁니다. 어떤 타자와 만나 '삶의 자유(conatus)'가 증진될 때 우리는 기쁨을 느낀다! 스피노자의 통찰입니다. 이제 새끼가 어미에게서 '유'를 얻는다는 의미도 분명해집니다. 새끼와 어미는 기쁨의 공동체로 묶인 겁니다. '유'는 특정 무리나 떼를 가리키는 말입니다. 어미와 새끼는 혈연으로 묶였으니 당연히 하나의 유라고 생각해서는 안 됩니다. 어미의 기쁨과 새끼의 기쁨이 공명하기에 어미와 새끼가 하나의 유로 묶인다는 것이 중요하니까요. 혈연의 형이상학 혹은 혈연의 종교는 우리 인간에게만 적용됩니다. 집안 사정으로 해외로 입양 간 아이가 있다고 해보죠. 수십 년이 지나 어른으로 성장한 그 아이는 부모를 찾으려 합니다. 그들은 우여곡절 끝에 만나 회한의 눈물을 흘리며 서로 껴안을 겁니다. 부모로서 아이를 돌봐야 했는데 그러지 못했다는 회한이고, 아이로서 부모의 사랑을 받았어야 했는데 그러지 못했다는 회한입니다. 극적인 만남 이후 부모와 자식은 서로 연락을 주고받을 겁니다. 그러나 부모와 아이가 기쁨의 공동체로 묶이는 것은 다른 문제입니다. 기쁨의 공동체가 아니더라도 관계가 지속된다는 것, 그것이 혈연이라는 관념의 힘입니다.

인간의 경우 어미와 새끼가 하나의 가족을 구성하고 있을지라도 그것이 기쁨의 공동체가 아닐 수도 있습니다. 가족이라는 제도가 가진 힘으로, 혹은 사회적 통념이나 시선을 의식해서 어미와 새끼가 한집에 살 수도 있다는 이야기입니다. 아이는 부모가 자신에게서 기쁨을 느끼지 못한다는 것을 알아도 부모를 떠날 수는 없습니다. 혼자서는 살 수 없다는 걸 본능적으로 알기 때문입니다. 아동 학대나 가정 폭력이 자행되는 가족이 존재하는 이유입니다. 그러나 이는 새끼 돼지에게서는 기대할 수 없는 일입니다. 이것이 장자의 입장입니다. 어미에게 사랑받는 자신을 확인할 수 없고 기쁨의 공동체가 만들어지지 않는다면 새끼 돼지는 어미를 버리고 달아날 겁니다. 새끼를 학대하는 어미 돼지, 새끼를 학대하는 어미 늑대, 새끼를 학대하는 어미 말을 볼 수 없는 것도 이런 이유에서입니다. 새끼 돼지나 새끼 늑대 그리고 새끼 말은 어미를 버리고 달아날 테니까요. 그래서 새끼 돼지들의 비극적 사건에 대한 장자의 최종 진단, "새끼들이 자기 어미를 사랑하는 것은 어미라는 형체가 아니라 그 형체를 움직이도록 한 것"이라는 말은 이런 문맥에서 독해되어야 합니다. "그 형체를 움직이도록 한 것[愛使其形者也]"은 단순히 어미의 생명이라고만 이해해서는 안 됩니다. 새끼에게 품을 내주고 젖을 허락한 어미의 행동은 새끼에 대한 희생에서 어미가 기쁨을 느꼈기에 가능했던 겁니다. 한마디로 새끼에 대한 사랑입니다. 물론 어미 돼지가 죽으면 어미의 사랑도 불가능하다는 건 사실입니다. 그러나 어미 돼지가 살아 있어도 새끼에게 젖을 내주기를 거부할 수도 있다는 걸 잊어서는 안 됩니다. 이 경우 새끼 돼지에게 어미 돼지는 죽은 것과 진배없습니다. 이미 기쁨의 공동체는 깨져버렸으니까요.

그 형체를 잊게 되었을 때

중요한 것은 타자에게서 우리는 "자신을 보고" "유를 얻을" 수 있다는 사실입니다. 견고한 지배와 복종 관계로 이루어진, 겉치레와 허영이 팽배한 억압사회에서 찾기 어려운 상황입니다. 사랑하는 척, 존경하는 척, 아껴주는 척, 인정하는 척, 예쁜 척, 쓸모 있는 척, 똑똑한 척하는 것이 허영입니다. 노골적으로 말하자면 지배를 사랑이라고, 복종을 존경이라고 정신승리하는 것이 허영이라고 할 수 있습니다. 새끼를 사랑하지 않으면서도 외형적으로는 젖을 내주는 어미 돼지가 있다면, 어미의 젖이 싫으면서도 외형적으로는 젖을 물고 있는 새끼 돼지가 있다면, 이 기이한 어미 돼지와 새끼 돼지가 바로 우리 인간을 상징할 수 있습니다. 다행스럽게도 돼지를 포함한 다른 동물들에게서 이런 서글픈 장면은 찾을 수 없습니다. 외형만 취하는 허영, 진심 없는 겉치레는 오직 만물의 허접인 인간만이 감당하는 일입니다. 다행히도 타자에게서 "자신을 보고 유를 얻는" 경험이 인간에게 기적처럼 발생하는 경우, 즉 잠시나마 허영과 겉치레의 짙은 먹구름이 걷히는 경우도 있습니다. 이것은 인간에게도 사랑의 관계나 기쁨의 공동체가 충분히 가능하다는 징표일 겁니다. 새끼 돼지 이야기 후반부에서 장자가 두 가지 극적인 일화를 소개한 이유도 바로 이것입니다. 이 일화들을 통해 우리는 허접한 인간도 새끼 돼지의 수준에 오를 수도 있다는 희망을 품을 수 있습니다. 돼지에게 부끄럽지 않은 인간도 가능하다는 것을 보여주는 첫 번째 일화는 '절름발이에 꼽추였으며 입술마저 없어서' 인기지리무신(闉跂支離無脤)이라고 불리던 사람의 이야기고, 두 번째 일화는 '목에 항아리 모양의 혹이 나서' 옹앙대영(甕㼜大癭)이라 불린 사람의 이야기입니다.

　예쁨과 쓸모가 지배하는 억압사회, 시각 지배적인 허영의 사회에서 이 두 사람은 어디에서도 환영받지 못합니다. 너무도 추한 외모이기에 누구도 그들과 가까이하려 하지 않을 것이고, 신체적으로 불구이니 국가도 그들을 군대나 노역에 징집할 생각은 하지 않을 테니까요. 그런데 이 추한 불구자 두 사람이 군주로부터 절세 미녀나 고사양 스펙의 보유자도 누리지 못한 총애를 받게 됩니다. 먼저 인기지리무신의 경우를 보면, 무슨 이유에서인지 그는 위나라 군주 영공(靈公)에게 유세를 하게 됩니다. 그 뒤 영공은 "그를 너무나 좋아하게 되어 정상적인 사람을 보면 오히려 그들의 다리가 너무 앙상해 보였을" 정도였습니다. 절름발이이자 꼽추였던 인기지리무신의 다리는 지나치게 굵었는데, 위나라 군주는 그를 너무나 좋아한 나머지 그의 굵은 다리가 기준이 되어버린 겁니다. 옹앙대영의 경우도 똑같은 패턴입니다. 무슨 이유에서인지 옹앙대영도 제나라 군주 환공(桓公)

에게 유세를 합니다. 유세가 끝난 뒤 환공은 "그를 너무나 좋아하게 되어 정상적인 사람을 보면 오히려 그들의 목이 너무 앙상해 보였을" 정도였습니다. 옹앙대영은 거대한 혹이 나서 목이 지나치게 굵었지만, 환공이 그를 너무나 좋아하게 된 나머지 그의 굵은 목이 기준이 된 겁니다. 여기서 중요한 것은 "그를 좋아하게 되었다"로 번역한 "열지(說之)"라는 표현입니다. 영공은 인기지리무신을 좋아했고, 환공은 옹앙대영을 좋아합니다. 결국 인기지리무신과 옹앙대영이 각각 어미였다면, 영공과 환공은 두 마리의 새끼 돼지였던 셈입니다. 두 군주는 각각 인기지리무신과 옹앙대영에게서 "자신을 보았고 유를 얻은" 것입니다.

영공이나 환공은 사실 비범한 군주였습니다. 억압의 피라미드 그 최고 정점에 있었고 최상의 허영을 과시하던 두 사람은 억압체제와 허영의 논리에 깊은 환멸을 느꼈습니다. 궁궐의 모든 여자가 자신을 사랑하는 척할 뿐 그 누구도 자신을 진심으로 사랑하는 사람이 없고, 모든 관료들이 자신을 존경하는 척할 뿐 그 누구도 자신을 진심으로 존경하는 사람이 없었습니다. 심지어 두 군주는 자신도 여자를 아름다운 외모 때문에 사랑하는 척하고, 신하를 그 쓸모 있음 때문에 아끼는 척하고 있다는 걸 압니다. 권력과 부가 사라지면 이 모든 것들은 모래성처럼 무너져내릴 겁니다. 영공과 환공은 이런 비범한 자각이 있었기에 지푸라기라도 잡는 심정으로 누구나 가까이하기를 꺼리던 두 불구자를 만났던 겁니다. 그리고 마침내 지배와 복종과는 무관한 사랑의 관계, 허영에서 벗어난 기쁨의 공동체를 구성하는 데 성공합니다. 자신이 금관과 곤룡포를 빼앗겨도, 심지어 권좌에서 물러나는 과정에서 팔이나 다리가 잘려도 아무런 거리낌 없이 만날 수 있는 사랑의 짝을 찾은 겁니다. 그 짝과 함께할 때 영공이나 환공은 더 이상 군주일 수도 없습니다. 권력과 부가 아니라 오로지 사랑으로만 교환되는 관계에 돌입했으니까요. 새끼 돼지가 어미 품에서 젖을 빨다가 편히 잠들고, 어미가 그런 새끼를 그윽한 눈으로 바라보는 장면이 연상됩니다. 새끼 돼지 이야기를 마무리하며 장자는 "그 매력이 월등하다면 그 형체는 잊게 되는 법"이라고 이야기합니다. 반대로 말해도 좋을 듯합니다. "그 형체를 잊게 되었을 때 우리는 타자의 매력에 빠질 수 있다"고 말입니다. 그러나 우리 인간이 억압사회가 각인시킨 시각 지배적인 사유, 억압사회를 유지하는 시각 지배적인 삶을 극복하는 것은 여간 힘든 일이 아닙니다. 장자가 "사람들은 잊어야 할 것은 잊지 못하고 잊지 말아야 할 것을 잊는다. 이것이 바로 '진짜 잊음'이라고 말한다"고 탄식했던 이유입니다. 인간이 돼지의 품격을 회복한다는 것! 생각보다 멀고 험한 길입니다.

29

삶과 죽음의
대서사시

현해 이야기

자사(子祀), 자여(子興), 자려(子犁), 자래(子來), 이렇게 네 사람이 서로 이야기를 나누다 말했다. "누가 없음을 머리로, 삶을 척추로, 그리고 죽음을 꽁무니로 생각할 수 있는가! 누가 삶과 죽음, 있음과 없음이 한 몸이라는 걸 아는가! 나는 이런 사람과 친구가 되고 싶다."

네 사람은 서로 쳐다보고 미소를 지으며, 마음에 거슬리는 것이 없어 마침내 서로 친구가 되었다. 자여가 병이 들자 자사가 병문안을 왔다.

자여가 말했다. "위대하구나! 저 사물의 만듦이 나를 이렇게 뒤틀리게 만드는구나! 구부러져 등이 튀어나오고 오장이 위로 향하며 턱이 배꼽에 숨고 어깨가 정수리보다 높아졌고 목뼈가 하늘을 가리키니, 음양의 기운이 모두 뒤죽박죽이구나!"

자여의 마음은 편안하여 아무런 일도 없는 듯했다. 자여는 비틀거리며 방 밖으로 나가 우물에 자신을 비춰보며 말했다. "아! 저 사물의 만듦이 또 나를 계속 뒤틀리게 만들려 하는구나!"

그러자 자사가 말했다. "자네는 그것이 싫은가?"

자여가 대답했다. "아니, 내가 무엇이 싫겠는가! 내 왼팔을 차츰차츰 닭으로 변화시키면 나는 그에 따라 새벽을 알리는 소리를 내겠네. 내 오른팔을 차츰차츰 석궁으로 변화시키면 나는 그에 따라 구운 올빼미를 기다리겠네. 내 엉덩이를 차츰차츰 수레로 그리고 나의 신(神)을 말로 변화시키면, 나는 그에 따라 그것을 탈 것이니 다시 마구를 채울 필요가 있겠는가! 또한 얻는 것도 때에 맞은 것이고, 잃은 것도 따라야 할 것이네. 때에 편안해하고 따름에 머물러야 슬픔과 즐거움이 개입할 수 없는 법이지. 이것이 옛사람들이 '매달린 데서 풀려남(縣解)'이라고 말했던 것이네. 그런데도 스스로 풀려날 수 없는 사람은 다른 사물들이 더욱 얽어매게 될 거야. 게다가 사물은 자연을 이기지 못한 지 오래인데, 내가 또 무엇을 싫어하겠는가!"

얼마 후 자래가 병에 걸려 마지막 숨을 몰아쉬며 죽으려 할 때, 그의 아내와 자식들이 둘러앉아 울고 있었다.

자려가 가서 안부를 묻고는 말했다. "쉿! 비키세요! 변화를 놀라게 하지 마세요!" 자려가 문에 기대어 말했다. "위대하구나! 만물의 만듦이여! 또 그대를 무엇으로 만들려고 하는가? 그대를 어디로 데려가려고 하는가? 그대를 쥐의 간으로 만들려고 하는가? 그대를 벌레의 다리로 만들려고 하는가?"

자래가 말했다. "부모가 명을 내리면 동서남북 어디에 있든 자식은 따라야 해. 음양은 사람에게 단지 부모일 뿐만이 아니네. 그것이 나를 죽음에 가깝게 하는데, 만약 내가 따르지 않는다면 나는 바로 무례한 자가 될 뿐이니, 음양에 무슨 죄가 있겠는가! 거대한 대지는 형체를 주어 나를 싣고, 삶을 주어 나를 일하게 하고, 늙음으로 나를 편안하게 하고, 죽음으로 나를 쉬게 한다네. 그래서 나의 삶을 긍정하는 것이 바로 나의 죽음을 긍정하는 이유네. 지금 위대한 대장장이가 쇠붙이를 녹이고 있는데, 쇠붙이가 뛰어 올라와 '나는 장차 반드시 명검 막야가 될 거야!'라고 말한다면, 위대한 대장장이는 반드시 상서롭지 못한 쇠붙이라고 생각할 것이네. 이제 한번 인간의 형체를 빌렸으면서도 '사람일 뿐이야, 사람으로 있을 거야!'라고 말한다면, 저 변화의 만듦도 반드시 상서롭지 못한 사람이라고 생각하겠지. 지금 한번 하늘과 땅을 거대한 용광로로 생각하고 변화의 만듦을 위대한 대장장이로 생각한다면, 어디로 간들 좋지 않겠는가! 편하게 잠들고 새롭게 깨어날 뿐이네."

「대종사」

子祀·子輿·子犂·子來四人相與語曰, "孰能以無爲首, 以生爲脊, 以死爲尻!
孰知生死存亡之一體者! 吾與之友矣."

四人相視而笑, 莫逆於心, 遂相與爲友. 子輿有病, 子祀往問之.

曰, "偉哉! 夫造物者, 將以予爲此拘拘也! 曲僂發背, 上有五管, 頤隱於齊,
肩高於頂, 句贅指天, 陰陽之氣有沴!"

其心閒而無事. 跰𨇤而鑑於井, 曰, "嗟乎! 夫造物者又將以予爲此拘拘也!"

子祀曰, "女惡之乎?"

曰, "亡, 予何惡! 浸假而化予之左臂以爲雞, 予因以求時夜. 浸假而化予之右
臂以爲彈, 予因以求鴞炙. 浸假而化予之尻以爲輪, 以神爲馬, 予因以乘之,
豈更駕哉! 且夫得者, 時也, 失者, 順也. 安時而處順, 哀樂不能入也. 此古之
所謂縣解也. 而不能自解者, 物有結之. 且夫物不勝天久矣, 吾又何惡焉!"

俄而子來有病, 喘喘然將死. 其妻子環而泣之.

子犂往問之曰, "叱! 避! 無怛化!" 倚其戶與之語曰, "偉哉! 造物! 又將奚以
汝爲? 將奚以汝適? 以汝爲鼠肝乎? 以汝爲蟲臂乎?"

子來曰, "父母於子, 東西南北, 唯命之從. 陰陽於人, 不翅於父母. 彼近吾死
而我不聽, 我則悍矣, 彼何罪焉! 夫大塊載我以形, 勞我以生, 佚我以老, 息
我以死. 故善吾生者, 乃所以善吾死也. 今之大冶鑄金, 金踊躍曰'我且必爲
鏌鋣!' 大冶必以爲不祥之金. 今一犯人之形, 而曰'人耳人耳!' 夫造化者必以
爲不祥之人. 今一以天地爲大鑪, 以造化爲大冶, 惡乎往而不可哉! 成然寐,
蓮然覺."

세상에는 오직 '있음'뿐

'없음'과 '있음' 중 어느 것이 더 많을까요? 이상한 질문이지만, 당연히 있음이 없음보다 많다고 대답하는 사람이 많을 겁니다. 없음은 좌우지간 없는 것이니 있음보다 많을 리 없다고 즉각적으로 판단하는 거죠. 그런데 『창조적 진화(L'évolution Créatrice)'』에서 베르그송(Henri Bergson, 1859~1941)은 다르게 생각하는 듯합니다. 그는 없음이 있음보다 더 많다고 말합니다. 고개를 갸우뚱거릴 일입니다. 그래서 우리는 그의 육성을 직접 들어볼 필요가 있습니다. "'없다'고 생각된 대상의 관념 속에는, 같은 대상이 '있다'고 생각되었을 때의 관념보다 더 적은 것이 아니라 더 많은 것이 들어 있다." 난해해 보이는 베르그송의 이야기를 간단한 비유로 쉽게 풀어볼 수 있습니다. 테이블 위에 사과가 있다고 해볼까요. 잠시 자리를 비웠다가 돌아왔는데, 누가 가져갔는지 테이블 위에 사과가 없어졌습니다. 이 경우 우리는 '사과가 없다'고 생각합니다. 휑하니 비어 있는 테이블 위에 있었던 사과, 지금은 없는 사과에 대한 기억이 또렷하기만 합니다. 이 순간 우리의 머릿속에는 '사과'라는 관념과 '없음'이라는 관념이 있습니다. 바로 이것이 베르그송이 말하고자 했던 겁니다. '사과가 있다'는 관념에 '없다'는 관념이 더해져야 '사과가 없다'는 판단이 가능하니까요. 베르그송의 생각은 매우 중요합니다. '없다'는 경험은 오로지 '있음'을 기억하는 사람의 관념 속에서만 가능합니다. 다시 말해 '없음'이나 '무(無)'는 관념적일 뿐 실재적이지 않다는 겁니다.

 간단히 "세계에는 있음만 있고 없음은 없다"고, 아니면 "우리 마음속에만 없음이 있다"고 외워두면 편합니다. 테이블 위에 있던 사과가 없어진 것을 모르는 친구 앞에서 내가 그 테이블 위를 손가락으로 가리킨다고 해보세요. 나는 분명 없어진 그 사과를 가리키고 있습니다. 그렇지만 친구는 내 기대와는 달리 반문할 겁니다. "테이블은 왜?" 나는 '없어진 사과'라는 부재를 경험하고 있지만, 친구는 테이블로 충만한 세계를 경험하고 있는 겁니다. 여기서 생각할 것이 한 가지 더 있습니다. 없음의 경험 혹은 부재의 경험에는 강도 차이가 있다는 겁니다. 더 소중한 것, 더 중요한 것, 없으면 살 수 없을 것이 사라지면, 없음에 대한 우리의 경험은 엄청난 무게감으로 우리를 압도합니다. 테이블 위에서 없어진 것이 사과가 아니라 10캐럿 다이아몬드 반지라면, 전자의 없음보다 후자의 없음이 더 강하게 느껴집니다. 사라진 사과도 분명 부재의 느낌을 줍니다. 그러나 이 경우 부재의 느낌은 약하고 순간적이어서 곧 사라집니다. 곧바로 테이블로 충만한 세계가 펼쳐질 겁니다. 반면 다이아몬드 반지의 없음은 블랙홀처럼 모든 것을, 즉 모든 있음을 빨아들입니다. 테이블의 있음, 친구의 있음, 심지어 나의 있음마저 모조리 신경 쓰지 않게 될 테니까요. 이 정도가 되면 분명 다이아몬드 반지가 내 눈앞에 있는 데도 그것이 없어질까 봐 염려하는 마음이 생길 수 있습니다. 불교에서는 집착(Upādāna) 이라고 부를 만한 상황입니다. 테이블 위의 사과나 다이아몬드 반지만 그런 것이 아닙니다. 나 자신이 가지고 있다고 생각하는 소중한 것들도 마찬가지니까요.

삶, 젊음, 미모, 건강, 부, 권력, 지위, 평판 등을 생각해보세요. 그중 젊음에 대해 생각해보도록 하죠. 50대 중년이 거울을 볼 때, 그는 없어진 자신의 20대를 보고 있을 수 있습니다. 그럴수록 그는 50대의 충만한 있음, 현재 자기 자신의 모습, 그리고 자신을 둘러싼 타인들을 보기 힘들 겁니다. 부재한 20대의 젊음이 블랙홀이 되어 그 모든 것을 빨아들일 테니까요. 하지만 잊어서는 안 됩니다. 50대 중년이 거울에서 부재하는 20대의 젊음을 보고 있을 때, 누군가는 멋진 주름과 희끗한 머리를 가진 그에게서 중년의 매력, 즉 성숙함과 안정감을 느낄 수도 있을 테니까요. 어쨌든 있는 그대로의 자신을 긍정하지 못하는 사람에게 주변에 존재하는 사람이나 사물 혹은 사건들과 제대로 관계할 가능성은 거의 없을 겁니다. 자신감을 상실한 그는 집 밖으로 나가기를 피할 테니까요. 밖으로 나가지 않는다면, 그래서 타자나 사건과 마주치지 않는다면, 그는 새로운 삶을 만들 수 없습니다. 50대 중년은 20대의 젊음에 집착하느라 '지금 여기(now & here)' 50대의 삶을 허비하고 있는 겁니다. 「대종사」편의 현해 이야기가 이 중년에게 힘이 될지도 모릅니다. 세상에는 없는 것은 없고 오직 있음만 있다는 걸 가르쳐주니까요. 장자가 즐겨 사용했던 꿈 비유의 핵심은 바로 여기에 있습니다. 모든 사람이 테이블을 볼 때 없어진 사과를 보는 사람이 꿈을 꾸는 사람일 테니까요. 현해 이야기를 통해 장자는 자신이 베르그송보다 먼저 '없음'의 느낌을 극복한 철학자라는 걸 분명히 보여줍니다. 그러나 장자는 베르그송 이상의 스케일, 대붕의 스케일을 보여줍니다. 젊음에 집착하는 50대 중년이 대붕의 등에 올라탄다면 베르그송마저 훌쩍 넘어설지도 모릅니다.

'없음'에 집착하지 않고 '있음'을 긍정하기

———

현해 이야기는 자사(子祀), 자여(子輿), 자려(子犁), 그리고 자래(子來), 이 네 사람이 어떻게 친구가 되었는지 알려주면서 시작됩니다. 네 사람은 모두 "없음을 머리로, 삶을 척추로, 그리고 죽음을 꽁무니로 생각하고, 삶과 죽음 그리고 있음과 없음이 한 몸이라는 걸 압니다." 그래서 그들은 친구가 된 겁니다. 네 사람이 공유한 인식에서 흥미로운 것은, 태어나기 이전의 없음과 죽은 다음의 없음마저 삶과 단절되지 않고 삶에 붙이는 존재론적 과감성입니다. 이것은 "삶과 죽음 그리고 있음과 없음이 한 몸[生死存亡之一體]"이라는 근사한 테제로 요약됩니다. 있음과 없음이 한 몸이라는 것, 헤겔의 『대논리학(Wissenschaft der Logik)』을 펼쳐보지 않더라도, 이것이 바로 생성(Werden, becoming)입니다. 그렇다고 해서 있음이 정(正), 없음이 반(反), 그리고 생성이 합(合)이라고 이해해서는 안 됩니다. 장자에게서 상황은 그 반대니까요. 생성이 절대적으로 먼저 주어집니다. 생성이 일차적이고 이걸 추상해서 나온 이차적인 것이 있음과 없음일 뿐입니다. 그러니까 있음은 없음이 아니고, 없음은 있음이 아니라는 논리적 사유는 단지 우리 사유에 지나지 않는 겁니다. 헤겔이 있음과 없음을 변증법적으로 사유함으로써 생성을 도출하려는 것과는 방향이 다릅니다. 어쨌든 없음과 있음이 한 몸이니 없음과 있음은 연속성을 갖게 됩니다. 그러니까 없음은 완전하고 순수한 없음이 아니라 있음의 계기가 묻어 있고, 있음도 완전하고 순수한 있음이 아니라 없음의 색채를 가지고 있는 겁니다. 결국 태어나기 전의 없음도 이제 순수한 없음이 아니라 무언가 있는 것으로 긍정되고, 죽은 뒤의 없음도 무언가 있는 것으로 긍정됩니다.

겨울에 카페 창가에 만들어진 성에꽃을 생각해보세요. 실연한 사람의 허허로운 한숨, 애인과의 달뜬 대화 중 내뿜은 숨, 주문을 받던 점원의 숨, 커피나 홍차가 뿜어낸 수증기, 창의 표면, 히터, 카페 내 공기 흐름, 실내 온도, 열린 문의 수와 열려 있던 시간 등등 수많은 조건들이 마주쳐 연결되어야 그 성에꽃이 만들어지는 법입니다. 이 중 하나라도 달랐다면, 그리고 마주치는 순서가 달랐다면 우리는 전혀 다른 성에꽃을 보았을 겁니다. 아직 태어나지 않았을 때 내가 없는 것은 맞습니다. 그러나 아무것도 없는 것이 아닙니다. 나중에 내 부모가 될 남녀가 있고, 카페도 있고, 와인도 있고, 바람도 있고, 사과도 있습니다. 내가 죽고 난 뒤에 내가 없는 것은 맞습니다. 그러나 시신이 있고, 가족도, 독수리도, 땅도, 바람도, 풀도, 강도 있습니다. 다른 것들이 내 시신을 분해하고 쪼개고 먹고 쓸어 나를 겁니다. 결국 생성은 있음에서 있음으로 또 있음으로 이어지는 부단한 운동입니다. 다자가 연결되어 하나의 개체가 탄생하고, 그 개체를 유지하던 연결이 풀리며 다시 다자로 열리는 과정이 생성이라는 이야기입니다. 그러나 나에 과도하게 집중하면 내가 태어나기 이전이나 내가 죽은 뒤의 상태를 순수한 없음이나 아무것도 없는 허무로 오인하게 됩니다. 분명 내가 있기 전에는 내가 없었고, 내가 죽은 뒤에 나는 없기 때문입니다. 그 결과 나를 만든 많은 것들과 내가 먹을 많은 것들이 의식되지 않을 뿐만 아니라, 내가 만든 많은 것들과 나를 먹을 많은 것들도 보이지 않게 됩니다. 다이아몬드 반지가 없어졌을 때 다른 모든 있는 것들을 망각하게 되는 것처럼 말입니다. 어쨌든 중요한 것은, 생성을 긍정하면 나와 삶에 대한 우리의 집착은 완화되고, 반대로 나와 삶에 연연하면 우리는 생성을 부정하게 된다는 사실입니다. 자사, 자여, 자려, 그리고 자래, 이 네 사람이 왜 "없음을 머리로, 삶을 척추로, 그리고 죽음을 꽁무니로 생각했는지" 짐작됩니다. 없음은 아직 마주치지 않은 다자들의 있음으로, 삶은 마주침이 지속되는 다자들의 있음으로, 그리고 죽음은 마주침이 와해된 다자들의 있음으로 긍정했던 겁니다. 어느 경우든 "세계에는 있음만 있고 없음은 없다"는 원칙은 그대로 관철됩니다. 바로 이것이 네 사람이 공유한 생성의 철학, 그 총론입니다.

이제 현해 이야기의 나머지 방대한 각론 부분을 읽어볼 차례입니다. 이 부분은 그들이 공유한 생각이 존재론일 뿐만 아니라 실천철학이라는 것, 말뿐만이 아니라 실제 삶이었다는 걸 보여줍니다. 현해 이야기의 각론은 두 부분으로 이루어져 있습니다. 첫 번째는 질병과 관련된 자여와 자사의 일화이고, 두 번째는 죽음과 관련된 자래와 자려의 일화입니다. 먼저 자여와 자사의 일화를 보면, 자여가 병이 들자 그의 친구 자사가 병문안을 오면서 이야기가 시작됩니다. 무슨 일인지 자여는 꼽추가 되는 병에 걸립니다. 지금 말로는 척추후만증(脊椎後彎症, kyphosis)이라고 불리는 질병입니다. 이 병은 결핵을 제때 치료하지 못해 결핵균이 척추까지 감염시켜 발생하기도 하고, 외상을 입은 척추를 적절히 치료하지 않아 생기기도 한다고 합니다. 어쨌든 평범한 사람이라면 이 병은 몹시 절망적인 질병입니다. 일단 일상적인 행동을 매우 불편하게 할 뿐만 아니라, 타인의 시선에 연연하는 사람이라면 집 밖으로 나가기를 꺼리게 할 만한 병이니까요. 그래서 자사도 병문안을 한 겁니다. 물론 자여가 없음은 없고 있음만 있다는 것을 말뿐이 아니라 온몸으로 살아낸다면, 자사가 걱정할 필요가 없습니다. 그러니 자사는 자여의 병이 안타까워서가 아니라 그가 생성의 철학자로서 품격을 유지하고 있는지 확인하기 위해 병문안을 간 것입니다. 계속 친구로 있을지 아니면 절교할지는 여기서 결판이 나는 겁니다. 다행히도 자사와 자여의 우정은 지속될 겁니다. 자여는 없음에 집착하지 않음을 긍정했기 때문입니다. "위대하구나! 저 사물의 만듦이 나를 이렇게 뒤틀리게 만드는구나!" 이제는 사라진, 꼽추 이전의 정상적인 몸에 집착하지 않고, 자여는 꼽추가 된 지금 자신의 몸을 긍정합니다.

매달린 데서 풀려나다

실제로 자여는 아름다운 꽃을 보러 가듯 우물 속을 들여다보며 자신의 몸이 구부러지는 과정을 보고 감탄하기까지 합니다. 바로 이 장면에서 자여는 현해라는 개념을 이야기합니다. '매단다'는 뜻의 '현(縣)'과 '풀린다'는 뜻의 '해(解)'로 구성된 현해(縣解)는 '매달린 데서 풀려난다'는 의미입니다. 밧줄에 발이 묶인

채 천장에 매달려 있는 사람을 떠올려보세요. 자여가 이제는 없는 건강한 몸에 연연한다면, 건강한 몸이 바로 그를 거꾸로 매달고 있는 밧줄이라고 할 수 있습니다. 결국 밧줄에 거꾸로 매달려 있다는 것은 부재하는 것에 대한 애달픈 집착을 상징했던 겁니다. 끊으면 아래로 떨어져 다치거나 죽을 것 같기에 밧줄을 끊기는 여간 어려운 일이 아닙니다. 그러나 매달림에서 벗어나지 않으면 그는 대지를 밟고 살아갈 수 없습니다. 꼽추는 정상적인 몸의 부재로 이해되어서는 안 됩니다. 꼽추의 몸은 있음으로 긍정되어야 합니다. 그래서 자여는 말합니다. "얻는 것도 때에 맞은 것이고, 잃은 것도 따라야 할 것이네. 때에 편안해하고 따름에 머물러야 슬픔과 즐거움이 개입할 수 없는 법이지." 여기서 현해라는 개념과 함께 기억해야 할 실천강령, 생성의 실천철학이 제안하는 실천강령이 하나 등장합니다. "안시이처순(安時而處順)!" 정상적인 몸을 얻은 좋은 상황도 긍정하고, 정상적인 몸을 잃은 나쁜 상황도 긍정하라는 겁니다. 당연히 좋은 것이라고 기뻐하고 나쁜 것이라고 슬퍼하는 감정은 일어나지 않을 겁니다. 이럴 때 정상적인 몸과 꼽추의 몸에 대한 가치평가도 사라집니다. 그저 A라는 몸 상태가 B라는 몸 상태로 변했을 뿐입니다. 생성의 긍정입니다. A라는 몸 상태를 얻었듯 B라는 몸 상태도 얻은 겁니다. B라는 몸 상태를 A라는 몸 상태의 부재로 보아서는 안 됩니다. 정상적인 몸을 잃은 것이 아니라 꼽추의 몸을 얻은 것이니까요. 이런 사유의 반전이 매달린 데서 풀려난다는 현해의 의미입니다.

이제 죽음과 관련된 두 번째 각론, 거의 대붕의 비행과 같은 스케일을 자랑하는 자래와 자려의 일화를 살펴볼 차례입니다. 이 일화를 통해 장자는 죽음이 나 자신이나 삶의 부재가 아니라 새로운 있음으로 이행하는 사건, 즉 생성의 한 가지임을 분명히 합니다. 자래의 임종 직전에 친구 자려가 찾아옵니다. 자려는 노파심에 자래에게 죽음의 의미를 이야기합니다. "그대를 쥐의 간으로 만들려고 하는가? 그대를 벌레의 다리로 만들려고 하는가?" 시신을 뜯어먹는 쥐나 벌레를 생각해보세요. 시신은 해체되어 쥐나 벌레와 다시 결합됩니다. 시신도 있음이고, 잘게 부서진 살도 있음이고, 쥐나 벌레의 배 속에서 풀어진 살도 있음이고, 양분이 되어 쥐의 간이 된 것이나 벌레의 다리가 된 것도 있음입니다. 몸만 그런 것이 아닙니다. 우리의 정신도 다른 사람이나 사물에게 이런 식으로 전달되어 변화하고 생성되니까요. 죽기 전에 친구를 보게 되어 자래는 기뻤나 봅니다. 죽어가는 사람에게는 기대하기 힘든 대서사시를 자래는 노래합니다. "지금 위대한 대장장이가 쇠붙이를 녹이고 있는데, 쇠붙이가 뛰어 올라와 '나는 장차 반드시 명검 막야가 될 거야!'라고 말한다면, 위대한 대장장이는 반드시 상서롭지 못한 쇠붙이라고 생각할 것이네. 이제 한번 인간의 형체를 빌렸으면서도 '사람일 뿐이야, 사람으로 있을 거야!'라고 말한다면, 저 변화의 만듦도 반드시 상서롭지 못한 사람이라고 생각하겠지." '사물의 만듦'이라고 번역한 '조물(造物)'이나 '변화의 만듦'으로 번역한 '조화(造化)'에서 인격신을 찾아서는 안 됩니다. 장자에게 있어 '조물'이나 '조화'는 생성과 다름없기 때문입니다. 장자가 '조물'이나 '조화' 대신 '음양'이라는 개념을 사용한 것도 이런 이유에서입니다.

자래의 이야기에는 막야(鏌鋣)라는 명검이 등장합니다. 막야는 간장(干將)이라는 검과 함께 춘추시대를 상징하는 명검입니다. 간장과 막야라는 부부 대장장이, 즉 남편 간장이 만든 검이 간장이고, 아내 막야가 만든 검이 막야입니다. 간장이든 막야든 이것은 쇠붙이가 꿈꿀 수 있는 최상의 이상형이라는 점이 중요합니다. 막야가 인간의 꿈, 즉 권력자, 부자, 미인 등을 상징하는 것도 이런 이유에서입니다. 자래의 대서사시에서 대장장이 비유는 매력적입니다. 금붙이도 있음이고, 용광로에 있는 쇳물도 있음이고, 쟁기도 있음이고, 명검 막야도 있음입니다. 대장간에서는 이렇게 찬란한 생성의 드라마가 벌어집니다. 명검 막야는 소중한 것이니 쇠붙이들은 이에 집착할 겁니다. 쇳물에서 막야가 되면 기쁘고, 막야가 녹아 쇳물이 되면 슬플 겁니다. 그러나 생성은 이런 기쁨과 슬픔을 허용하지 않습니다. 쇳물은 막야의 부재로 오해되어서는 안 됩니다. 쇳물은 막야만큼 긍정해야 할 생성의 결과물이니, 있음으로 긍정해야만 합니다. 대장장이 비유는 죽음을 부재로 이해하며 절망하는 우리 인간의 편협함을 바로 부수어버립니다. "이제 한번 인간의 형체를 빌렸으면서도 '사람일 뿐이야, 사람으로 있을 거야!'라고 말한다면, 저 변화의 만듦도 반드시 상서롭지 못한 사람이라고 생각하겠지." 건강함, 젊음, 미모 등에 매달려 변화와 생성을 부정하는 우리에게 이만한 죽비도 없을 겁니다. 마침내 자래의 대서사시가 정점에 이르면서 현해 이야기는 엄청난 감동과 함께 마무리됩니다. "지금 한번 하늘과 땅을 거대한 용광로로 생각하고 변화의 만듦을 위대한 대장장이로 생각한다면, 어디로 간들 좋지 않겠는가!"

거의 대붕 규모의 스케일입니다. 하늘과 땅 사이, 이 세계는 있음으로 충만한 생성의 장입니다. 여기에 없음이나 부재는 끼어들 틈이 없습니다. 쟁기가 녹아 쇳물이 되고, 쇳물이 명검이 되고, 명검이 녹아 쇳물이 됩니다. 그러면 그다음에는 무엇이 만들어질까요? 그것이 무엇이든 부재의 느낌이 없이 긍정해야 할 겁니다. 녹는 과정도 긍정하고, 형체가 만들어지는 과정도 긍정해야 합니다. 그래서 자래는 마지막으로 여섯 글자의 유언을 자리에게 남기고 숨을 거둡니다. "성연매(成然寐), 거연각(蘧然覺)." "편하게 잠들고 새롭게 깨어날 뿐이네." 이렇게 자려와 자래 두 사람, 아니 자사, 자여, 자려 그리고 자래 네 사람은 영원히 헤어질 수 없는 친구가 되는 시험을 무사히 통과합니다.

밖으로 나가지 않는다면,
그래서 타자나 사건과 마주치지 않는다면,
새로운 삶을 만들 수 없습니다

30

망각의 건강함

공수 이야기

공수(工倕)가 선을 그리면 양각기와 곱자에 부합했고, 그의 손가락은 사물에 따라 변할 뿐 마음으로 헤아리지 않았다. 그러므로 그의 영대(靈臺)는 하나로 통일되어 있지만 막혀 있지는 않았던 것이다. 우리가 발을 잊는 것은 신발에 딱 맞은 것이고, 허리를 잊는 것은 허리띠에 딱 맞은 것이다. 앎에서 옳고 그름을 잊는 것은 마음에 딱 맞은 것이고, 내면의 변화도 없고 외부 사람의 말을 따르지 않는 것은 마주친 사태에 딱 맞은 것이다. 처음으로 딱 맞았지만 일찍이 딱 맞지 않은 적이 없었다고 느끼는 것은 딱 맞음의 잊음에 딱 맞은 것이다.

「달생」

工倕旋而蓋規矩, 指與物化而不以心稽. 故其靈臺一而不桎. 忘足, 屨之適也, 忘要, 帶之適也. 知忘是非, 心之適也, 不內變, 不外從, 事會之適也. 始乎適而未嘗不適者, 忘適之適也.

「達生」

비우고, 잃고, 잊어라

———

장자에게 '허(虛)' '상(喪)' 혹은 '망(忘)' 등은 매우 중요한 개념입니다. 세 개념은 모두 마음을 대상으로 합니다. 마음을 비우고, 마음을 잃어버리고, 마음을 잊어야 한다는 이야기입니다. 불교를 제외하고 동서양 사유의 전통과는 어딘가 이질적인 주장입니다. 철학이 아니더라도 통념적으로도 장자의 이야기는 고개를 갸우뚱거리게 만드는 측면이 있습니다. '마음을 비우거나 잊은 상태는 수면이나 코마 상태 혹은 술에 취해 인사불성이 된 상태와 무슨 차이가 있을까?' 이런 의문이 드는 것은 당연합니다. 취객 이야기에서 장자는 마차에서 떨어졌을 때 다칠 가능성이 취객이 술을 먹지 않은 사람보다 더 적다고 이야기한 적도 있으니까요. 물론 장자가 권고한 비운 마음, 즉 허심(虛心)이 수면이나 코마 상태의 마음이나 인사불성의 마음과는 다르리라는 기대를 누구나 가지고 있을 겁니다. 2,000여 년 넘게 고전의 자리를 차지했던 『장자』가 수면이나 코마 혹은 인사불성을 이상적인 마음 상태라고 이야기했을 리 없다는 판단인 셈이죠. 바로 여기서 허심에 대한 종교적 해석이나 초월적 해석이 등장합니다. 허심은 일상적인 마음을 넘어서고, 동시에 수면이나 코마 상태의 마음이나 인사불성의 마음도 넘어서는 도인(道人)의 마음이라는 겁니다. 그럼에도 무언가 찜찜한 느낌을 지울 수가 없습니다. 도인의 마음이 어떤 것인지 누군가 물어보면 여전히 머뭇거리게 될 테니까요. 장자의 허심을 이해하지 못하는 사람이라면 잘해야 정색하면서 말할 겁니다. "폭포 근처나 절벽 끝에서 결가부좌를 해보세요. 수행을 완성해 마음을 비우면 도인의 마음을 이해할 수 있을 겁니다." 자신이 무슨 말을 하는지 모르는, 그야말로 일고의 가치도 없는 헛소리입니다.

윤편 이야기나 포정 이야기를 통해 장자는 '육체적 이성'이나 '몸적 마음'을 강조합니다. 장자는 몸적 마음을 부정하지 않습니다. 그가 비우고[虛] 잃어버리고[喪] 잊으려고[忘] 하는 것은 몸과 분리된 마음, 몸과 독립된 마음, 실체로 이해된 마음입니다. 정치철학적으로 장자의 이런 입장은 정신노동의 독립성과 우월성에 근거한 억압체제에 대한 비판과 공명합니다. 어쨌든 장자는 손과 하나가 되는 마음, 그리고 끌이나 칼과 하나가 되는 마음, 나아가 마침내 나무토막이나 소의 고유한 살결에 들어가 노니는 마음을 복원하려고 합니다. 전국시대에 소인이라 불리던 피지배계급이 간신히 보존하고 있던 마음입니다. '허(虛)' '상(喪)' 혹은 '망(忘)' 등 개념은 바로 이런 문맥에서 이해해야 합니다. 그러니까 마음에만 집중하면 이 세 개념이 무언가 신비하고 초월적인 마음 상태를 가리킨다고 오해하기 쉽습니다. 포정 이야기에서 장자가 신(神) 개념을 이야기한 것도 이런 이유에서입니다. '허' '상' 혹은 '망' 개념이 가진 부정적 뉘앙스가 낳을 오해와 착각을 막기 위해 신이라는 긍정적 개념을 제안한 겁니다. 이것이 윤편 이야기나 포정 이야기 외에도 삶의 달인을 다룬 이야기들이 『장자』에 많은 이유일 겁니다. 흥미로운 것은 실체로 이해된 마음을 부정하고 몸적 마음을 긍정하려는 장자의 속내와 공명하는 철학자가 동아시아가 아니라 서양에서, 그것도 장자 사후 2,000여 년이 지난 뒤에 뜬금없이 탄생한다는 사실입니다. 바로 니체(Friedrich Wilhelm Nietzsche, 1844~1900)입니다.

『도덕의 계보학(Zur Genealogie der Moral)』에서 니체는 장자의 '망'을 이해하는 데 결정적인 도움을 주는 말을 우리에게 들려줍니다. "망각이 없다면, 행복도, 명랑함도, 희망도, 자부심도, 현재도 있을 수 없다. 이런 저지 장치가 파손되거나 기능이 멈춘 인간은 소화불량 환자에 비교될 수 있다. (…) 이런 망각이 필요한 동물에게 망각이란 하나의 힘, 강건한 건강의 한 형식을 나타내지만, 이 동물은 이제 그 반대 능력, 즉 (…) 망각을 제거하는 기억을 길렀던 것이다." 장자가 들었다면 박수를 쳤을 만한 인상적인 구절입니다. 특히 소화불량은 장자도 부러워했을 매력적인 비유입니다. 니체에게 있어 망각은 소화가 양호하게 되는 상태에, 그리고 반대로 기억은 소화불량 상태에 비유됩니다. 소화불량에 걸린 사람의 위에는 과거에 먹은 음식이 머물러 있습니다. 그러니 당연히 새로운 음식을 맛나게 먹을 수 없습니다. 그저 위 속의 음식이 언제 소화될지 걱정하고 있을 테니까요. 소화불량이나 변비에 걸린 사람에게 행복을, 명랑함을, 희망을, 자부심을, 현재를 기대하기 힘든 이유입니다. 반면 소화가 왕성한 사람은 위 속을 잘 비우고 쾌변을 향유합니다. 바로 이것이 망각의 의미입니다. 위의 속을 깔끔히 비워내고 장에 남았던 변을 잃어버리는 겁니다. 반면 기억은 소화불량이자 만성 변비의 상태입니다. 피부가 좋지 않고 식욕도 없고 신경질도 많이 나니, 건강할 리 없습니다. 망각 개념이 가진 부정적인 뉘앙스와 망각 개념에 대한 몰이해를 바로잡는 데 니체가 도움이 되는 이유입니다. '허' '상' 혹은 '망'은 죽음의 잿빛이 아니라 활기의 푸른빛이라는 것이 분명해지니까요. 너무나 장자적인 니체입니다.

공수는 마음으로 헤아리지 않았다

───

니체를 기다린 장자는 아닙니다. 망가 개념의 긍정성을 보여주기 위해 장자도 니체가 부러워할 만한 비유를 통해 자신의 문학적 재능을 폭발시키니까요. 「달생」 편에 등장하는 공수 이야기는 그중 압권입니다. 윤편 이야기나 포정 이야기 등 장인을 다룬 수많은 이야기들은 공수 이야기에서 가장 깔끔하게 요약됩니다. 아울러 공수 이야기를 통해 장자는 '망' 개념이 가진 긍정적 의미를 멋진 비유로 해명하려고 합니다. 공수 이야기는 크게 두 부분으로 구성되어 있습니다. 하나는 공수라는 장인의 예술적 경지에 이른 기술을 묘사한 부분이고, 다른 하나는 '망' 개념의 의미를 다루는 부분입니다. 먼저 공수의 기술을 다루는 부분을 살펴보죠. 공수(工倕)는 소를 잘 잡던 포정이나 수레바퀴를 잘 만들던 윤편과 마찬가지로 소인, 성(姓)이 없는 사람입니다. 그러니까 공수는 '기술자[工] 수(倕)'를 뜻합니다. 공수는 궁궐이나 성곽을 만드는 기술자였던 듯합니다. 포정의 도구가 칼이고 윤편의 도구가 끌이라면 공수의 도구는 양각기와 곱자였지요. 양각기[規]는 곡선을 그릴 때 사용하고 곱자[矩]는 직선을 그릴 때 사용하는 도구입니다. 양각기는 컴퍼스로 이해하면 좋습니다. 하지만 그는 곡선이나 직선을 종이나 나무 혹은 바위에 그릴 때 컴퍼스와 곱자를 사용하지 않았습니다. 컴퍼스와 곱자 없이도 그는 곡선이나 직선을 마치 컴퍼스와 곱자를 댄 것처럼 그렸으니까요. 기술의 장인이 되어버린 공수는 목재에 맨손으로 필요한 도안을 바로 그리죠. 그런데 놀랍게도 그가 맨손으로 그린 원은 컴퍼스로 그린 것과 같고, 그가 그린 선은 자로 그린 것과 같았습니다. 그래서 장자는 "선을 그리면 양각기와 곱자에 부합했다"고 묘사한 것입니다.

흥미로운 것은 그다음 구절입니다. "그의 손가락은 사물에 따라 변할 뿐 마음으로 헤아리지 않았다[指與物化而不以心稽]." 여기서 사물은 다양한 모양의 목재들이나 목재들의 복잡한 표면을 말합니다. 둥근 목재, 기다란 목재, 평평한 목재, 구불구불한 목재 등등 많기도 합니다. 혹은 동일한 목재라도 나이테 등 밀도와 조직이 다양합니다. 보통 사람이라면 잠시 멈추어 생각할 겁니다. '이 목재는 너무 둥근데 잘랐을 때 부품이 제대로 나올 수 있을까? 다른 목재를 써야 할까?' '이 부분은 너무 딱딱해서 자르기 힘드니 다른 부분에 도안을 그려야 할까? 어디가 좋을까?' 공수는 이런 생각을 하지 않습니다. 장자가 공수는 "마음으로 헤아리지 않는다"고 말하는 것도 이런 이유에서죠. 공수는 목재에 선을 긋다가 잠시 멈추고 '어떻게 그려야 할까' 하고 마음으로 헤아리지 않습니다. 바로 이것이 장자가 '망' 개념을 정의하는 방식입니다. "마음으로 헤아리지 않는[不以心稽]" 상태가 망의 상태니까요. 선을 긋는 행동을 멈추고 목재를 관조하는 마음은 공수에게 없습니다. 이 경우 순간적이나마 모든 것이 분리되고 맙니다. 마음, 손, 먹, 목재 등이 다 분리되고 만다는 거죠. 마음만 움직이고 손도 먹도 움직이지 않습니다. 그러니 목재도 마음과 무관하게 저 멀리 떨어져 있는 고립된 것이 되고 맙니다. 그런데 공수가 그리는 줄은 다양한 모양, 이질적인 조직에 부합하면서 막힘이 없습니다. "그의 손가락은 사물에 따라 변한다[指與物化]"는 말의 의미는 바로 이겁니다. 마음, 손, 먹, 목재 등이 하나의 하모니를 이룬다는 뜻이니까요.

귀신처럼 완벽한 선을 그릴 때 공수에게 마음은 없는 것일까요. 그럴 수는 없죠. 공수의 마음은 움직이는 손에, 손이 잡고 있는 먹에, 그리고 먹이 긋고 지나가는 목재의 표면에 있다고 할 수 있습니다. 마음과 손은 둘이지만 하나이고, 손과 먹은 둘이지만 하나이고, 먹과 목재도 둘이지만 하나입니다. 장자는 "마음으로 헤아리지 않는다"고 할 때의 마음, 즉 심(心)과는 구별되는 몸적 마음을 위해 새로운 이름을 제안합니다. '신령한 누각'이라는 뜻의 '영대(靈臺)'가 바로 그것입니다. 장자는 신령을 뜻하는 '영(靈)'이라는 글자로 마음을, 누각을 뜻하는 '대(臺)'라는 글자로 몸을 상징하고 싶었던 겁니다. 포정 이야기에서 몸적 마음을 가리킨 신(神)이라는 개념이 너무 종교적이고 신비적인 느낌을 준다는 장자의 우려가 느껴집니다. 최종적으로 장자는 공수의 경지를 깔끔하게 정리합니다. "그의 영대는 하나로 통일되어 있지만 막혀 있지는 않았다"고 말입니다. 여기서 하나로 통일되어 있다는 말은 조심스럽게 읽어야 합니다. 다양한 모양과 조직의 목재들과는 무관하게 마음을 통일한다는 이야기는 아니니까요. 세상과 거리를 두고서 마음의 흔들림을 잡는 수행과는 다른 겁니다. 오히려 상황은 반대에 가깝습니다. 모양과 조직을 가로지르는 연속적인 선 긋기를 하면서, 공수의 마음은 손을 거치고 먹을 거쳐 목재를 구성하는 수많은 혹은 무한한 차이들의 매 계기에 집중하는 것이니까요. 자기 마음에 집중하는 것이 아니라 목재에 집중하는 것이라고 이해하면 쉽습니다. 그래서 공수의 마음이 "하나로 통일되어 있지만 막혀 있지는 않았다"고 장자가 표현할 때, '하나'는 세상으로부터 고립되고 독립된 마음의 '하나'가 아니라 마음과 손의 '하나', 손과 먹의 '하나', 나아가 먹과 목재의 '하나', 결국 마음과 목재의 '하나'를 의미한다고 정리할 수 있을 것 같습니다.

'딱 맞음'을 잊을 때

———

"그의 손가락은 사물에 따라 변할 뿐 마음으로 헤아리지 않았다." 이미 공수의 마음, 즉 영대는 자신의 손가락, 나아가 목재의 모양과 결에 집중되어 있습니다. 당연히 '이럴 거야, 아니야, 그렇지 않을 거야'라고 헤아리는 마음은 이 순간 작동할 수 없죠. 선 긋기가 제대로 되면 헤아리는 마음은 작동하지 않고, 그럴 필요도 없습니다. 역으로 말해도 좋을 것 같습니다. 헤아리는 마음이 작동하면 선 긋기가 제대로 이루어지지 않았던 것이라고. 장자는 이것을 '망(忘)'과 '적(適)'이라는 글자로 개념화합니다. '망'은 '없다'나 '죽었다'를 의미하는 '망(亡)'이라는 글자와 '마음'을 뜻하는 '심(心)'이라는 글자로 구성되어 있습니다. 그러니까 '망각'이나 '잊음'으로 번역되는 '망(忘)'은 헤아리는 마음이 없다는 뜻입니다. 주의해야 할 것은 '망(忘)'을 세상을 초월하거나 벗어난다는 초월적인 의미로 독해해서는 안 된다는 겁니다. 오히려 그 반대죠. 손에, 먹에, 그리고 목재에 마음이 스며들 때 손을, 먹을, 그리고 목재를 헤아리는 마음이 사라집니다. 이처럼 '망'은 세상과 타자와 소통한다는 내재적인 의미를 갖고 있죠. 장자가 '망(忘)'과 함께 '적(適)'이라는 개념을 함께 사용하는 것도 이런 이유에서입니다. '적(適)'은 '~에 이르다'나 혹은 '딱 맞는다'는 의미입니다. 그러니까 '적'은 마음이, 손이, 그리고 먹이 목재에 '이르거나' 아니면 목재와 '딱 맞게' 되었다는 의미입니다. 결국 '적'이라는 개념이 "그의 손가락은 사물에 따라 변한다"는 측면을 요약하고 있다면, '망'이라는 개념은 "마음으로 헤아리지 않았다"는 측면을 함축하고 있다고 할 수 있습니다.

여전히 고개를 갸우뚱할 후대의 독자들에 대한 노파심 때문이었을까요? 장자는 매우 근사한 비유를 하나 만듭니다. "우리가 발을 잊는 것은 신발에 딱 맞은 것이고, 허리를 잊는 것은 허리띠에 딱 맞은 것"이라고. 옳은 이야기입니다. 신발이 딱 맞으면 발에 대해 생각하지 않습니다. 반대로 신발이 딱 맞지 않고 불편하면 우리는 발을 항상 의식하게 됩니다. 허리와 허리띠도 마찬가지고요. 결국 '딱 맞음'을 의미하는 '적'이 '잊음'을 의미하는 '망'보다 중요합니다. 신발이나 허리띠가 몸에 '딱 맞기'에 우리는 발이나 허리를 저절로 '잊게' 되니까요. 여기서 '딱 맞음'으로 풀이한 '적'에 '~에 이르다'라는 뜻도 있다는 점을 한순간도 잊어서는 안 됩니다. A에 딱 맞는다는 것은 우리 마음이 어떤 저항도 없이 A에 이르렀다는 의미이기도 하니까요. 만약 저항으로 A에 이르지 못하면, 우리는 A를 의식하고 마음으로 헤아리게 될 겁니다. 장자는 발과 허리라는 근사한 비유를 하나 던진 다음 공수의 경지를, 혹은 그 경지가 시사하는 교훈을 '망'과 '적'이라는 개념으로 일반화합니다. "앎에서 옳고 그름을 잊는 것은 마음에 딱 맞은 것이고, 내면의 변화도 없고 외부 사람의 말을 따르지 않는 것은 마주친 사태에 딱 맞은 것"이라고. 하긴 당연한 이야기입니다. 내 마음에 딱 맞는 사람을 만났을 때, 그러니까 누군가와 사랑에 빠졌을 때, 우리는 그 사람의 옳고 그름을 따지지 않습니다. 누군가의 옳고 그름을 따진다는 것은 그 사람과 거리를 두고 있다는 것이니까요. 또한 나에게 딱 맞는 어떤 장소에 있게 되었을 때, 우리의 내면은 안정될 뿐만 아니라 그곳에 대한 다른 사람의 평가에도 휘둘리지 않습니다. 반대로 어떤 장소에 있을 때 내면의 동요가 일어나거나 다른 사람의 평가에 휘둘린다면, 우리는 딱 맞는 장소에 있지 않은 셈이죠.

불행히도 간혹 우리는 생각하거나 말하곤 합니다. "이 사람은 나와 딱 맞아!" "이 음악은 나와 딱 맞아!" 혹은 "이 장소는 나와 딱 맞아!" 바로 이 순간 우리는 자신도 모르게 그 사람과, 그 음악과, 그리고 그 장소와 거리를 두고 있는 겁니다. 제삼자에게 "그 사람은 나와 딱 맞아!" "그 음악은 나와 딱 맞아!" 혹은 "그곳은 나와 딱 맞아!"라며 자신의 행복을 과시하는 경우, 아이러니하게도 헤아리는 마음이 자기도 모르게 생기게 됩니다. "딱 맞는다"고 헤아리는 마음은 발이나 허리를 헤아리는 마음보다 더

기만적이고 더 치명적인 데가 있습니다. 생각해보세요. 목재의 결을 따라 선을 그릴 때 공수는 결코 '딱 맞는다'고 생각하거나 말하지 않을 겁니다. 오직 선을 다 그린 뒤 공수는 '딱 맞았다'라고 말하거나 생각할 수 있을 뿐이죠. 하지만 그렇게 말하고 생각하는 순간 공수는, 그의 손은, 그리고 그의 먹은 목재와 거리를 두고 있는 겁니다. 그만큼 '딱 맞는다'라는 판단과 생각은 위험합니다. 특히나 이 사람과 딱 맞을 때, 이 음악과 딱 맞을 때, 이 장소와 딱 맞을 때는 말입니다. 그래서 장자는 "딱 맞음의 잊음에 딱 맞음[忘適之適]"에 대해 이야기한 겁니다. 딱 맞는다는 생각마저 잊어야 정말로 딱 맞을 수 있다는 뜻입니다. 그렇다면 딱 맞을 때 이 순간을 좌절시키는 '딱 맞는다'는 생각 자체를 어떻게 막을 수 있을까요? 공수 이야기를 마무리하면서 장자는 이야기합니다. "처음으로 딱 맞았지만 일찍이 딱 맞지 않은 적이 없었다고 느끼는 것은 딱 맞음의 잊음에 딱 맞은 것이다." 이 사람과 딱 맞는 순간, 이 음악과 딱 맞는 순간, 혹은 이 장소와 딱 맞는 순간, 우리는 마치 아주 오래전부터 이 사람과, 이 음악과, 그리고 이 장소와 딱 맞았었다고 느껴야 한다는 겁니다. 항상 딱 맞았었다고 느껴야 "딱 맞는다"는 생각, 딱 맞는 대상이 있다는 것을 과시하려는 마음이 싹트지 않을 테니까요. '망'과 '적'은 대상화하는 순간 무력해진다는 걸 알 정도로 영민한 장자입니다.

그의 손가락은 사물에 따라 변할 뿐 마음으로 헤아리지 않았다

31

길과 말,
그 가능성과 한계

길 이야기

말은 숨을 쉬는 것만이 아니고, 말하는 자에게는 말이 있다. 그 말하려는 것이 아직 확정되지 않았다면, 실제 말이 있는 것인가? 아니면 애초에 어떤 말도 있지 않은 것인가? 만일 이런 말이 새들의 지저귐과는 다른 것이라고 생각한다면, 그런 구별의 증거는 있는가? 아니면 없는가?

길(道)은 무엇에 가려져 진짜와 가짜가 있게 되는가? 말(言)은 무엇에 가려져 옳고 그름이 있게 되는가? 길은 어디에 간들 있지 않겠는가? 말은 어디에 있든 허용되지 않겠는가? 길은 작은 이루어짐에서 가려지고, 말은 화려한 꽃에서 가려진다. (…) 허용된다고 해서 허용되는 것이고, 허용되지 않는다고 해서 허용되지 않는 것이다. 길은 걸어서 이루어지고, 사물은 그렇게 불러서 그런 것이다. 어떻게 그런 것일까? 그렇다고 해서 그런 것이다. 어떻게 그렇지 않은 것일까? 그렇지 않다고 해서 그렇지 않은 것이다. 사물에는 원래 그렇다고 여길 수 있는 측면이 있고, 사물에는 원래 허용된다고 여길 수 있는 측면이 있다. 어떤 사물도 그렇지 않은 것은 없고, 어떤 사물도 허용되지 않은 것은 없다.

「제물론」

夫言非吹也, 言者有言. 其所言者特未定也, 果有言邪? 其未嘗有言邪? 其以爲異於鷇音, 亦有辯乎? 其無辯乎?

道惡乎隱而有眞僞? 言惡乎隱而有是非? 道惡乎往而不存? 言惡乎存而不可? 道隱於小成, 言隱於榮華. (…) 可乎可, 不可乎不可. 道行之而成, 物謂之而然. 惡乎然? 然於然. 惡乎不然? 不然於不然. 物固有所然, 物固有所可. 无物不然, 无物不可.

「齊物論」

길들기와 길들이기

인간의 비밀 혹은 문명의 비밀은 '도메스티케이션(domestication)', 즉 가축화라는 개념으로 폭로됩니다. 일차적으로 가축화는 인간의 이익을 위해 다른 동물이나 식물을 길들이고 착취하는 과정을 말합니다. 문제는 정착·농경생활에 집중하던 인간들을 피지배자로 길들이는 인간 가축화의 과정이 문명의 이름으로, 혹은 국가의 이름으로 자행되었다는 데 있습니다. 사실 도메스티케이션은 로마제국 시절 도무스(Domus)라는 말에서 유래한 겁니다. 인술라(Insula)가 하층 계급이 거주하던 아파트와 같은 공동 주거지였다면, 도무스는 귀족들이 거주하는 거대한 단독 주택이었습니다. 도메스티케이션에는 이미 이렇게 지배에의 의지가 깔려 있는 겁니다. 그러니 도메스티케이션에는 무언가를 내 뜻에 따르도록 만든다는 '길들이기'라는 뉘앙스만 남게 됩니다. 그렇지만 여기서 우리가 주목해야 할 것은 길들이기가 모든 생명체의 작용에 뿌리내리고 있다는 사실입니다. 그러니까 품종 개량이나 훈육 등 인간의 선택적 폭력을 전제하는 '길들이기'의 이면에는 '길들기'라 표현할 수 있는 생명체들의 자발적 삶의 메커니즘이 있다는 이야기입니다. 예를 들어볼까요. 농경과 목축으로 이루어진 인간의 정착생활은 생쥐나 까마귀 혹은 벌레나 박테리아 등 다른 동물들도 끌어들입니다. 인간들의 정착지에서 먹을 것을 더 쉽게 구할 수 있을 뿐만 아니라 인간 뒤에 숨어 살며 다른 상위 포식자의 공격을 피하기 쉬우니까요. 이렇게 쥐나 까마귀 혹은 벌레나 박테리아 등은 인간의 정착생활에 '길들게' 됩니다. 인간이 길들인 것이 아니라 인간의 공동생활에 스스로 길든 것들입니다. 당연히 스스로 인간에 길든 이들 동물이나 곤충 혹은 세균 등은 강제로 인간에게 포획되어 길들여진 양이나 소 혹은 말과는 다릅니다. 자발적 길들기와 타율적 길들기, 혹은 길들기와 길들이기는 구별되어야 합니다. 일방적인 폭력이나 착취의 여부가 관건일 겁니다. 여기서 가축화된 동물과 복종하는 인간이 가진 서러움이 분명해집니다. 폭력과 착취를 벗어날 수만 있다면, 혹은 벗어나려는 생각을 품는다면, 결코 감당하지 않을 타율적 길들기에 자기 삶의 소중한 에너지를 투여하고 있으니 말입니다.

도메스티케이션! '길들이기'라고 번역되는 이 타동사적 개념의 이면에는 '길들기'라고 이해될 수 있는 자동사적 개념이 은폐되어 있습니다. 길들기가 가능하기에 길들이기도 가능하다는 말입니다. 동물과 식물 혹은 인간에게 길들기의 역량이 없었다면, 길들이기라는 폭력과 훈육도 불가능합니다. 범람한 하천이 농지를 비옥하게 만들 수 있기 때문에 인간이 인위적으로 물을 대는 관개 작업을 할 수 있었던 것과 마찬가지입니다. 이제 쥐와 돼지가 구별되시나요. 집쥐가 스스로 인간에 길든 동물이라면, 돼지는 인간이 길들인 동물입니다. 그렇지만 집쥐도 위험에 빠질 가능성이 있습니다. 길들기가 가진 본성 때문입니다. 길들기든 길들이기든 길들었다는 것을 알려주는 시금석은, 길든 주체가 길든 대상이 없다면 더 이상 살 수 없다는 겁니다. 예를 들어 품종이 완전히 개량된 애완견이나 돼지는 인간 없이는 살기가 힘듭니다. 다행히도 간혹 버려진 개들이 들개로 돌아가기도 합니다. 그들은 폐허가 된 인간 주거지나 도시 외곽에 새롭게 길드는 데 성공한 셈이죠. 하지만 아마도 버려진 개 상당수는 새롭게 길들지 못하고 배고픔과 질병으로 죽어갔을 겁니다. 길들 시간이 충분하지 않았던 탓입니다. 완전히 길들거나 완전히 길들여져서는 안 됩니다. 언제고 길든 대상으로부터 떠나도 살 수 있는 길들기의 자유, 혹은 자유로운 길들기의 역량을 품고 있어야 한다는 이야기입니다. 잠시 임시로 길들고 있다는 걸 한시라도 잊지 않는 것, 생명체가 건강하다는 징표로 이만한 것도 없을 겁니다. 사실 집쥐가 인간에 완전히 길들지 않을까 하는 걱정은 쓸데없는 기우에 불과합니다. 외형이든 성격이든 집쥐와 들쥐 사이의 거리는 분명 멧돼지와 돼지 사이의 거리보다 더 가까우니까요.

예로부터 우리는 '길이 들다' 혹은 사투리로 '질이 들다'라는 말을 일상어로 사용해왔습니다. 지금도 사용하고 있죠. "신발이 길이 들지 않았어" "야구 글러브에 길을 들여야 해" "얼마 전 새로 구매한 차에 길을 들이고 있어" 등등. 그만큼 우리는 길들기나 길들이기 메커니즘을 의식적으로 혹은 무의식적으로 중시해온 겁니다. '길을 들이다'와 '길이 들다'라는 표현은 각각 길들이기와 길들기에 해당합니다. 여기서 '들다'의 사역형 '들이다'는 '밖에서 안이나 속으로 향해 가게 하거나 오게 하다'라는 뜻, 즉 한마디로 '무언가를 안으로 들어오게 하다'라는 의미입니다. 이제 '길을 들인다'나 '길이 들다'라는 표현에 등장하는 '길'이라는 은유를 생각해볼 차례입니다. 길이 없는 숲속이나 초원을 걸었던 사람은 다 알 겁니다. 길이 없다면 정말 걷기도 힘들 뿐만 아니라 목적지에 이르는 시간도 엄청 많이 소요됩니다. 심지어 길 없는 곳을 헤매다 도착지의 방향마저 잊는 경우도 많습니다. 반면 숲속이나 초원에 길이 만들어지면 헤매지 않고 신속하게, 그리고 크게 힘들이지 않고 목적지에 이를 수 있습니다. 복잡하게 생각할 필요도 없습니다. 산에 등산로가 없다면 정상에 오르는 시간이 두세 배는 더 걸릴 것이고 그만큼 더 많은 힘이 소모되는 법입니다. 정상에 이르는 길을 만드는 것처럼 신발에 이르는 길, 야구 글러브에 이르는 길, 혹은 새 차에 이르는 길을 만들어야 합니다. 그래야 신발을 편하게 신을 수 있고, 야구 글러브를 편하게 낄 수 있고, 자동차를 편하게 몰 수 있으니까요. 바로 이것이 신발에, 야구 글러브에, 그리고 새 차에 '길을 들이는' 겁니다. '길'이라는 은유 혹은 '길'이라는 이미지로 사유를 전개한 최초의 철학자가 바로 장자입니다.

집쥐의 길, 돼지의 길

장자의 길은 길들이기의 길이 아니라 길들기의 길입니다. 돼지나 소의 길이 아니라 생쥐의 길을 긍정하는 철학자가 장자입니다. 여우 등 상위 포식자를 피하고 야생보다 먹을거리가 많기에 쥐는 인간 주거지에 길들지만, 동시에 인간의 눈을 피해야 합니다. 인간에게 쥐는 길들일 가치라고는 전혀 없는, 쓸모없는 존재일 뿐만 아니라 오히려 창고의 곡식을 훔쳐 먹거나 옷이나 가구를 망가뜨리는 해로운 존재니까요. 인간에게 들키지 않고 인간에게 길들면서 집쥐의 길, 즉 도(道)가 탄생합니다. 집쥐는 쥐가 인간 주거지에 잘 길들 때 탄생한다고 말해도 좋습니다. 그렇지만 집쥐는 자신이 쥐라는 걸 한순간이라도 잊어서는 안 됩니다. 인간의 집 없이는 살 수 없을 정도로 완전히 길들어서는 안 된다는 이야기입니다. 인간의 감시가 심해지거나 혹은 집 도처에 쥐약이나 쥐덫 등 위험 요소들이 많아지면 쥐는 그곳을 떠나 다른 곳에 길들어야 합니다. 그 다른 곳은 또 다른 집일 수도 있고 야생일 수도 있습니다. 집쥐는 짐짓 진리인 듯 외칠지도 모릅니다. "나는 인간 주거지에서 사는 존재야!" 혹은 들쥐도 주장할지도 모릅니다. "쥐는 초원에서 살아야 해!" 어느 경우든 쥐는 길들기라는 자기 역량을 망각한 겁니다. 자신이 길든 곳에서 벗어나서는 살 수 없을 정도로 완전히 길들여진 셈이니까요. 다행히도 집쥐든 들쥐든 쥐가 그럴 일은 없습니다. 쥐는 초원을 배회하는 유목민처럼 자신이 길든 곳을 떠나 다른 곳에 새롭게 길들기를 시도할 테니 말입니다. 견마지로(犬馬之勞)라는 말이 있습니다. 개나 말처럼 주인을 위해 수고로움을 아끼지 않는 신하가 되겠다는 선언입니다. 이 대목에서 장자는 씩 웃으며 자신의 슬로건을 읊조립니다. 주인에게 버려졌다고 식음을 전폐하는 개나 말이 되지 말고, 차라리 인간 거주지에 길들기도 하지만 언제든 그곳을 미련 없이 떠날 수 있는 쥐가 되자!

쥐의 길들기 역량에 대한 찬가라고 이해하면, 「제물론」 편의 길 이야기는 그다지 어렵지 않을 겁니다. 인간 거주지에 길드는

데 성공할 때, 쥐의 길이 인간 거주지에 만들어진 겁니다. "길은 걸어서 이루어진다"고 장자가 말한 사태죠. 이 경우라면 "길은 쥐들이 걸어서 이루어진다"고 말할 수 있겠네요. 잊지 말아야 할 것은 쥐가 인간 거주지뿐만 아니라 초원에도 혹은 습지에도 길들 수 있다는 사실입니다. 그래서 쥐는 "길은 어디에 간들 있지 않겠는가?"라며 자신감을 피력할 수 있는 당당한 존재가 됩니다. 그런데 집쥐가 쥐의 길이 인간 거주지에 있다고, 혹은 들쥐기 쥐의 길은 초원에 있다고 단언힐 때 문제가 생깁니다. 이 경우 집쥐는 들쥐의 길이 가짜로 보이고, 반대로 들쥐도 집쥐의 길이 가짜로 보일 겁니다. 여기서 우리는 "길은 무엇에 가려져 진짜와 가짜가 있게 되는가?"라는 장자의 질문에 답할 수 있게 됩니다. 인간 거주지나 초원에 완전히 길들여져 인간 거주지나 초원 없이는 살 수 없게 되지 않았다면, 집쥐는 자신의 길이 진짜고 들쥐의 길이 가짜라고 혹은 들쥐가 자신의 길이 진짜고 집쥐의 길이 가짜라고는 말할 수 없을 겁니다. 장자가 "길은 작은 이루어짐에서 가려진다"고 말한 이유입니다. 집쥐의 길이나 들쥐의 길은 '작은 이루어짐'입니다. 쥐는 인간 거주지나 초원 이외에서도 길을 만들 수 있으니까요. 길 이야기는 장자의 사유에 깔려 있는 길 이미지가 무엇인지 잘 보여줍니다. 그런데 이 이야기에서 더 흥미로운 것은 말, 즉 인간의 언어에 관한 장자의 사유입니다. 사실 길 이야기의 진정한 테마는 길 자체라기보다 말입니다. 다시 말해 인간의 말이 가진 가능성과 한계를 설명하기 위해 장자가 길 이미지를 도입한다는 이야기입니다. 먼저 장자가 어떤 식으로 말의 문제에 접근하는지 살펴보죠.

"말은 숨을 쉬는 것만이 아니고, 말하는 자에게는 말이 있다. 그 말하려는 것이 아직 확정되지 않았다면, 실제 말이 있는 것인가? 아니면 애초에 어떤 말도 있지 않은 것인가?" 문자가 아니라 음성이 장자의 출발점입니다. 실제로 말을 뜻하는 한자 '언(言)'은 갑골문자를 보면 관악기의 모양을 본뜬 것입니다. 낯선 말을 하는 외국인을 만났다고 가정해보세요. 분명 그는 말을 할 겁니다. '플럼(plum)'이라는 단어가 식별되지만, 우리는 그 음성이 무얼 가리키는지 모릅니다. 장자가 "그 말하려는 것이 아직 확정되지 않았다면"이라는 단서를 단 것은 이런 문맥에서입니다. 지금 장자는 『일반 언어학 강의(Cours de linguistique générale)』에서 소쉬르(Ferdinand de Saussure, 1857~1913)가 피력한 통찰을 선취하고 있습니다. 소쉬르와 마찬가지로 장자는 기표와 기의를 나누고 있습니다. 플럼이라는 소리가 기표라면 그것이 가리키는 것이 기의입니다. 그러니까 "아직 말하려는 것이 확정되지 않은" 말은 기의가 정해지지 않은 기표라고 이해할 수 있습니다. 물론 이것은 내 입장에서만 그렇습니다. 그 외국인에게 '플럼'이라는 기표는 '자두'라는 기의를 가지고 있었을 테니까요. '플럼'이라고 말할 때 외국인에게 말은 존재하지만, '플럼'이라는 음성을 들었을 때 나에게 말은 존재하지 않은 것과 다름없습니다. 내 입장에서 외국인의 말은 새들의 지저귐과 구별되지 않습니다. 외국인의 말이나 새들의 지저귐 모두 기의가 분명하지 않은 순수 기표이기 때문이죠. 그래서 장자는 말한 겁니다. "만일 이런 말이 새들의 지저귐과는 다른 것이라고 생각한다면, 그런 구별의 증거는 있는가? 아니면 없는가?" 물론 그 외국인은 자기 말은 새들의 지저귐과 다르다고 확신할 테지만 말입니다. 놀라운 것은 나는 언젠가 외국인의 말을 이해하게 된다는 사실입니다. '플럼'이라는 기표를 들으면 '자두'라는 기의를 자연스럽게 떠올리는 때가 올 테니까요. 사실 우리는 이런 식으로 모국어를 배웠습니다. 수많은 순수 기표들이 귓속에 웅웅거리던 어린 시절, 부지불식간에 어느 순간 그 기표들이 기의에 연결되는 기적이 발생했으니까요.

이르면 떨어지지 않는다

『장자』「천하」편에는 언어에 대한 장자의 섬세한 성찰에 영향을 받은 어느 변자(辯者)의 테제 하나가 기록되어 있습니다. "지부지(指不至), 지부절(至不絶)"이라는 구절입니다. "가리킴은 이르지 않지만, 이르면 떨어지지 않는다"라고 직역할 수 있습니다. 소쉬르적 용어로 풀어보자면 "기표는 기의에 도달하지 않지만, 도달하면 기표는 기의로부터 떨어지지 않는다"라는 뜻이죠. 여기에도 길의 이미지가 깔려 있습니다. 기표가 기의로 가려고 하지만 도착하지 못한 상태가 '지부지'라면, 기표가 기의와 하나의 길로 연결된 것이 '지부절'입니다. 이르면 떨어지지 않은 상태, 다시 말해 기표가 기의에 딱 붙은 상태가 되면, 이제 '플럼'은 새가 지저귀는 소리가 아니라 '말'이 됩니다. '플럼'이라는 소리를 듣자마자 우리는 '먹으면 신맛이 퍼져 침이 고이게 하는 과일'을 떠올리게 되니까요. 잊지 말아야 할 것은 새가 지저귀는 소리나 늑대의 하울링도 기의와 연결만 된다면 언제든 '말'이 될 수 있다는 사실입니다. 소리를 내는 한, 동물 공동체도 그렇지만 특히 인간 공동체들에는 말이 있는 겁니다. 물론 그 공동체의 이방인에게 그 말들은 기의와 연결되지 않은 순수한 기표들이기에 잡음이나 소음으로 들릴 테지만 말입니다. 그러나 이방인이 더 이상 이방인이 아니고 자신이 마주친 낯선 공동체에 길들 때, 그래서 낯선 공동체의 말에 익숙해질 때, 그는 장자의 말을 이해하게 됩니다. "말은 어디에 있든 허용되지 않겠는가?" 기표와 기의가 연결되기 전, 즉 사전적으로(ex ante factor) 말이 없는 것처럼 보이지만, 기표가 기의가 연결된 다음 사후적으로(ex post factor) 말이 있었다는 걸 확인할 수 있습니다. 장자가 '허용해야 한다'는 뜻으로 '가(可)'라는 말을 사용한 이유입니다. 어떤 소리가 "말하려는 것이 아직 확정되지 않아" 말이 아닌 것 같더라도, 그 소리가 기의와 연결되기를 기다리는 기표일 수 있는 가능성, 즉 언어일 가능성을 받아들이라는 이야기입니다.

길이 만들어지는 것처럼 말의 탄생은 일종의 기적 혹은 비약이 필요합니다. '먹으면 신맛이 퍼져 침이 고이게 하는 과일'이 있습니다. 영국이나 미국에서는 그걸 '플럼'이라고 부릅니다. 반면 우리는 그 과일을 '자두'라고 부릅니다. 소쉬르의 통찰이 아니더라도 이것만으로 우리가 기표와 기의 사이에는 내적 필연성이 없다는 걸 알기에는 충분합니다. 장자의 말처럼 "사물은 그렇게 불러서 그런 것"일 뿐이니까요. 문제는 기표와 기의가 떨어질 수 없이 연결되는 순간, 기표와 기의는 내적 필연성으로 연결된 것처럼 현상한다는 점입니다. 자두의 예를 생각해 보세요. 엄마가 '자두'라고 말해도 갓난아이에게 그 음성은 그냥 웅성거리는 소리일 뿐입니다. 그러나 어느 순간 '자두'라는 말을 들으면 '먹으면 신맛이 퍼져 침이 고이게 하는 과일'을 떠올리는 때가 올 겁니다. 자두라고 불리는 과일을 먹은 경험이 충분히 쌓인 덕분이지요. 여기서 우리는 서로 연결된 최소 세 가지 계기를 구분할 수 있습니다. 기표로서의 자두(기표-자두), 기의로시의 자두(기의-자두), 그리고 외부 사물로서의 자두(사물-사두)가 바로 그것입니다. "말은 무엇에 가려져 옳고 그름이 있게 되는가?"라고 자문한 다음, 장자는 "말은 화려한 꽃에 가려진다"고 이야기합니다. 기표-자두를 들으면 기의-자두를 떠올리고 사물-자두를 찾아 두리번거릴 수도 있고, 불현듯 기의-자두가 떠오르면 기표-자두를 발언하고 사물-자두를 구매하려 할 수도 있고, 아니면 사물-자두를 보면 군침과 함께 기의-자두가 떠올라 기표-자두를 달라고 말할 수도 있습니다. 바로 이것이 장자가 '화려한 꽃[榮華]'으로 비유한 사태입니다. '자두'라는 말만 들으면 입안에 군침이 돌고 자두라는 과일을 집어 들 생각을 하니, 정말 말은 기표, 기의, 그리고 사물이라는 세 송이의 꽃을 피우는 뿌리입니다. 바로 여기서 옳고 그름, 즉 시비(是非)가 발생합니다. 기표, 기의, 그리고 사물이 제대로 연결되면, 우리의 생각이나 말은 옳은 겁니다. 반대로 그렇지 않으면 우리 생각이나 말은 그른 겁니다. 예를 들어 자두를 듣고 지도를 연상하거나 작두를 상대방에게 건네는 것은 잘못된 일입니다.

기표가 기의와 연결되는 '지부절'의 상태가 바로 옳고 그름을 가능하게 하는 상태입니다. 바로 이때 우리는 "사물은 그렇게 불러서 그런 것"이라는 장자의 통찰, 혹은 기표는 기의에 이르지 못한다는 '지부지'의 상태를 망각하게 됩니다. 자두는 '플럼' 이외에 다른 기표로 부를 수도 있고, 나아가 과일이 아니라 약재나 혹은 이별의 기의로 우리 머리에 떠오를 수도 있습니다. "길은 걸어서 이루어지듯" "사물은 그렇게 불러서 그런 것"입니다. 그러니 "작게 이루어진" 길 때문에 다른 길을 만들 수 있다는 역량을 잊어서는 안 되는 것처럼, 주어진 말이 꽃피운 기표-기의-사물의 내적 필연성에 매몰되어 다른 언어 공동체가 가능하다는 사실과 새로운 기표를 발명할 역량을 우리가 갖고 있다는 사실을 잊어서는 안 됩니다. 『능가경(楞伽經)』 네 번째 권에는 "관지불견월 (觀指不見月)"이라는 유명한 말이 나옵니다. "달을 가리키는 손가락을 보느라 달을 보지 못한다"는 뜻으로, 언어에 빠져 그것이 가리키는 것을 이해하지 못하는 어리석은 사람들을 비판하는 문맥에서 나옵니다. 아마 이 구절을 들었다면 장자는 피식 웃으며 말할 겁니다. "잘도 그러겠다. 이보게, 달을 가리키는 손가락과 손가락으로 가리켜진 달은 함께 가는 거야. 손가락을 잊고 달을 봐도 달에는 이미 손가락이 있고, 달을 잊고 손가락을 봐도 이미 손가락에 달이 있는 거야. 차라리 별이나 반딧불을 가리켜. 달빛에 어여쁜 구름이나 꽃을 가리키든가. 아니면 들어가 잠을 자든가."

32

수레바퀴 옆에서

당랑 이야기

그대는 저 사마귀를 모르지는 않겠지? 사마귀는 앞발을 사납게 치켜들고 흔들며 수레바퀴 자국에 서서 수레와 맞서려고 하네. 자신이 그 수레를 감당할 수 없음을 모르는 것이지. (…)

　그대는 저 호랑이 기르는 사람을 모르지는 않겠지? 그는 감히 호랑이에게 살아 있는 동물을 먹이로 주지는 않는다네. 호랑이가 살아 있는 동물을 죽이다 드러내는 성냄 때문이지. 또 그는 감히 호랑이에게 동물을 통째 먹이로 주지는 않는다네. 호랑이가 그것을 찢어발기다 드러내는 성냄 때문이네. 호랑이 기르는 사람은 호랑이가 배고프거나 배부를 경우에 때를 맞추어 호랑이의 성냄을 조절하지. 호랑이가 인간과 유(類)가 다른데도 자신을 기르는 사람에게 고분고분한 이유는 그 사람이 호랑이의 기질을 따랐기 때문이고, 호랑이가 자신을 기르는 사람을 물어 죽였다면 그 사람이 호랑이의 기질을 거슬렀기 때문이네.

　저 말을 아끼는 사람은 광주리로 똥을 받고 대합조개 껍데기로 오줌을 받아준다네. 마침 파리나 모기가 말 등에 들러붙으려는 것을 보고 불시에 말 등을 때리면, 말은 재갈을 부수고 말을 아끼는 사람의 머리를 발로 차고 그의 가슴을 걷어차게 되네. 아끼려는 의도는 좋았지만 아끼는 방법에는 문제가 있었던 셈이네.

「인간세」

汝不知夫螳蜋乎? 怒其臂以當車轍. 不知其不勝任也. (…)

汝不知夫養虎者乎? 不敢以生物與之. 爲其殺之之怒也. 不敢以全物與之, 爲其決之之怒也. 時其飢飽, 達其怒心. 虎之與人異類而媚養己者, 順也. 故其殺者, 逆也.

夫愛馬者, 以筐盛矢, 以蜄盛溺. 適有蚊虻僕緣, 而拊之不時, 則缺銜毀首碎胸. 意有所至而愛有所亡."

「人間世」

타자와 소통한다는 것

「인간세」 편에는 '안합 이야기'라고 부를 만한 일화가 들어 있습니다. 이 일화는 안합(顔闔)과 거백옥(蘧伯玉)의 대화로 이루어져 있습니다. 노나라 지식인 안합은 걱정이 태산이었습니다. 포악하고 변덕이 죽 끓듯 하는 위나라 태자의 사부가 되어야 하기 때문입니다. 안합은 아무리 사부라고 해도 태자의 비위를 거스르면 목숨을 부지하기 힘들다는 것을 알았습니다. 그래서 그는 거백옥이라는 재야의 고수에게 자문을 구합니다. 거백옥이 안합에게 건넨 가르침, 그러니까 위나라 태자로부터 목숨을 구할 수 있는 비법은 단순합니다. "그가 갓난아기가 되려고 하면, 당신도 그와 함께 갓난아기가 되어야 한다(彼且爲嬰兒, 亦與之爲嬰兒)!" 태자가 술꾼이 되면 안합도 술꾼이 되고, 태자가 여자를 밝히면 안합도 여자를 밝혀야 한다는 것이고, 태자가 도박꾼이 되면 안합도 도박꾼이 되라는 가르침입니다. 그러나 안합은 그렇게 해서는 목숨을 부지할지는 몰라도 스승 노릇은 할 수 없을 겁니다. 어쩌면 그는 태자로부터는 무사할 수 있을지라도 위나라 군주로부터는 무사하기 힘들 수도 있습니다. 어쨌거나 안합은 태자의 스승인데, 스승이 제자를 가르치기는커녕 제자의 마음과 행동에 부화뇌동하니 말입니다. 위나라 군주나 그의 관료들이 안합을 탐탁하게 여길 리 없겠죠. 사실 안합 이야기는『장자』 내편의 다른 이야기들에 비해 격이 떨어집니다. 타자의 모든 것을 그대로 흉내 내고 반복하는 것은 타자와의 소통이 아닙니다. 포정이 소처럼 움직여서야 소를 잡을 수 없고, 윤편이 나무처럼 움직여서야 수레바퀴를 만들 수 없는 법입니다.

소통은 시체처럼 물결을 따라 함께 흘러가는 것이 아닙니다. 오히려 연어처럼 물결을 이용해 자기가 가려는 곳으로 헤엄치는 것이죠. 때로는 물결의 흐름을 거슬러 올라가거나, 아니면 그 결 가로질러 가는 연어를 생각해보세요. 물과 연어의 소통은 바로 이런 겁니다. 같은 「인간세」 편에 등장하는 심재 이야기와 비교해보면 이 짐은 분명해집니다. 세사 안회가 위나라에 사신으로 가야 했습니다. 문제는 위나라 군주가 성격이 포악하고 종잡을 수 없어서 그를 외교적으로 설득하기는커녕 잘못 말했다가는 죽음을 면하지 못할 수도 있다는 데 있었습니다. 스승 공자는 안회의 고민을 듣고 제자에게 그래도 어떻게 하면 좋을지 생각해둔 것이 있을 테니 말해보라고 합니다. 바로 이때 안회는 스승에게 위나라 군주의 거동에 따르겠다는 취지로 이야기합니다. 그러자 공자는 정색하며 말합니다. "비록 고루하지만 죄를 면할 수는 있겠다. 설령 그렇지만 여기에 머물 뿐이니, 어떻게 그를 변화시킬 수 있겠는가(雖固, 亦無罪. 雖然, 止是耳矣, 夫胡可以及化)!" 심재 이야기의 공자가 거백옥의 가르침을 들었다면 그는 같은 이야기를 했을 겁니다. "비록 고루하지만 죄를 면할 수는 있겠다. 설령 그렇지만 여기에 머물 뿐이니, 어떻게 그를 변화시킬 수 있겠는가!" 공자가 최종적으로 안회에게 마음의 비움, 즉 심재(心齋)의 비법을 가르쳐주었던 것도 이런 이유에서입니다. 물결에 따라 휩쓸려 내려가는 방법이 아니라 물결에 반응해 자유자재로 헤엄치는 방법, 간단히 말해 죽은 물고기가 되는 방법이 아니라 살아 있는 물고기가 되는 방법이 중요하니까요. 공자의 심재는 구멍이 바람이 되는 방법이 아니라 구멍이 자신을 비우는 방법입니다.

안합 이야기 자체는 심재 이야기로 이미 극복되어 폐기되는 이야기일 뿐입니다. 그럼에도 불구하고 안합 이야기에는 폐기하기에 아까운 부분이 있습니다. 이 이야기는 자신이 감당하기 어려운 이야기를 품고 있으니까요. 이야기 속의 이야기가 있다는 겁니다. 그것은 안합 이야기 후반부에 등장하는 당랑 이야기입니다. 「인간세」 편은 장자 본인의 사유를 그나마 담고 있다는 『장자』 내편에 속해 있습니다. 배보다 배꼽이 큰 안합 이야기도 내편에 있지만, 그 자체로는 장자적이지 않습니다. 내편을 읽을 때도 장자적인 것을 염두에 두고 비판 의식을 조금이라도 놓지 않아야 하는 이유는 바로 여기에 있습니다. 어쨌든 안합 이야기에 담기에 너무나 커다란 당랑 이야기는 '사마귀[螳螂]' 우화를 필두로, 둘째 '호랑이 기르는 사람[養虎者]' 우화, 그리고 마지막 셋째 '말을 아끼는 사람[愛馬者]' 우화로 이루어져 있습니다. 세 우화는 너무나 장자적입니다. 생생한 문학적 표현도 그렇지만 거기에 담긴 사유의 깊이도 그렇습니다. 그래서 당랑 이야기는 당시에도 그랬지만 지금도 큰 울림을 줍니다. 안합 이야기가 진흙 덩어리라면, 당랑 이야기로 묶인 세 우화는 진흙 속에 박혀 있는 세 개의 보석이라고 할 수 있습니다. 안합 이야기에서 세 우화를 도려내 당랑 이야기라는 독립된 이야기로 부각시킨 것도 이런 이유에서입니다. 어쩌면 안합 이야기를 만든 사람은 세 우화를 모티브로 이야기를 만들었을 수도 있습니다. 그만큼 세 우화는 우리 사유를 강력하게 자극하니까요. 불행히도 그는 세 우화를 제대로 담는 데는 실패합니다. 하지만『장자』편집자는 영민한 사람은 아닐지라도 성실한 사람이기는 합니다. 당랑 이야기의 중요성을 간파했기 때문에 안합 이야기를 보존하는 신중함을 드러내니까요. 자, 이제 당랑 이야기에 담긴 세 보석의 빛을 음미해보도록 하죠.

호랑이와 말 사이에 선 사마귀의 운명

영토국가가 대세가 되어가는 시대에 우리는 어떻게 억압에 맞설 수 있을까? 지배와 복종 관계에 맞서 우리는 자유인의 자긍심을 지켜낼 수 있을까? 복종을 강요하는 국가에 적응해 기꺼이 착취를 감내하는 동료 인간들을 어떻게 할 것인가? 자유를 포기한 사람들에게 다시 대붕의 날개를 달아줄 수는 없는가? 장자는 세 우화로 구성된 당랑 이야기 안에 자기 고뇌 혹은 자신의 문제의식을 멋지게 새겨 넣습니다. 당랑 이야기는 먼저 사마귀 우화로 시작됩니다. '당랑거철(螳螂拒轍)'이라는 유명한 고사성어의 출전이 되는 우화입니다. 사마귀 한 마리가 수레와 맞짱을 뜨려고 수레바퀴 자국에 서 있는 상황입니다. 정확히 말해 사마귀는 수레의 진행을 막으려고 했던 겁니다. 얼마 지나지 않아 수레가 그 바퀴 자국을 따라 굉음을 울리며 육박해 들어옵니다. 그러나 사마귀는 물러서지 않습니다. 결과는 뻔합니다. 수레가 지나간 뒤 바퀴 자국에는 사마귀 한 마리가 짓뭉개져 있을 테니까요. 사마귀 우화를 마무리하면서 장자는 사마귀가 "자신이 그 수레를 감당할 수 없음을 몰랐던" 거라고 논평합니다. 당랑거철이라는 고사성어가 거스를 수 없는 대세에 저항하는 어리석음의 비유로 통용되는 이유가 짐작이 됩니다. 하지만 사마귀 우화는 그 이상의 의미를 감추고 있습니다. 그 실마리는 수레를 뜻하는 '거(車)'라는 글자에 있습니다. 기원전 1200년경 중국 대륙에는 청동기 시절 국가의 힘과 지배계급의 우월성을 상징하는 전거(戰車)가 중앙유라시아로부터 수입됩니다. 상나라 시절 이야기입니다. 상나라 시절 고분에서 부장품으로 전거가 출토되는 것이 그 증거일 겁니다. 사마귀가 맞선 수레가 국가기구를 상징할 수 있는 것도 이런 이유에서입니다.

어디선가 "역사의 수레바퀴는 되돌릴 수 없다"는 말을 들어봤을 겁니다. 청동기 시대와 함께 시작된 국가는 말이 끄는 전거와 함께 대지를 질주합니다. 인간을 포함해 동물종 모두가 공유했던 대지는 이제 인간이 독점하는, 특히 소수 지배계급이 독점하는 곳으로 쪼개집니다. 영토국가로의 추세는 이제 누구도 거스를 수 없는 대세가 된 겁니다. 강자와 약자는 있어도 지배와 복종이 없었던 대지는 국가의 탄생과 함께 점점 활기를 잃어가고 있습니다. 바로 이때 수레바퀴 자국이 대지에 더 깊게 새겨지기 전에, 그것을 막으려는 사람들이 등장합니다. 바로 사마귀로 상징되는 사람들이 그들이었습니다. 하지만 장렬한 죽음이 반복되자 생각을 전환한 사마귀들이 생깁니다. 역사의 수레를 막거나 되돌릴 수 없다면, 수레에 올라타 말고삐를 잡겠다는 발상의 전환입니다. 전거의 폭주를 막으려고 장렬한 죽음을 각오하는 방법이 아니라 전거에 올라타 전거의 속도와 방향을 결정하자는 방법입니다. 국가에 맞서지 말고 국가를 이용하자는 수정주의자의 길은 이렇게 열립니다. 사마귀 우화에 이어지는 두 우화로 장자가 숙고하고자 했던 것은 바로 이것입니다. '호랑이 기르는 사람[養虎者]' 우화와 '말을 아끼는 사람[愛馬者]' 우화에서 주목해야 할 것은 주인공의 성격이 변한다는 사실입니다. 첫 번째 우화의 주인공은 사마귀지만 두 번째와 세 번째 우화의 주인공은 사람입니다. 영토국가를 상징하는 전거에 올라타는 순간 사마귀가 사람으로 변신한다는 건 무척 인상적입니다. 죽음을 불사하고 전거에 맞서는 존재는 국가의 입장에서는 문명에 반하는 야만, 인간에 반하는 짐승, 혹은 지혜에 반하는 우매함으로 표상됩니다. 수레에 올라탄 사마귀가 문명화된 인간으로 표상되는 이유입니다. 설령 그들이 여전히 전거에 불만을 품고 있다 할지라도 말입니다.

'거철'이 아니라 '승거(乘車)'입니다. 수레에 올라탄 사마귀는 한 마리가 아니라 꽤 많았습니다. 제자백가라고 불리는 지식인들이 바로 그들입니다. 전거를 필요악으로 긍정한 사람들, 전거를 폐기하기보다는 전거의 폭주를 제어하려는 사람들, 바로 이들이 수정주의자들입니다. 핵심은 그들이 이제 더 이상 수레에 맞설 일도, 그래서 목숨을 잃을 일도 없다는 사실입니다. 어떻게 수레를 통제하려고 생각했든 간에 이제 그들은 수레와 한몸이기 때문입니다. 그들은 전거에 올라타자마자 기존 승객들, 지배계급과 피지배계급 사이 어딘가에 자리를 만들어야 했습니다. 법가처럼 지배계급 근처에 자리를 만들려는 사람들도 있었고, 묵가처럼 피지배계급 옆에 자리를 만들려는 사람들도 있었고, 아니면 유가처럼 지배계급과 피지배계급 사이, 가급적 그 중간에 자리를 만들려는 사람들도 있었습니다. 이들 지식인들의 눈에 기존 승객이 호랑이 아니면 말과 같은 동물로 표상된 이유입니다. 동물이 아니라 자기와 같은 사람이 말고삐를 잡아야 전거는 별다른 문제나 저항 없이 원활하게 움직일 수 있다는 자부심의 표현입니다. 수레에 올라탄 사마귀가 사람이 되자 이미 수레에 타고 있던 사람들이 동물로 표상되는 대목에서 장자의 문학적 상상력과 정교한 구성력이 빛을 발합니다. 군주는 민중을 함부로 착취하고 심지어 죽음으로 몰고 가는 잔인한 호랑이로, 그리고 민중은 순간적 불편함과 불리함을 참지 못하고 군주를 공격할 수 있는 어리석은 말로 비유됩니다. 이제 동물처럼 어리석고 성급한 기존 승객들이 지혜롭고 진중한 새로운 승객에게 자리를, 최종적으로 말고삐를 내주어야 하는 것은 당연한 일로 정당화됩니다. 어쨌든 수레에 올라탄 사마귀가 수레에서 수행해야 할 임무는 자명합니다. 지배와 복종 관계의 윤활유가 되는 겁니다. 구체적으로 말하면, 위로는 군주를 길들여 민중을 억압하고 착취하는 강도를 줄이고, 아래로는 민중을 아껴 그들의 저항 의지를 사전에 무력화하는 양방향의 과제입니다. 장자가 '호랑이 기르는 사람' 우화와 '말을 아끼는 사람' 우화로 구체화한 것은 바로 이 양방향의 임무였던 겁니다.

수레에 맞선 사마귀들을 위하여

먼저 호랑이로 비유된 군주를 길들이는 우화를 살펴보도록 하죠. 이 우화에서 중요한 것은 "호랑이가 인간과 유(類)가 다르다"는 표현입니다. 호랑이는 초식동물 등 자기보다 약한 동물을 찢어발겨 먹잇감으로 삼는 동물입니다. 군주도 마찬가지입니다. 군주는 압도적인 힘으로 동료 인간을 착취와 수탈의 대상으로 삼습니다. 그러니까 겉보기에 같은 인간일지라도 군주에게 동정심이나 자비심을 기대해서는 안 됩니다. 군주는 민중을 착취하지 않으면 살 수 없는 존재니까요. 수정주의자는 그나마 군주의 포악한 성질을 그 본성에 위배되지 않는 식으로 통제하려고 고군분투합니다. 어차피 다른 동물을 잡아먹는다 해도 호랑이에게 살아 있는 동물을 통째로 던져주지 않는 것과 같은 방법입니다. 살아 있는 것을 죽이거나 먹잇감의 온전한 몸을 찢는 쾌감, 즉 지배에의 쾌감만큼은 주지 않겠다는 겁니다. 배가 고파서 동물을 죽이는 것도 심각한 문제인데, 배가 고프지 않아도 동물을 죽이려 할 테니 말입니다. 그러나 호랑이는 호랑이고 군주는 군주일 수밖에 없습니다. 억압하는 재미를, 지배에의 쾌감을 영구히 없애는 건 불가능합니다. 그래서 호랑이는 자신을 기르는 사람을 언제고 물어 죽일 수 있는 겁니다. 물론 호랑이가 잠시나마 고양이처럼 고분고분할 때가 있는 것도 사실이지만 말입니다. 『한비자』 「세난(說難)」 편에 등장하는 '역린(逆鱗)' 개념이 떠오르는 대목입니다. 지식인은 용을 타고 조종해 자신이 원하는 방향으로 날도록 할 수 있습니다. 이 순간 용은 길들여져 순한 용처럼 보입니다. 그러나 용의 머리 뒤에 거꾸로 난 비늘, 즉 역린을 건드리면, 용은 고개를 돌려 자신을 조종하는 지식인을 물어뜯어 죽이고 맙니다. 용의 역린을 없앨 수 없고 호랑이의 성냄을 없앨 수 없듯, 군주의 내밀한 쾌감, 지배에의 쾌감은 없앨 수 없는 법입니다. 결국 호랑이를 기르겠다며 수레에 올라탄 사마귀도 수레에 맞서던 사마귀와 같은 운명에 빠지고 맙니다.

수레에 올라탄 사마귀는 말을 아끼는 사람처럼 억압받는 민중을 아껴줍니다. 그는 지배계급이 남긴 피지배계급의 상처, 그들이 겪은 착취와 수탈의 상처를 보듬어줍니다. 수탈에 집중하느라 재분배에 인색하면 민중의 저항은 불가피하고, 그에 따라 수레가 전복될 가능성이 커집니다. 그러니 수탈을 자행하는 만큼 누군가는 재분배의 임무를 맡아야 합니다. 국민 복지를 위해 세금을 걷는다는 착시 효과를 주어야 조세 저항을 막을 수 있는 법입니다. 국가 입장에서는 안정적이고 원활한 수탈을 위해 재분배를 수행하지만, 피지배계급은 국가가 재분배를 위해 수탈을 한다고 믿어야 한다는 이야기입니다. 그러니 자기만큼은 피지배계급을 군주인 듯 모시려고 합니다. 다른 사람이 말을 타거나 말을 몰 때, 말을 아끼는 사람은 말을 힘들게 하지 않습니다. "광주리로 똥을 받고 대합조개 껍데기로 오줌을 받아줄" 만큼 사마귀는 피지배계급에 대한 재분배에 헌신적입니다. 그러나 채찍이라는 순간적 공포와 당근이라는 순간적 이익에 길들여져 있는 말입니다. 그래서 불이익과 불편함에 대한 말의 반응은 야생마의 그것에 비할 수 없을 정도로 집요하고 강렬합니다. 말을 아끼는 사람이 "파리나 모기가 말 등에 들러붙으려는 것을 보고 불시에 말 등을 때리면" 말은 그의 머리와 가슴을 발로 차서 죽이는 것도 이런 이유에서입니다. 당근과 채찍에 익숙한 말은 말을 아끼는 사람이 자기 등에 가하는 직접적 고통에 신경질적으로 반응합니다. 장기적 재분배를 위해 순간적 재분배에 인색한 순간, 말의 저항은 바로 시작됩니다. 그래서 재분배는 말들이 즉각적으로 느낄 수준에서 이루어져야만 합니다. "말 등에 들러붙어 있는" 파리나 모기를 손이나 휘저어 쫓는 수준에서 재분배를 멈추어야 한다는 이야기입니다. 야생마의 여유로움에 비해 이미 신경질적인 말들이기 때문입니다.

지배계급이나 피지배계급 모두 국가기구가 만든 괴물인 동시에 국가기구를 유지하는 동력입니다. 수레에 올라탄다는 것은 지배와 복종 관계를 받아들인다는 겁니다. 수레에 올라타 인간의 탈을 쓰게 된 사마귀가 수레를 멈추는 방법은 쉽습니다. 수레에서 호랑이를 축출하거나 아니면 마구간의 말들을 야생에 풀어주는 겁니다. 그러나 그는 이런 노력조차도 하지 않습니다. 호랑이가 있어야 호랑이 기르는 사람도, 그리고 재갈 물린 말이 있어야 말을 아끼는 사람도 존재 이유가 있다는 걸 아는 영민한 사마귀입니다. 이것이 그가 지배계급에게는 피지배계급일 뿐이고, 피지배계급에게는 지배계급인 이유입니다. 그래서 언제든 그는 호랑이에게 찢어발겨질 수 있고, 말에 의해 흉골과 두개골이 부서질 수 있는 겁니다. 수레로 상징되는 지배와 복종 관계에 뛰어드는 것은 이처럼 치명적입니다. 결국 수레에서 사마귀는 지배와 복종 관계의 윤활유 노릇을 하다 폐기처분되고 맙니다. 여기서 사마귀의 수정주의 전략은 자기 기만적인 것으로 폭로됩니다. 차라리 수레에 맞서던 사마귀들이 위대했다고 할 수 있습니다. 그들은 최소한 수레가 타협의 여지 없이 악이라는 걸 알았으니까요. 수레에 맞서던 사마귀들! 수레와 바퀴자국만을 응시하는 좁은 안목에서 벗어나는 순간 그들은 대붕이 될 수 있습니다. 인간이 되는 길과 대붕이 되는 길, 그 갈림길에 그들은 서 있었던 겁니다. 어쩌면 장자도 수레와 맞서던 사마귀였는지도 모릅니다. 폭주하는 전거와 그것이 남긴 바퀴 자국 바깥에 거대한 초원과 우거진 산림이 있다는 걸 아는 순간, 장자는 대붕이 됩니다. 물론 그곳에서도 위험은 존재하지만, 그것은 여유와 당당함으로 충분히 살아낼 수 있는 정도입니다. 국가를 너무 과대평가하지 말고, 폭풍우나 산불 혹은 맹금 정도로 보아야 합니다. 천하로 상징되는 국가 질서쯤은 가볍게 날아 넘어가는 대붕의 길입니다. 바퀴 자국에도 잠시 머물고, 수레 위에도 잠시 머물고, 아니면 끝이 보이지 않는 먼 어딘가에도 머물 수 있는 대붕입니다. 수레에 잠시 날아든 대붕은 타인을 자유롭게 만들 수 없다는 걸 압니다. 그저 자유로운 삶을 보여주며 그들이 자유를 결단하기를 바랄 뿐! 잠시 뒤 대붕은 그 광막한 초원으로 바람만 남긴 채 날아갑니다.

33

비교하지 않아야
보이는 것들

위시 이야기

‘위시(爲是)’는 ‘가느다란 줄기’와 ‘굵은 기둥’ ‘나병에 걸린 추녀’와 ‘서시 같은 미녀’ 등을 구별하는 것이다. 사물이 아무리 엉뚱하고 이상야릇한 것일지라도, 길로 그것과 소통하여 하나가 될 수 있다. ‘쪼개짐’이 있으면 ‘완전함’도 있고, ‘완전함’이 있으면 ‘망가짐’도 있다. 사물에 내가 규정한 ‘완전함’과 ‘망가짐’이 없어야 그것과 다시 소통해서 하나가 될 수 있다. 오직 높은 경지에 도달한 사람만이 소통해서 하나가 될 줄 안다.

　‘위시’를 쓰지 않고 그것을 ‘일상〔庸〕’에 깃들도록 해야 한다. ‘일상’이란 ‘사용〔用〕’을, ‘사용’이란 ‘소통〔通〕’을, 그리고 ‘소통’이란 바로 ‘얻음〔得〕’을 말한다. 이런 얻음에 이르면 거의 다 온 것이다. ‘인시(因是)’할 뿐이지만 그러면서도 왜 그런 줄 모르는 것, 그것을 길이라고 한다.

「제물론」

爲是擧莛與楹·厲與西施. 恢恑憰怪, 道通爲一. 其分也, 成也. 其成也, 毀也.
凡物無成與毀, 復通爲一. 唯達者知通爲一.
爲是不用而寓諸庸. 庸也者, 用也, 用也者, 通也, 通也者, 得也. 適得而幾
矣. 因是已, 已而不知其然, 謂之道.

「齊物論」

비교하거나 구분하거나

    인간의 눈이 멀게 된다면, 왕도 칼도 황금도 토지도 궁전도 사치품도 모두 무용지물이 될 겁니다. 그만큼 시선의 정치경제학은 매우 중요합니다. 우리 삶을 옥죄는 억압사회, 즉 영토국가의 살풍경을 잘 보여주니까요. 나아가 시각은 정치경제학적 풍경만이 아니라 철학에도 짙은 그림자를 남긴다는 사실 또한 중요합니다. 우리의 생각 이상으로 인간의 인식 혹은 사유 자체가 근본적으로 '시각적'이기 때문입니다. 인식의 시각성이나 사유의 시각성이라고 말할 만한 사태입니다. 운동과 정지, 빠름과 느림, 밝음과 어둠, 큼과 작음, 많음과 적음, 아름다움과 추함 등등 가장 원초적인 사유의 범주들은 기본적으로 시각적입니다. 나아가 소, 말, 낙타, 사람, 꽃, 나무, 산, 강 등 개별자들을 분류하는 일반명사도 사실 너무나도 시각적이죠. "사막에는 낙타가 산다"는 말을 들으면, 사막과 낙타에 대한 시각적 이미지가 바로 떠오르는 이유입니다. 이 점에서 플라톤의 이데아(idea), 즉 '에이도스(eidos)'가 '보다'라는 뜻의 '이데인(idein)'이라는 동사에서 파생되었다는 사실은 매우 흥미진진합니다. 이데아만큼 철학이 자랑하는 본질 개념이 얼마나 시각적인지 잘 보여주는 것도 없으니까요. '이름'을 뜻하는 '명(名)'도 마찬가지로 시각적 이미지를 전제합니다. 이 한자는 '저녁'이나 '어둠'을 뜻하는 '석(夕)'과 '말'이나 '입'을 뜻하는 '구(口)'로 구성되어 있습니다. 어둠 속에서는 누가 누구인지 식별하기 힘듭니다. "누구세요?" "저 장자인데요." 밝을 때는 말하지 않아도 식별되는 것을 어둠 속에도 식별되도록 하는 것이 이름입니다. 결국 이름은 일종의 암구호, 아니면 어둠 속에서 사물을 식별하게 해주는 손전등과 같은 겁니다. 이데아든 명이든 개념은 어둠 속에서도 시각적 명료함을 얻기 위해 고안된 것이라고 할 수 있습니다.

아무것도 식별되지 않는 짙은 어둠 속에서는 구분과 비교가 작동할 수 없습니다. 하지만 인간은 범주나 개념 혹은 언어나 말의 힘으로 밝은 상황이든 어두운 상황이든 가리지 않고 사물을 구분하고 비교할 수 있습니다. 인간의 사유, 그거 별것 아닙니다. 어둠 속에서도 그리고 사물이 없는 곳에서도 구분과 비교를 하는 거니까요. 구분과 비교가 가장 중요합니다. 밝아서 사물들이 저절로 식별되는 곳에서도 마찬가지입니다. 이 경우 우리 사유는 물 만난 물고기처럼 더 신나게, 그리고 더 거침없이 작동합니다. 예를 들어 내 눈에 중학생과 초등학생이 보인다고 해보죠. 나는 중학생이 크다고, 혹은 초등학생은 작다고 사유합니다. 이 경우 큼과 작음이라는 범주는 내 머릿속에서 서로를 배제하며 동시에 작동합니다. 중학생은 (초등학생에 비해) 크고, 초등학생은 (중학생에 비해) 작다고 판단하니까요. 이 경우 나의 사유가 논쟁과 논박의 대상이 되는 경우는 거의 없을 겁니다. 누군가 옆에서 내가 보는 것을 본다면 그도 나처럼 이야기할 것이 분명하니까요. 물론 갑자기 중학생과 초등학생 옆으로 성인 남자나 유치원생이 다가올 수도 있습니다. 크거나 작다는 우리의 판단은 비교 대상에 따라 변하게 될 겁니다. 유치원생이 비교 대상이 되면 초등학생이 크다고 말할 수 있고, 성인 남자를 비교 대상으로 삼으면 중학생이 작다고 말할 수 있기 때문입니다. 큼과 작음이라는 범주는 외부 대상이 아니라 우리 사유의 범주라는 증거일 겁니다. 크고 작음은 우리 마음에 있을 뿐 사물에는 없다고 정리해두면 좋습니다.

나의 시공간에 복수의 사물들이 들어와 구분과 비교가 이루어지는 경우도 있지만, 하나의 사물만 들어와도 구분과 비교가 바로 작동합니다. 과거 경험을 기억하기 때문에 가능하죠. 어떤 사람을 만났을 때 나는 '키가 크네'라고 생각할 수 있습니다. 이것은 내가 과거 만났던 사람들이 대부분 신장이 작았다는 걸 말해줍니다. 여기서도 큼과 작음이라는 범주는 우리 머릿속에서 서로를 배제하며 동시에 작동하기는 마찬가지입니다. 비록 내 앞에 있는 두 사람에 대한 비교가 아니라 과거 만났던 사람과 현재 만난 사람에 대한 비교일지라도 말입니다. 만약 지금 만난 사람이 과거 만난 사람들과 키가 비슷하다면, 우리는 각기 크고 작다는 생각 자체를 하지 않았을 겁니다. 다른 경우도 생각해보죠. 내가 '키가 크네'라고 생각한 사람에 대해 어떤 사람은 '키가 작네'라고 생각할 수도 있지요. 그가 만났던 사람들 대부분이 키가 컸다는 걸 반영합니다. 여기서 나의 과거와 그의 과거가 다르다는 사실이 중요합니다. 이것이 동일한 사람에 대해 '키가 크다'는 나의 생각과 '키가 작다'는 그의 생각이 갈리는 이유이기 때문입니다. 바로 여기서 논쟁과 갈등의 기원을 얼핏 엿보게 됩니다. 동일한 사람이지만 나의 눈에 그는 키 큰 사람이고, 그의 눈에는 키가 작아 보입니다. 그러니 나와 그가 말싸움을 하며 얼굴 붉힐 가능성이 생기는 겁니다. 나와 그가 초등학생과 유치원생을 동시에 보고 있다면 생기기 어려운 일이 벌어지고 마는 겁니다. 어쨌든 여기서도 큼과 작음이라는 구분은 외부에 있는 것이 아니라 우리 내부에 있다는 건 분명합니다.

위시는 어떻게 작동하는가

사물과 무관한 구분과 비교! 사유의 한계는 명확합니다. 특히 심각한 것은, 내가 마주친 타자를 무언가가 결여되거나 보잘것 없거나 혹은 무가치하다고 판단하는 일입니다. 식재료가 부족해서 혹은 식재료가 완전하지 않아서 음식 만들기를 포기하는 건 어리석은 일입니다. 건성으로 대충 먹으면 몸에 좋을 리 없고, 최악의 경우 우리는 굶어 죽을 수도 있습니다. 「제물론」편의 '위시 이야기'에서 장자가 숙고하고자 했던 것도 바로 이 사유의 위험성과 한계입니다. 위시 이야기를 본격적으로 다루기에 앞서 그레이엄(A. C. Graham, 1919~1991)이라는 중국 고대철학 연구자에 주목할 필요가 있습니다. 그는 이야기의 제목에 들어 있는 '위시(爲是)'라는 개념의 중요성을 최초로 부각시킨 학자이니까요. 1978년 출간된 『후기 묵가의 논리학, 윤리학 그리고 과학(Later Mohist Logic Ethics and Science)』과 1981년 출간된 『장자(Chuang-Tzu: The Inner Chapters)』는 그의 매우 중요한 업적입니다. 두 저작을 통해 그레이엄은 위시(爲是)와 인시(因是) 개념을 구분합니다. 여기서 '위(爲)'는 동사로 '~라 여기다·간주하다·생각하다'라는 뜻이고, '인(因)'도 동사로서 '~를 따르다'라는 뜻입니다. 그리고 시(是)는 명사로서 '이것'이라는 뜻으로, 두 개념의 경우 각각 '위'와 '인'의 목적어로 사용됩니다. 그러니까 '위시'는 '이것이라 생각한다'는 뜻이고, '인시'는 '이것에 따른다'는 뜻이 됩니다.

위시와 인시 개념을 구분함으로써 그레이엄은 「제물론」 편의 이해에 새로운 지평을 마련합니다. 그 결과 과거 주석가들의 「제물론」 풀이가 본문만큼 난해했던 이유가 밝혀집니다. 전통 주석가들은 위시와 인시 개념에 주목하지 않았기에 「제물론」 편을 이해할 때 난관에 봉착했던 겁니다. 후기 묵가의 저작 『묵경(墨經)』에 대한 전인미답의 연구에 기초하기에 그레이엄의 통찰은 묵직한 의미를 갖습니다. 『묵경』에는 후기 묵가들이 장자, 혜시, 순자 등 고대 중국 제자백가들의 언어철학과 인식론을 어떻게 비판했는지 기록되어 있습니다. 이것이 『묵경』이 「제물론」 편의 난해한 사유를 이해하는 실마리가 되는 이유입니다. 이제 그레이엄이 주제화했던 위시의 개념을 숙고해보도록 하죠. '이것이라 생각하다'에는 구분과 비교의 의미가 전제되어 있습니다. 예를 들어 큰 것과 작은 것, 이렇게 두 사물이 있다고 해보죠. "둘 중 어느 것이 크니?"라는 질문을 받으면, 혹은 "어느 것이 크지?"라고 자문하면, 우리는 큰 것을 가리키며 말할 겁니다. "이것이다." 바로 이것이 위시가 가진 원초적 의미입니다. 이 경우 '이것이라 생각한다'는 '이것이 크다고 생각한다'라고 풀 수 있습니다. 그러니까 위시는 구분하고 비교할 수 있는 사물이 최소 두 개 이상 있어야 합니다. 위시 이야기를 시작하면서 장자가 "'위시(爲是)'는 '가느다란 줄기'와 '커다란 기둥', '나병에 걸린 추녀'와 '서시와 같은 미녀' 등을 구별하는 것"이라고 말한 이유입니다. 여기서 '구별하다'로 풀이한 '거(擧)'는 원래 '집어들다'라는 의미로, 둘 이상의 것들 중 어느 하나를 뽑아내는 행위를 말합니다. 그래서 위시는 문제가 되는 것을 줄기나 기둥으로, 혹은 추녀나 미녀로 식별하는 인식 작용을 가리키게 된 겁니다.

먼저 '줄기'와 '기둥'이라는 두 가지 비교 대상이 있어야 하고, '추녀'와 '미녀'라는 두 가지 비교 대상이 있어야 합니다. 물론 내 눈앞에 반드시 두 개 이상의 대상이 있어야 하는 것은 아닙니다. 예를 들어 내 눈앞에 여자가 한 명뿐이더라도 우리는 그녀를 '추녀'라고 식별할 수도 있고 '미녀'라고도 식별할 수 있으니까요. 우리 마음에는 이미 미녀와 추녀에 대한 경험이 기억의 형식으로 존재합니다. 상대적으로 추녀와 많이 만났던 사람이라면 평범한 여자도 '미녀'로 식별하기 쉽고, 반대로 미녀와 많이 만났던 사람은 그 동일한 여자를 '추녀'라 식별하기 쉬울 겁니다. 외부만이든 아니면 외부와 내면에 걸쳐서든, 대상이 둘 이상이어야 비교와 구분 그리고 식별이 가능합니다. 대상의 차원에서 '줄기'와 '기둥' 혹은 '추녀'와 '미녀'는 확연히 구분되어 보입니다. 그러나 사유의 차원에서는 '줄기'와 '기둥' 혹은 '추녀'와 '미녀'는 서로 엮여 하나의 체계로 작동합니다. 동전을 생각해보세요. 동전을 던지면 앞면이 나올 수도 있고 뒷면이 나올 수도 있습니다. 이렇게 동전의 앞면과 뒷면은 확연히 구분됩니다. 그러나 앞면이 나왔다고 해서 뒷면이 없는 것이 아니고, 뒷면이 나왔다고 해서 앞면이 없는 것은 아닙니다. 그래서 장자는

134

말합니다. "'쪼개짐'이 있으면 '완전함'도 있고, '완전함'이 있으면 '망가짐'도 있다." 동전의 앞뒷면을 동시에 응시하는 장자입니다. 앞면과 뒷면을 동시에 갖추고 있기에, 우리는 동전을 던져 앞면인지 뒷면인지 결정할 수 있습니다. 큼과 작음의 눈을 가진 동전, 미와 추의 눈을 가진 동전은 바깥에 있는 것이 아니라 내 마음에 있습니다. 외부에 대상이 나타날 때 이 동전을 던져 한 면을 결정하는 것, 바로 그것이 '위시'인 겁니다.

위시의 세계에서 인시의 세계로

위시는 인식론적으로 매우 중요한 의미를 갖습니다. 그것은 위시의 주체가 원인의 자리에 있다면, 위시의 대상은 그 결과의 자리에 있다는 사실입니다. 위시가 가진 사유 중심성 혹은 주체 중심성이라고 정의할 수 있는 사태입니다. 여기서 우리는 위시가 가진 실천철학적 효과에도 주목해야 합니다. 가느다란 줄기보다 굵은 기둥이 더 가치 있다는, 혹은 추녀보다 미녀가 더 가치 있다는 가치평가가 위시에 전제될 수 있으니까요. 그러니까 최소 두 가지의 비교 대상들은 동등하게 평가되기보다는 우열의 가치평가가 매겨지는 경우가 많다는 겁니다. 우열의 가치평가가 구분, 구별 그리고 식별의 원동력이라고 하는 니체적 발상이 사실에 더 가깝습니다. 문제는 우리가 열등하다고 평가한 것과는 소통하려 하지 않는다는 겁니다. 추녀라고 평가한 여자를 사랑하려는 남자를 찾기 힘들고, 가느다란 줄기로 집을 지으려는 목수는 드물 겁니다. 여기서 사랑할 여자가 없다고 절망하는 남자나 집 지을 재료가 없다고 손을 놓는 목수가 생길 수 있습니다. 설령 예쁘지 않더라도 사랑할 수 있을 여자들, 비록 가늘더라도 충분히 다른 방식으로 집의 재료가 될 수 있을 줄기들은 그냥 방치되고 맙니다. 음식 재료가 부족하다고 요리 만들기를 포기한 요리사와 같습니다. 하지만 훌륭한 요리사는 자신에게 주어진 식재료에 부족한 것이 하나도 없다고 긍정합니다. 그는 이를 통해 자신이 만들 수 있는 최선의 요리를 만듭니다.

장자는 "사물이 아무리 엉뚱하고 이상야릇한 것일지라도, 길로 그것과 소통하여 하나가 된다"고 말합니다. "엉뚱하고 이상야릇한 것[恢恑憰怪]"이라는 표현이 중요합니다. 일반 사람들의 눈에는 열등한 것이자 쓸모가 없는 것들입니다. 당연히 그것은 관계할 가치가 없고 멀리해야 할 것들이죠. 그러나 비범한 영혼에게 그것은 충분히 쓸모가 있고 매력적인 것으로 긍정될 수 있습니다. 오직 그럴 때에만 우리는 그 사람이나 그 사물로 발걸음을 옮기게 될 겁니다. 그 걸어감이 반복되면 당연히 길이 만들어지겠죠. "엉뚱하고 이상야릇한 것"과 소통하려면 그것이 엉뚱하고 이상야릇한 것으로 보여서는 안 됩니다. 장자가 "사물에 내가 규정한 '완전함'과 '망가짐'이 없어야 그것과 다시 소통해서 하나가 될 수 있다"고 강조한 것은 이 때문입니다. 가느다란 줄기라고 멀리하고, 추녀라고 멀리하지 않아야 합니다. 그래야 가느다란 줄기도 근사한 건축 재료가 되고, 추녀도 매력적인 짝이 될 수 있으니까요. 바로 이 순간 가느다란 줄기는 가느다란 줄기가 아니라 굵은 기둥보다 더 훌륭한 건축 재료가 되고, 추녀는 더 이상 추녀가 아니라 서시 같은 미녀도 아쉽지 않은 소중한 애인이 됩니다. '위시'와 날카롭게 구별되는 '인시' 개념은 바로 이 문맥에서 읽혀야 합니다. 위시에서 우리 사유가 원인이고 외부 사물이 결과였다면, 인시에서 그 관계가 뒤집힙니다. 인시에서는 외부 사물이 원인이고 우리 사유는 그 결과가 되니까요. 그래서 인시 개념에서 '인(因)'이라는 글자가 명사로는 '원인'이라는 뜻을 가진다는 것은 우연의 일치만은 아닙니다. 가느다란 줄기만 있더라도 그것을 절대적 원인으로 삼아 집을 짓는 것, 추녀만 있더라도 그 여자를 절대적 원인으로 생각해 사랑을 이루려는 것, 부족한 식재료만 있더라도 그것을 절대적 원인으로 긍정해 근사한 요리를 만들려는 것, 바로 이것이 '인시'입니다.

'이것이라 생각한다'는 뜻의 위시에서 '이것'은 다른 것과 비교되는 '이것'입니다. 반면 '이것에 따른다'는 뜻의 인시에서 '이것'은 비교 대상이 없는 '이것'입니다. 위시의 '시'와 인시의 '시' 사이에는 이렇게 건널 수 없는 간극이 있다는 사실, 바로 여기에 장자 사유의 섬세함이 자리를 잡습니다. "'위시'를 쓰지 않고 그것을 '일상[庸]'에 깃들도록 해야" 한다는 장자의 주장은 바로 이 간극을 건너뛰라는 요구였던 겁니다. 손약 이야기를 떠올려보세요. 손이 트지 않게 하는 똑같은 약이지만, 송나라 사람의 일상에서 그 약은 겨울에 빨래하는 데 사용되었고 오나라 사람들의 일상에서는 수전에 사용되었습니다. 그래서 장자는 "'일상'이란 '사용[用]'을, '사용'이란 '소통[通]'을, 그리고 '소통'이란

내 앞에 주어진 타자들을 조금의 부족함도 없는 것으로,
매력적이고 사랑스러운 것으로 긍정하라는 것!

바로 '얻음[得]'을 말한다. 이런 얻음에 이르면 거의 다 온 것"이라고 말을 이었던 겁니다. 손이 트지 않게 하는 약이 따뜻한 오나라에서는 쓸모가 없으리라고 판단하지 않아야 합니다. 장자의 말대로 우리는 "'위시'를 쓰지 않고 그것을 '일상[庸]'에 깃들도록 해야만" 합니다. 그래야 오나라에서도 손이 트지 않게 하는 약이 버려지지 않고 자기 자리를 얻게 될 테니까요. 위시에서 인시로의 전환, 혹은 '비교되는 이것'이 '비교 불가능한 이것'으로의 전환은 이렇게도 중요합니다. 바로 이 순간 사유의 세계는 삶의 세계로 열립니다. 그래서 장자는 위시 이야기를 마무리하면서 "'인시(因是)'할 뿐이지만 그러면서도 왜 그런 줄 모르는 것, 그것을 길이라고 한다"고 강조했던 겁니다. 내 앞에 주어진 타자들을 조금의 부족함도 없는 것으로, 매력적이고 사랑스러운 것으로 긍정하라는 것! 그래야 우리는 타자에 가까이 가려는 걸음을 자기도 모르게 내딛을 수 있습니다. 그러나 이것은 타자에만 적용되는 가르침은 아닙니다. 자기 자신에 대해서도 마찬가지입니다. 우리는 자신을 다른 것과 비교하지 말고 절대적으로 긍정해야 합니다. "나는 머리가 나빠." "나는 못생겼어." "나는 스펙이 부족해." 이것도 위시니까요.

34

대붕이 남쪽 바다로
날아간 까닭

시남 선생 이야기

시남의료(市南宜僚)가 노(魯)나라 군주를 만났는데, 그에게 근심하는 낯빛이 있었다.

시남 선생이 말했다. "그대는 어찌 근심스러운 낯빛이십니까?"

노나라 군주가 말했다. "선대 천자들의 통치술을 배우고 선대 군주들의 유업을 닦아 귀신을 공경하고 현인을 존중하고 배운 것을 몸소 실천하기를 잠시도 멈추지 않았지만, 우환을 면하지 못하고 있습니다."

시남 선생이 말했다. "우환을 없애는 군주의 기술은 얕습니다. 풍성한 털의 여우와 아름다운 털의 표범이 숲속에 살면서 바위굴에 숨어 있는 것은 그의 고요함입니다. 밤에 움직이고 낮에는 머무는 것은 그의 경계함입니다. 비록 배고프고 목마를지라도 숨어 있다 멀리 강과 호숫가에서 먹이를 구하는 것은 그의 안정됨입니다. 그런데도 그물과 덫의 우환을 면하지 못하는 것이 무슨 잘못이 있어서 그런 것이겠습니까? 다만 그들의 가죽이 재난을 부른 겁니다. 지금 군주께 노나라는 그 가죽과 같은 것뿐이겠습니까? 바라건대 군주께서도 육체를 도려내 가죽을 벗어버리며 마음을 씻어 욕망을 없애버려 아무도 없는 들판에 노닐도록 하십시오. 월나라 남쪽에 건덕의 국가라고 불리는 마을이 있습니다. 그곳 사람들은 순진하고 소박하며 사사로움이 적고 욕망도 드뭅니다. 일할 줄은 알지만 저장할 줄은 모르고 남에게 무엇을 주고도 대가를 바라지 않습니다. 의무가 어떻게 구분되는지, 예식은 어떻게 수행하는지도 모릅니다. 멋대로 부주의하게 행동하는 것 같지만, 모든 경우에 품격이 있습니다. 살아서는 즐겁고 죽어서는 풍장을 좋아합니다. 바라건대 군주께서도 국가를 떠나 사회를 버리고 길을 친구 삼아 떠나십시오."

노나라 군주가 말했다. "그곳에 가는 길은 멀고도 험하고 또

강과 산으로 막혔는데, 내게는 수레도 배도 없으니 어쩌하면 좋을까요?"

시남 선생이 말했다. "군주께서는 자신을 드러내지 않고 머물지 않은 것을 배와 수레로 삼으십시오."

노나라 군주가 말했다. "그곳으로 가는 길은 아득히 멀고 아무도 없는데 내가 누구와 함께할 수 있다는 겁니까? 내게는 양식도 없어 배가 고파도 먹을 것이 없는데 어떻게 그곳에 도달하겠습니까?"

시남 선생이 말했다. "비용을 적게 쓰고 욕망을 줄이면 비록 양식이 없더라도 풍족할 수 있습니다. 군주께서 강을 건너 바다에 떠가시면, 되돌아보아 바닷가가 보이지 않게 되고 더 나아가면 배가 어디에 이를지 모르게 될 겁니다. 군주를 전송하는 이들이 모두 바닷가에서 되돌아갈 때쯤, 군주께서는 이로부터 더 멀리 나아가셨을 겁니다. 타인을 소유한 자는 그것에 연루되고, 타인에 소유된 자는 근심이 있게 됩니다. 그러므로 요임금은 타인을 소유하거나 혹은 타인에 소유되지 않으려 했던 겁니다. 바라건대 군주께서는 연루됨과 근심을 제거하고 홀로 길을 따라 크게 광막한 국가에서 노니십시오."

「산목」

市南宜僚見魯侯, 魯侯有憂色.

市南子曰, "君有憂色, 何也?"

魯侯曰, "吾學先王之道, 修先君之業, 吾敬鬼尊賢, 親而行之, 無須臾離居, 然不免於患, 吾是以憂."

市南子曰, "君之除患之術淺矣. 夫豐狐文豹, 棲於山林, 伏於巖穴, 靜也. 夜行晝居, 戒也, 雖飢渴隱約, 猶且胥疏於江湖之上而求食焉, 定也. 然且不免於罔羅機辟之患. 是何罪之有哉? 其皮爲之災也. 今魯國獨非君之皮邪? 吾願君刳形去皮, 洒心去欲, 而遊於無人之野. 南越有邑焉, 名爲建德之國. 其民愚而朴, 少私而寡欲. 知作而不知藏, 與而不求其報. 不知義之所適, 不知禮之所將. 猖狂妄行, 乃蹈乎大方. 其生可樂, 其死可葬. 吾願君去國捐俗, 與道相輔而行."

君曰, "彼其道遠而險, 又有江山, 我無舟車, 奈何?"

市南子曰, "君無形倨, 無留居, 以爲舟車."

君曰, "彼其道幽遠而無人. 吾誰與爲鄰? 吾無糧, 餓無食, 安得而至焉?"

市南子曰, "少君之費, 寡君之欲, 雖無糧而乃足. 君其涉於江而浮於海, 望之而不見其崖, 愈往而不知其所窮. 送君者皆自崖而反, 君自此遠矣. 有人者累, 見有於人者憂. 故堯非有人, 非見有於人也. 吾願去君之累, 除君之憂, 而獨與道遊於大莫之國."

「山木」

국가로부터 벗어난 사람들

『장자』는 우리에게 인식론적 도전장을 던집니다. 장자는 우리가 모종의 '인식론적 장애물'을 갖고 있다는 걸 받아들이라고 요구하니까요. 그건 바로 '국가주의'입니다. 국가가 국민의 재산과 자유를 보호하는 장치라고 믿거나, 혹은 국가는 야만이 아닌 인류 문명의 총화라고 생각한다면, 우리는 국가주의자입니다. 물론 국가주의는 인류의 역사가 수렵·채집 생활에서 유목생활로, 그리고 유목생활에서 농경생활로 발전했다는 통속적 관념으로 뒷받침됩니다. 국가주의자는 농경생활이 유목생활보다 안정적인 정착생활을 가능하게 했고, 정착생활로 집중된 재산과 인명을 외부 약탈자로부터 보호하기 위해 국가가 탄생했다고 이구동성으로 말합니다. 그런데 인류학과 고고학은 다른 이야기를 합니다. 정착생활과 농경생활이 20만 년 동안 수렵·채집 생활을 하던 인류에게 아주 늦게 찾아온 혁명인 건 맞습니다. 성곽, 궁궐, 기록 문자 등의 유적과 유물이 말해주는 것처럼, 기원전 3100년경 티그리스강과 유프라테스강 유역에서 최초의 국가들이 우후죽순으로, 아니 전염병처럼 동시다발적으로 탄생합니다. 그런데 이는 티그리스강과 유프라테스강 유역에서 정착·농경생활이 이루어진 지 4,000여 년이 훨씬 지나서 일어난 사건이라고 고고학에서는 이야기합니다. 그러니까 국가기구가 없었던 정착·농경 사회가 두 강 유역에서 최소 4,000년 동안 지속되었던 겁니다. 더군다나 국가가 탄생한 뒤에도 국가와 무관하게 유지되었던 정착·농경사회가 훨씬 더 많았다는 걸 잊어서는 안 됩니다.

국가주의가 지구의 패권을 차지하기 시작했던 서기 1600년대에도 지구의 3분의 1 정도 영역에 국가라는 걸 몰랐던 사람들이 여전히 살고 있었으니, 기원전 2000년대나 기원전 1000년대는 말할 필요도 없죠. 정착·농경사회가 국가 탄생의 필요조건인 건 맞습니다. 그러니 수렵·채집 생활을 하는 동안 인류는 국가를 본 적도 없었던 겁니다. 수렵과 채집을 하던 대부분 인류에게 정착·농경사회는 여러모로 황금알을 낳는 거위와 같았을 겁니다. 도망가지 못할 정도로 뒤뚱거리는 오리를 잡는 건 일도 아니었을 겁니다. 여기서 약탈자는 고민하게 됩니다. 황금알을 낳는 거위를 잡아먹을 것인가, 아니면 거위를 길러 황금알을 반영구적으로 얻을 것인가? 문제는, 거위를 기르려면 약탈자도 정착생활에 뛰어들어야 한다는 겁니다. 궁궐을 짓고, 성곽을 만들고, 세금도 계산하고, 농지도 관리해야 합니다. 설령 지배자가 되더라도 수렵·채집 생활이 주던 자유를 포기해야만 합니다. 묘한 아이러니죠. 자신도 거위가 되지 않으면 거위를 기를 수 없으니까요. 정착·농경 혁명에서부터 국가가 탄생하기까지 4,000여 년의 기간은, 약탈자가 황금알을 낳는 거위를 길러야 할지를 고민했던 시간이었던 겁니다. 약탈자가 고뇌를 거듭하던 4,000년 동안 정착·농경 사회는 목축 기술도 발달시키게 됩니다. 농경과 목축은 정착사회를 떠받치는 두 다리였습니다. 여기서 중요한 것은 가축 사육이 목축으로, 그리고 목축이 유목으로 가는 건 시간문제였다는 사실입니다. 말을 만나는 순간 황금알을 낳는 거위는 더 이상 뒤뚱거리지 않고 하늘을 나는 독수리가 될 수도 있으니까요.

기원전 2000년경부터 농경·목축의 정착생활을 하던 중앙아시아의 경우를 생각해보세요. 기마술이 정점에 이른 기원전 1000년경, 불행히도 중앙유라시아에도 티그리스강과 유프라테스강 영역에 시작된 전대미문의 기술, 인간 가축화의 기술이 들어옵니다. 기원전 1000년 전후 오아시스 주변 정착사회를 지배하기 시작했던 스키타이 국가의 탄생이 그 증거일 겁니다. 이제 정착생활을 하던 중앙유라시아 초원의 사람들은 지배와 예속의 상태를 받아들일지 아니면 유목생활에 완전히 뛰어들지 결정해야 했습니다. 고고학과 인류학은 국가주의자들과는 다른 이야기를 합니다. 수렵·채집 생활에서 유목생활로, 그리고 유목생활에서 농경생활로 인류의 삶이 변한 것이 아니라, 목축을 경작과 아울러 했던 정착생활이 유목생활을 낳았다고 말입니다. 여기서 유목생활을 지탱하는 기마술은 이중적으로 작용합니다. 하나는 황금알을 낳는 거위를 약탈하려는 약탈자의 힘을 강화할 수도 있고, 다른 하나는 거위가 아니라 독수리가 되어 국가기구로부터 탈주하는 자유인의 도구가 될 수 있습니다. 중앙유라시아에서 말은 지배의 도구이자 동시에 자유의 도구였던 겁니다. 스키타이처럼 유목국가를 지향할 것인가, 아니면 유목국가마저 넘어설 것인가? 중앙유라시아 유목민들은 매번 이 갈림길에 서게 되죠. 어느 경우든 당시 유목민들의 삶은 중앙유라시아 서쪽 끝과 동쪽 끝 정착 농경민들보다 나았습니다. 정착민들을 약탈하는 스키타이의 길을 따라도 삶이 풍족했고, 스키타이를 포함

한 일체 국가로부터 벗어난 진정한 유목인의 삶도 충분히 풍족
했던 겁니다.

국가의 길과 유목의 길

———

크리스토퍼 벡위드(Christopher Beckwith, 1945~)는 주저 『중앙유
라시아 세계사(Empires of the Silk Road)』에서 말합니다. "유목민들
은 거대 농업 국가들의 농경민에 비해서 대개는 훨씬 쉽게 먹거
리를 구했고, 훨씬 편하게, 훨씬 오래 살았다. 중국 지역으로부
터 동쪽 스텝 지역으로 유출되는 인구가 끊임없이 이어졌다. 그
들은 주저 없이 초원의 삶이 더 낫다고 말했다. 비슷한 사례로
많은 그리스인들과 로마인들은 훈족이나 다른 중앙유라시아 민
족에게 넘어갔을 때, 그들이 고향에 있을 때보다 더 잘 살았고
더 좋은 대접을 받았다." 여기서 벡위드가 주목하지 못하는 것
이 하나 있습니다. 인간이 물질적 이익 때문에 유목생활에 뛰어
드는 것만은 아니라는 사실입니다. 복종을 강요하는 체제를 거
부하고 기꺼이 위험을 감내하고 유목생활을 선택하는 사람들도
중앙유라시아에는 많았기 때문입니다. 스키타이의 길이 아니
라 반대의 길을 만들려는 사람들, 습격과 약탈의 도구가 아니라
탈주와 자유의 동반자로 말을 탔던 사람들입니다. 중앙유라시
아의 팽팽한 긴장, 스키타이의 삶과 진정한 유목민의 삶 사이의
긴장은 중국 대륙까지 파장을 미칩니다. 잊지 마세요. 중앙유라

시아를 관통하는 초원길이나 사막 길은 실크 등 사치품들만 오 갔던 것이 아닙니다. 황금알을 낳는 거위를 기르는 방법도 오갔 던 길, 즉 국가의 길이기도 했으니까요. 그러나 동시에 그 길을 통해 유목국가나 유목제국마저 벗어던지려는 자유인들의 고뇌 와 꿈도 함께 들어오게 됩니다. 장자가 천하의 북쪽에서 자유의 공기를 느낀 것도 이 때문이었을 겁니다. 기원전 300년경 중국 전국시대에 살았던 그는 영역을 넓혀가려는 영토국가의 야욕에 맞서고자 했던 거의 유일한 철학자였으니까요.

장자의 시대에는 점 단위로 산재했던 국가가 면 단위로 확장 하면서 중국 대륙 내부에 산재해 있던 자유로운 정착사회들이 위기에 빠지고 있었습니다. 그래도 야(野)라 불리는 지역은 여 전히 남아 있었습니다. 예속과 복종을 강요하는 국가가 싫으면 누구나 야인(野人)이 될 수 있었죠. 더군다나 흔히 천하라고 불 리던 중국 대륙 북쪽에는 오아시스 주변부를 장악했던 유목국 가와 더불어, 그보다 더 넓은 지역에서 국가를 벗어나 유목민들 이 살고 있었습니다. 바로 이곳이 네 선생 이야기에서 네 선생 이 살고 있던 지역입니다. 복종과 예속을 강요하는 순간, 말을 타고 가축들과 함께 떠나버리는 유목민들의 공간이지요. 동시 에 중국 대륙 남쪽 지역, 월나라 남쪽 지역에는 국가기구와 무 관하게 수렵·채집 생활과 아울러 정착·농경생활을 하는 사회 들이 존재했습니다. 하긴 아열대에 가까운 이 지역에 국가기구 가 작동하기란 힘든 일입니다. 이곳 사람들은 쌀, 밀, 보리, 옥 수수 등 4대 주류 곡식에 사로잡혀 있지 않았습니다. 당연히 거 대하고 획일적인 농지도 필요 없고, 아울러 대규모 인력이 집중

될 일도 없습니다. 더군다나 약탈자가 경작지를 점령해도 빼앗긴 경작지 옆에는 먹거리가 지천에 널린 풍요로운 숲들이 있으니, 이곳 사람들을 지속적으로 지배한다는 것은 생각하기 힘든 일입니다. 강 유역 비옥한 땅이나 오아시스 주변 지역을 벗어나면 척박한 땅이 펼쳐져 그만큼 농경지에 연연했던 정착민들만이 국가의 지배를 감내하는 법입니다. 한마디로 월나라 남쪽 지역은 인력을 동원하거나 세금을 부과하기가 거의 불가능한 곳이었던 겁니다.

장자는 이 모든 상황을 몸소 보았거나 간접적으로 경험한 사람입니다. 정착·농경국가가 강요하는 위계질서로부터 벗어난 공간이 압도적으로 많았다는 것! 구만리 상공을 나는 대붕이 되어 내려다보면, 농경국가는 그야말로 거대한 도화지에 찍힌 작은 점처럼 드물었던 시대입니다. 장자의 소요유는 바로 이 현실과 맞닿아 있었던 겁니다. '시남 선생 이야기'는 바로 이 문맥에서 읽어야 합니다. 국가화가 진행되는 중국 대륙과는 달리 국가기구가 작동하기 거의 불가능했던 곳에서, 특히 월나라 남쪽 상황을 알고 싶은 인류학자나 고고학자가 군침 흘릴 만한 풍경이 펼쳐지니까요. 말은 없지만, 아니 말을 탈 필요 없이 조금만 걷거나 뛰면 예속과 복종 없는 정착생활을 새롭게 시작할 수 있는 곳. 장자의 눈에는 이곳 천하 남쪽이 자유를 꿈꾸는 사람에게는 국가의 길과 유목의 길 사이에서 고민했던 천하의 북쪽보다 상황이 더 나아 보였을 겁니다. 어쩌면 대붕이 북쪽 아득한 곳에서 비상해 남쪽 아득한 곳으로 날아간 것도 이런 이유에서였는지 모릅니다. 이야기는 노나라 군주가 시남 선생에게 자신의 고민을 토로하면서 시작됩니다. 세습으로 노나라 최고 실권자가 되었지만, 노나라 군주는 스트레스가 이만저만이 아니었습니다. 전국시대는 생존을 위한 무한 경쟁의 시대였습니다. 밖으로는 다른 국가들이 노나라를 집어삼키려고 호시탐탐 노리고 있고, 안으로는 다른 귀족들이 자신의 권좌를 엿보고 있었습니다. 조금만 잘못하면 권좌에서 쫓겨나 필부가 되거나 심하면 목숨마저 잃을 위기였던 겁니다. 아무리 "선대 천자들의 통치술을 배우고 선대 군주들의 유업을 닦아 귀신을 공경하고 현인을 존중해도" 위기감이 사라지지 않으니, 노나라 군주의 걱정은 깊어만 갔던 겁니다.

지배하지도 말고 복종하지도 말라

"우환을 없애는 군주의 기술은 얕다"고 평가하며, 시남 선생은 노나라 군주에게 우환을 없애는 근본적인 방법을 제안합니다. 그 핵심은 군주의 지위를 버리라는 것, 지배와 피지배로 구성된 국가기구를 벗어나라는 겁니다. 자신의 입장을 정당화하기 위해 시남 선생은 "풍성한 털의 여우와 아름다운 털의 표범"을 비유로 듭니다. 아무리 조심하고 경계해도 여우나 표범은 인간에게 죽임을 당하고 맙니다. 그들의 털가죽 때문입니다. 사람들은 값비싼 털가죽을 얻기 위해 여우나 표범을 사냥합니다. 결국 여우나 표범은 자기 털가죽을 벗겨내거나 보잘것없게 훼손해야 합니다. 물론 여우나 표범이 그렇게 할 리 없습니다. 마찬가지로 노나라 군주가 국가를 떠나거나 군주라는 지위를 버리는 건 불가능한 일은 아니지만, 여우나 표범이 자기 가죽을 스스로 도려내는 고통을 감내하는 것만큼 힘든 일일 겁니다. 그러나 시남 선생이 제안한 근본 대책은 정확합니다. 국가라는 억압사회가 작동하면 누구나 군주가 되려는 본능을 가지게 됩니다. 자본주의 체제에서 누구나 CEO나 대주주가 되려는 꿈을 꾸는 것과 마찬가지입니다. 시남 선생의 말대로 "노나라는 여우나 표범의 가죽과 같은 것뿐이 아니라" 그 이상으로 귀한 겁니다. 군주의 자리는 모든 허영과 욕망을 실현할 수 있는 희소한 자리니까요. 시남 선생은 노나라 군주에게 군주라는 지위를 버리라고 말합니다. 그래야 노나라 군주는 다른 국가나 혹은 내부 경쟁자들의 사냥감이 될지도 모른다는 걱정으로부터 자유로울 수 있습니다. 그렇지만 "육체를 도려내 가죽을 벗어버리며 마음을 씻어 욕망을 없애버리는" 것은 쉬운 일이 아닙니다. 바로 이 대목에서 시남 선생은 노나라 군주를 격려하기 위해 저 남쪽 멀리에 있는 자유로운 공동체, 지배와 피지배라는 위계질서가 작동하지 않는 공동체를 소개합니다.

바로 '건덕의 국가[建德之國]'로 불리는 마을입니다. '건덕(建德)'은 매력을 세운다는 뜻입니다. 그리고 여기서 국가로 번역한 '국(國)'은 국가기구를 상징하기보다 상형문자 전통대로 목책 등 울타리로 둘러싸인 마을을 가리킨다는 걸 잊어서는 안 됩니다. 시남 선생은 담담히 건덕지국의 매력에 대해 이야기합니다. "일할 줄은 알지만 저장할 줄은 모르고 남에게 무엇을 주고도 대가를 바라지 않습니다. 의무가 어떻게 구분되는지, 예식은 어떻게 수행하는지도 모릅니다. 멋대로 부주의하게 행동하는 것 같지만, 모든 경우에 품격이 있습니다. 살아서는 즐겁고 죽어서는 풍장을 좋아합니다." 이탈리아 정치철학자 로베르토 에스포지토(Roberto Esposito, 1950~)가 강조했던 코무니타스 (communitas) 개념이 연상되는 묘사입니다. 2008년 『정치적인 것의 용어들(Termini della politica)』에서 그는 말합니다. "원래 커뮤니티(community)라는 용어는 근본적으로 다른 의미를 가진다. 기면(common)이라는 말이 사적 소유(one' own)에 대한 반대말이라는 걸 알려면 사전을 넘기는 것으로 충분하다. 커먼은 사적 소유가 아닌 것, 혹은 누구도 사적으로 소유할 수 없는 것이다. 그것은 모두에게 혹은 적어도 다수에게 속하는 것이다. 그러므로 그것은 동일자가 아니라 타자를 가리킨다. 라틴어 코무니타스 (communitas)의 어원을 추적하면, 우리는 이에 대한 증거를 갖게 된다. 이 용어는 다른 사람에 대한 '선물'이나 '의무'를 의미하는 무누스(munus)에서 유래한 말이다." 소수가 부나 권력을 독점하지 않은 곳, 커먼과 무누스가 살아 있는 곳, 지배계급이 없으니 그들이 강요한 의무나 예식이 무력화되는 곳, 대다수가 비굴하지 않고 인간의 품격을 유지하는 곳, 지배와 복종에서 자유롭기에 삶이 누구나 즐거운 곳, 피라미드나 고분을 만들어 지배자의 위엄을 과시하지 않는 곳, 새나 짐승 혹은 벌레에게 시신을 맡기는 곳. 바로 이곳이 코무니타스로서 매력을 세우는 마을입니다. 노나라 군주가 이 코무니타스에 살게 되면, 그의 모든 고민이 봄눈 녹듯 사라지리라는 건 분명합니다. 그렇기에 시남 선생은 거듭 "국가를 떠나 사회를 버리고 길을 친구 삼아 떠나라고" 촉구했던 겁니다.

　노나라 군주는 주저합니다. 사실 그가 원했던 것은 근심 걱정 없이 군주의 자리를 향유하는 것이었으니까요. 애당초 노나라 군주는 권좌에서 내려올 생각이 없는 사람이었습니다. "그곳에 가는 길은 멀고도 험하고 또 강과 산으로 막혔는데, 내게는 수레도 배도 없으니 어찌하면 좋을까요?" 가고는 싶은데 가기 힘들다는 변명이자 핑계입니다. 노나라 군주의 속내를 모를 리 없는 시남 선생이고 장자입니다. 그러나 시남 선생은 우직하게 말합니다. "자신을 드러내지 않고 머물지 않은 것을 배와 수레로 삼으면" 된다고 말입니다. 한마디로 정착민의 허영과 안주가 아니라 유목민의 자유와 모험을 가슴에 품으라는 이야기입니다. 그러나 국가를 버릴 생각이 없는 노나라 군주는 핑계를 대며 다시 빠져나가려 합니다. "내게는 양식도 없어 배고파도 먹을 것이 없는데, 어떻게 그곳에 도달하겠습니까?" 이 정도면 대화를 중단하는 것이 옳지만, 시남 선생은 노나라 군주에게 핑곗거리를 주지 않으려고 합니다. "비용을 적게 쓰고 욕망을 줄이면 비록 양식이 없더라도 풍족할 수 있습니다." 자유로운 공동체, 코무니타스로 가는 데 일체의 핑계를 제거하겠다는 단호한 의지입니다. 국가기구 혹은 지배와 복종 관계는 불가피한 현실이 아니냐는, 혹은 코무니타스는 비용이 너무 많이 드는 것 아니냐는 변명, 2,500년 뒤 우리의 비겁한 변명마저 사전에 막겠다는 장자의 사자후이기도 합니다. 그러나 노나라 군주에게는 어떤 말도 더 이상 의미가 없다는 걸 장자는 잘 압니다. 장자가 자유인의 슬로건을 밝히면서 시남 선생 이야기를 마무리하는 이유입니다. "타인을 소유한 자는 그것에 연루되고, 타인에 소유된 자는 근심이 있게 됩니다. 그러므로 요임금은 타인을 소유하거나 혹은 타인에 소유되지 않으려 했던 겁니다." 누구도 지배하려 하지 말고, 누구에게도 복종하지 말라! 지배와 복종이 없는 코무니타스를 구성하라! 불행히도 시남 선생과 장자의 외침은 공허하게 흩어집니다. 대붕이 훌쩍 날아갔던 그 남쪽 바다, 그 끝은 이렇게 외롭게 방치되고 맙니다. 떠나면 죽을 것 같기에 떠나지 못하고 서서히 죽어가는 사람들! 장자의 안타까움은 이렇게 깊어만 갑니다. 대붕의 한숨입니다.

대다수가 비굴하지 않고 인간의 품격을 유지하는 곳,
지배와 복종에서 자유롭기에 삶이 누구나 즐거운 곳,
피라미드나 고분을 만들어 지배자의 위엄을 과시하지 않는 곳,
새나 짐승 혹은 벌레에게 시신을 맡기는 곳

35

살토 모르탈레
(Salto Mortale)!

날개 이야기

혼적을 끊기는 쉽지만, 땅을 밟지 않기란 어려운 법이네. 인위적인 것에 의해 부려지는 사람은 속이기 쉽지만, 자연적인 것에 의해 부려지는 사람은 속이기 어렵지. 날개가 있는 것이 난다는 것은 들어보았겠지만, 날개가 없이 난다는 것은 아직 듣지 못했을 거야. 앎으로 안다는 것은 들어보았겠지만, 알지 못함으로 안다는 것도 듣지 못했을 거고.

　저 텅 빈 곳을 보게! 빈방에서 밝음이 생기고, 상서로움은 고요함에 머물고 있네. 저 고요하지 않은 상태, 앉아서 달린다고 말하지. 이목을 안으로 통하게 하고 마음에서 앎을 쫓아낸다면, 귀신도 찾아와 깃들 텐데 하물며 사람들은 말해 무엇하겠는가!

「인간세」

絶迹易, 无行地難. 爲人使易以僞, 爲天使難以僞. 聞以有翼飛者矣. 未聞以
无翼飛者也. 聞以有知知者矣, 未聞以无知知者也.
瞻彼闋者! 虛室生白, 吉祥止止. 夫且不止, 是之謂坐馳. 夫徇耳目內通而外
於心知, 鬼神將來舍, 而況人乎!

「人間世」

길보다 더 중요한 걷는 것

장자의 사유를 요약할 수 있는 한마디가 있습니다. "도행지이성(道行之而成)!" 「제물론」 편에 등장하는 이 구절은 '길은 걸어서 이루어진다'는 뜻입니다. 장자의 사유를 때로는 난해하게, 때로는 섬세하게, 혹은 섬광처럼 만드는 원인은 다른 데 있는 것이 아닙니다. 그가 자신의 사유를 '도행지이성'으로 정리했기 때문입니다. 장자의 사유 흐름을 재구성해볼까요? 일단 장자는 이미 만들어진 길에 대해 회의적이라는 건 분명합니다. 주어진 길을 걸으면 도착지는 뻔합니다. 만약 그 도착지가 자유와 사랑의 공동체라면 문제가 없습니다. 그런데 그 도착지가 쓸모를 강요하는 사회, 혹은 쓸모를 증명하지 못하면 버려지는 사회라면 이야기가 다릅니다. 장자의 눈에 제자백가로 불리는 여러 사상가들이 제안한 길은 억압사회나 영토국가에 귀착할 것이 분명했습니다. 한마디로 그들의 도는 지배와 복종의 길이지 자유와 사랑의 길은 아니었던 겁니다. 그래서 장자는 타자를 지배하거나 타자에게 복종하는 길에 발을 내딛지 않으려 합니다. 나아가 그는 자유와 사랑의 길이 가진 숙명을 직감합니다. 그 길은 나를 떠나서 미리 주어져 있지 않기 때문입니다. 아버지가 자유와 사랑의 삶을 살았다 해도 아버지가 걸어서 만든 그 길을 가서는 안 됩니다. 나는 나이고 아버지는 아버지일 뿐입니다. 아버지의 길을 걷는다는 사실 자체가 나의 자유를 심각하게 훼손할 겁니다. 물론 아버지의 길은 내게 도움이 됩니다. 그러나 그것은 도움 아닌 도움입니다. "너는 네 삶을 너의 힘으로 살아가야 한다. 이 아버지도 그랬다. 힘들더라도 너의 길을 만들어야 한다. 내가 나의 길을 만들었던 것처럼. 파이팅!" 놀라운 것은 자기 길을 만드는 데 성공했을 때, 아들은 아버지의 길을 긍정한다는 사실입니다. "내가 아버지였으면 나도 그렇게 살았을 거야."

장자는 넓게는 타자와 소통하는 길, 좁게는 타자를 사랑하는 길을 보여주고 싶었습니다. 그 소통과 사랑의 길은 자유의 길이기도 하다는 걸 장자는 일순간노 잊지 않습니다. 그래서 '도행지이성'이라는 장자의 말이 울림이 있는 겁니다. 아! 도(道)보다 행(行)이, '길'보다는 '걷는다'는 것이 수천수만 배 중요하구나! 중요한 것은 타자를 사랑하는 겁니다. 산에 올라가지 않았지만 산정에 올라가고 싶다는 마음이 먼저 들어야 하기 때문입니다. 등산로가 없더라도 산을 올라가려면 그 마음은 모든 수고를 즐겁게 감당할 정도로 강해야만 합니다. 사랑하는 마음이 그런 마음입니다. 흥미로운 일입니다. 산정의 풍경과 전망이 어떤지 알지 못한 채, 우리는 어떤 희망과 기대를 품고 산에 오르려 하기 때문입니다. 여기서 철학을 뜻하는 필로소피(philosophy)라는 개념이 결정적인 시사점을 줍니다. 필로소피는 '사랑'을 뜻하는 '필로스(philos, φίλος)'와 '앎'을 뜻하는 '소피아(sophia, σοφία)'로 구성된 말입니다. 보통 앎이 먼저이고 사랑이 다음이어서, 철학은 앎에 대한 사랑으로 이해됩니다. 그러나 사랑이 먼저이고 앎은 그다음이라는 해석도 충분히 가능합니다. 우리는 타자를 사랑하기에 타자를 알게 됩니다, 아니 정확히 말해 타자에 대한 사랑이 지속되는 동안 만큼 우리는 그 타자를 이해하려 하는 법입니다.

역으로 말해, 타자를 알았다고 해도 우리는 그 타자를 사랑하지 않을 수도 있습니다. 수학 시험 점수가 높은 학생이 반드시 수학을 좋아하는 것은 아니니까요. 설령 그가 최고의 수학자가 될지라도 그는 불행한 영혼일 뿐입니다.

남의 길을 걷고자 하는 사람이 '타인을 안 다음에 사랑하려는 사람'이라면, 자신의 길을 만들고자 하는 사람은 '타인을 사랑하기에 알게 되는 사람'에 가깝습니다. 어차피 우리는 처음 마주친 타자에 대해 아는 것이 없습니다. 그렇지만 그 타자를 경험한 사람들에 대한 평가 혹은 그 타자에 대한 체제의 정성적이거나 정량적 평가를 우리는 알 수 있습니다. 인간성이 좋다는 지인의 이야기를 듣고 타자를 만날 수도 있고, 아니면 스펙을 확인하고 타자를 만날 수도 있습니다. 그런데 과연 이 경우에 사랑이라는 기적이 탄생할 수 있을까요? 그 반대 경우는 더 소스라칩니다. 주변이나 체제의 평가에 따르다 사랑했을 사람을 놓쳤을 가능성도 있으니까요. 그렇다고 사랑하기에 타자를 알게 되는 경우도 완전한 해피엔딩을 약속하지는 않습니다. 빽빽한 초목을 헤치고 험난한 경사를 이겨내고 산정에 올라갔지만 그곳 풍광은 기대에 못 미칠 수도 있습니다. 풍광이 볼품없다는 걸 알았더라면 분명 그 산을 오르지 않았을 겁니다. 그러나 올라보지 않으면 그 사실을 사전에 미리 알 수는 없는 법입니다. 진정한 앎은 항상 사랑 이후에 오는 것, 사후적인 것이니까요. 산정의 풍광이 좋지 않다면 다시 그 산에 오를 일은 없을 겁니다. 올랐을 때의 풍광이 어떨지 모르지만 아름다운 전망을 기대할 수 있어야 합니다. 그래야 오르기를 반복할 것이고 그에 따라 뚜렷한 등산로가 만들어질 테니까요. 장자는 스스로 걸어 자기 길을 만들기보다 타인이나 체제가 만든 길을 걸으려는 사람들을 안타까워합니다. 남이 사랑하는 걸 사랑하고 남이 싫어하는 걸 싫어한다면, 우리는 앵무새의 삶을 살 뿐 자기 삶을 향유할 수 없을 테니까요. 그러니까 도(道) 혹은 길이 중요한 것이 아닙니다. 중요한 것은 걷는 것, 즉 행(行)입니다.

절벽 너머로 목숨을 건 도약!

걷는다는 것이 무엇인지, 나아가 우리가 어떻게 걸어야 하는지를 장자가 명확히 보여주는 이야기가 「인간세」 편에 있습니다. 바로 '날개 이야기'입니다. 이 이야기는 날개 비유 외에도 그에 버금가는 시적 표현들로 충만합니다. 특히 걸어가는 일이 고독하리라는 느낌을 바로잡으려는 빈방[虛室]의 비유는 매력적입니다. 빈방의 비유로 장자는 우리가 타자에게 가는 과정이 사실 타자가 내게로 오는 과정이기도 하다는 걸 보여줍니다. 사실 이것은 누구나 조금만 생각해도 아는 일입니다. 멀리 있는 미루나무에 한 발 한 발 다가가면 그 나무도 그만큼 조금씩 조금씩 내게 다가올 테니까요. 반면 카프카의 성처럼 우리가 무언가에 다가가면 갈수록 그것들로부터 멀어지는 경우도 있습니다. 이는 우리가 제대로 가고 있지 않아서 생기는 일입니다. 이는 걸어가지 않은 경우보다 더 심각한 상황입니다. 아내와, 남편과, 애인과, 아들과, 딸과 잘 지내려고 노력하지만, 그럴수록 관계가 호전되기는커녕 악화되는 비극적인 상황이지요. 어딘가에 혹은 무언가에 가고 있지만 멀어지기만 한다면, 우리는 더 이상 걷지 말고 멈추어야 할 겁니다. 그리고 다시 천천히, 아주 조금 걸어보면서 내가 가려는 곳이 내게 다가오는지 확인해봐야 합니다. 바로 그 방향입니다. 한 걸음 내가 나아가면 한 걸음 내게 다가오는 타자! 바로 그 방향으로 우리는 길을 만들어가야 합니다. 걸어감과 관련된 이 모든 가능성들! 근사한 시 한 편으로 이 모든 것을 담아낸 것이 바로 날개 이야기입니다. 우리가 시를 음미하듯 아주 천천히, 그리고 아주 민감하게 이 이야기를 다루어야 하는 이유입니다.

한 번도 살아보지 않은 자유로운 공동체일 수도 있고, 알지도 못하면서 사랑하는 타인일 수도 있고, 아니면 완전히 새로운 미지의 세계일 수도 있습니다. 날개 이야기는 그곳, 혹은 그것으로 날아가는 숭고한 장면에 대한 비장한 서사시입니다. 타자성에로의 도약입니다. 여기서 우리는 키르케고르(Søren Aabye Kierkegaard, 1813~1855)의 도움을 받을 필요가 있습니다. 헤겔이 앎과 이성이라는 변증법적 다리를 건너 절대정신, 즉 신에 이르려 했다면, 키르케고르는 그런 다리 자체를 걷어차버립니다. 키르케고르에 따르면 신은 절대적 타자이기 때문입니다. 한마디로 인간이 만든 사다리로는 인간적인 데에만 이를 뿐, 신적인 것에 이를 수 없다는 겁니다. 심연이 가로막고 있는 두 지역을 생각해보세요. 두 곳을 연결하는 다리도 없습니다. 그 한쪽 낭떠러지 끝에 서서 심연 건너편 다른 쪽을 꿈꾸는 한 인간을 떠올려보세요. 1844년 출간된 주저 『불안의 개념(Begrebet Angest)』에서 키르케고르는 우리에게 흥미로운 이야기 하나를 들려줍니다. 그건 절벽 끝에 서 있는 사람이 겪는 '불안(Angest)'의 정체에 대한 흥미로운 분석입니다. 추락할 수도 있는 가능성을 피하려는 본능, 그리고 절벽 밖으로 몸을 의도적으로 던질 수도 있다는 가공할 만한 충동을 동시에 느낍니다. 이 두 가지 마음 상태는 서로를 증폭시킵니다. 뛰어내릴 수도 있다는 충동은 추락에의 공포를 가중시키고, 추락에의 공포는 뛰어내릴 수도 있다는 충동을 전율로 몰고 가니까요. 절벽 끝의 남자에게는 자기 몸을 던질 수도 있는 자유와 절벽 끝에 머물 수도 있는 자유가 주어진 겁니다. "불안은 자유의 현기증"이라는 그의 유명한 말은 이런 문맥에서 가능합니다. 절벽이나 낭떠러지 혹은 고층 건물 옥상 난간에 서면 누구나 느끼는 감정일 겁니다. 몸을 던지지 않겠다고 결정하면 불안은, 떨림은, 현기증은 가라앉습니다. 반대로 몸을 던지겠다고 결정해도 불안은, 떨림은, 그리고 현기증은 가라앉을 겁니다.

두려움, 불안, 현기증에 너무 빠져서는 안 됩니다. 중요한 것은 절벽에 서 있다는 경험이니까요. 심연과 함께 내 앞에 등장한 타자성이 핵심이라는 겁니다. 심연에서 돌아서도 되고 혹은 뛰어도 상관없습니다. 그러나 절벽 끝을 뒤로 두고 자신이 살던 익숙하고 평평한 도시로 돌아온다고 해서 행복해지지는 않는다는 것을 잊지 마세요. 타자를, 그리고 그 사이를 가로막는 심연을 보지 않았으면 그만이지만, 경험했다면 우리는 과거로 되돌아갈 수 없습니다. 그 심연 건너편의 타자는 우리 삶을 그림자처럼 따라 다닐 테니까요. 심연을 회피하는 것보다 심연을 건너려는 선택이 더 쉬운 결정일 수 있는 이유입니다. 할부의 고통보다 일시불의 고통이 더 나은 법이니까요. 살토 모르탈레(Salto Mortale)! 목숨을 건 도약이라는 뜻입니다. 영어로는 '페이탈 리프(fatal leap)'라고 번역되기도 합니다. 다리도 없는데 심연을 가로질러 저편으로 건너뛴다는 이야기입니다. 분명 순간적으로 목숨을 걸어야 하는 힘든 일이지만, 살토 모르탈레는 목숨을 걸지 않아서 생기는 장기적 회한보다는 쉬운 일입니다. 날개 이야기를 시작하면서 장자가 "흔적을 끊기는 쉽다"고 말한 이유입니다. 절벽 끝에 이른 발자국은 남아 있지만 그 끝에서 되돌아 나온 발자국이 없다면, 우리는 그 누군가가 심연으로 추락했거나 아니면 심연 너머 저편으로 날아갔다는 걸 알게 됩니다. 그러고는 짐작할 겁니다. 누군가 목숨을 건 도약을 했다고, 누군가 두려움 속에 자신이 밟고 있던 이편 절벽 끝에서 발을 뗐다고 말입니다. 그러나 심연을 건너기로 선택한 순간 그의 불안은, 그의 떨림은, 그의 현기증은 안개가 걷히듯 사라집니다. 편안함이, 안정감이, 그리고 명료함이 그 자리를 대신할 겁니다. 겉보기에 치명적인 듯 보이는 도약이, 도약한 사람에게는 경쾌한 도약이었다는 것을 잊어서는 안 됩니다.

날개도, 앎도 버리고 뛰어라

심연을 건너 저쪽으로 도약하는 데 성공했다고 모든 일이 끝나는 것은 아닙니다. 그에게는 단지 미지의 땅이 열린 셈이니까요. 방금 착지한 저편 가장자리에서부터 그는 앞으로 걸어가야 합니다. 장자가 "땅을 밟지 않기란 어려운 법"이라고 말한 이유입니다. 하늘로 상승하는 종교적이고 형이상학적인 수직적 초월이 아니라 문맥에서 문맥으로 수평적으로 이루어진 '포월'입니다. 포월(匍越)은 글자 그대로 '기어서[匍]' '넘어간다[越]'는 뜻입니다. 심연 저쪽에서도 삶은 새롭게 시작됩니다. 자유로운 공동체에서의 삶일 수도 있고, 사랑하는 타인과의 삶일 수도 있습니다. 그렇지만 제삼자가 보았을 때 여전히 치명적인 것으로 보이고, 도약을 감행한 자에게는 경쾌했던 그 도약이 중요합니다. 바로 장자가 이쪽과 저쪽을 갈라놓았던 심연 앞으로 우리를 다시 데려가는 이유입니다. "인위적인 것에 의해 부려지는 사람은 속이기 쉽지만, 자연적인 것에 의해 부려지는 사람은 속이기 어렵지." 이익을 따르고 손해를 피하려는 사람, 죽음을 무서워하고 삶에 연연하는 사람은 결코 살토 모르탈레를 시도할 수 없습니다. 그렇지만 살토 모르탈레에 몸을 맡긴 사람의 경우 이익과 손해 혹은 죽음과 삶으로 그의 도약을 막을 수는 없습니다. 이미 손해도, 그리고 죽음마저 감수한 사람이니까요. 그는 진정으로 좋아하는 곳, 진정으로 사랑하는 것을 발견한 사람입니다. 타자의 욕망이 아니라 자기 욕망을 되찾은 사람입니다. 장자가 말한 "자연적인 것에 의해 부려지는 사람"입니다. 사랑에 빠진 사람에게 이익과 손해, 혹은 죽음과 삶은 안중에도 없습니다. 그는 사랑을 위해 죽음마저 감수할 테니까요. 사랑의 대상이 사람이든 사물이든 새로운 삶이든 자유로운 공동체든 간에 상관없이 말입니다.

마침내 날개 이야기는 장자가 '날개 없이 날기[以无翼飛]'와 '알지 못함으로 알기[以无知知]'를 말하면서 정점에 이릅니다. 인간에게 심연을 건너뛴다는 것은 불안과 편안함, 떨림과 안정감, 혹은 현기증과 명료함이 교차하는 절체절명의 순간입니다. 인간에게는 심연을 건널 수 있는 날개가 없기 때문입니다. 반면 날개를 가진 새에게 인간이 목숨을 걸고 뛰는 그 심연은 심연도 아닙니다. 가벼운 날갯짓 한두 번으로 훌쩍 건너면 그만이니까요. 그러니까 날개도 없이 난다는 것이 비범하고 위대하다는 겁니다. 대붕 이야기에는 곤이라는 거대한 물고기가 붕이라는 새가 되는 극적인 장면이 묘사되어 있습니다. 곤이 날개가 없는 물고기였다는 사실에 주목해야 합니다. 그러나 곤은 물에서 물 바깥으로 목숨을 건 도약을 단행합니다. 물속의 모든 편안함을 버려야 가능한 일입니다. 바이칼 호수로 추정되는 북쪽 바다, 즉 북명(北冥)의 수면은 얇은 평면에 불과했지만, 곤에게 그건 수만 리의 심연과도 같았던 셈입니다. 이렇게 곤은 날개 없이 날았고, 마침내 그 도약에 걸맞은 날개가 생긴 겁니다. 대붕은 이렇게 탄생합니다. '알지 못함으로 알기'도 마찬가지입니다. 그 여자를 혹은 그 남자를 제대로 알지 못하면서도 사랑에 빠진 사람이 그 여자나 그 남자를 알아가는 장면을 떠올리는 것으로 충분할 겁니다. 이미 알고 있는 나라로 가는 것과 미지의 나라로 가서 그 나라를 알아가는 것, 혹은 타자를 가르치려고 하는 것과 타자로부터 배우려는 것은 질적으로 다릅니다. 장자의 위대함입니다. 키르케고르가 살토 모르탈레를 독자들에게 알려주려고 여러 권의 책과 에세이를 쓸 때, 장자는 '날개 없이 날기'와 '알지 못함으로 알기'라는 시적 표현으로 삶과 사랑, 그리고 앎의 도약을 인상적으로 포착하니까요.

심연을 건너기로 작정한 사람을 다시 떠올려보세요. 그는 가장 먼저 무엇을 할까요. 이쪽 절벽 끝에서 저쪽 절벽 끝으로 뛰려면, 혹은 그 도약의 성공 가능성을 높이려면, 우리는 무엇을 해야 할까요? 가지고 있는 짐을 최소화해야 합니다. 무거운 배낭뿐만 아니라 두꺼운 외투마저 버리고 가벼움과 경쾌함을 얻어야 합니다. 내 앞을 가로막고 있는 심연은, 심연 건너편 저쪽은 우리에게 명령을 내립니다. "네가 내게로 오려면 거의 모든 것을 버려야 한다"고! 바로 여기서 '날개가 없음'을 뜻하는 '무익(无翼)'과 '알지 못함'을 뜻하는 '무지(无知)'가 '날개를 없앰'과 '앎을 없앰'이라는 적극적이고 능동적인 의미로 심화됩니다. 날개나 앎마저 없애야 가벼움을 얻을 수 있다는 장자의 투철함입니다. '없앰'을 뜻하는 '무(无)'라는 글자는 곧바로 우리를 '비움'을 뜻하는 허(虛)라는 글자에 이르게 합니다. "저 텅 빈 곳을 보게! 빈방에서 밝음이 생기고, 상서로움은 고요함에 머물고 있네." 이사 경험을 떠올려보세요. 온갖 가재도구를 트럭에 다 실은 뒤 텅 빈 집에 마지막 인사를 하러 들릅니다. 좁고 어둡다는 느낌이 사라지고 상당히 넓고 밝다는 느낌이 들어 놀라기 쉽습니다. 사실 밝음은 계속 있었던 상태인지도 모릅니다. 단지 집 안의 가재도구와 인공조명이 그걸 막고 있었던 겁니다. 어쩌면 그냥 집 안을 채운 것들을 비워내서 밝음이 생겼다고 이해해도 좋습니다. 과거 방 안을 가재도구로 채우고, 또 그에 어울리는 무엇을 더 채울까 고민하던 분주함, 장자의 말대로 "앉아서 달리던[坐馳]" 분주한 상태가 아득하기만 합니다. 지금 빈집에 가득한 밝음은 고요하기만 합니다. 얼마나 고요한지 햇빛 사이로 먼지들이 부드럽게 부유하며 상서로운 느낌마저 듭니다. 무언가 새것이 들어올 것만 같은 그런 느낌입니다. 장자는 말합니다. "이목을 안으로 통하게 하고 마음에서 앎을 쫓아낸다면, 귀신도 찾아와 깃들 텐데 하물며 사람들은 말해서 무엇하겠는가!" 이목이 안으로 통한다는 것은 마음이 비워져야 가능합니다. 가재도구로 가득 차 있으면 방 안을 제대로 볼 수 없는 것과 마찬가지입니다. 비움의 힘입니다. 비웠기에 무언가 들어올 수 있습니다. 날개마저 무겁다고 없애버리고 저쪽으로 도약할 때, 저쪽은 그만큼 내게 가까워지는 법입니다.

36

두 다리의 변증법

뒤처진 양 이야기

전개지(田開之)가 주(周)나라 위공(威公)을 만났다.

위공이 말했다. "나는 축신(祝腎)이 살아가는 방법을 배웠다고 들었습니다. 선생께서는 축신과 함께 배웠다는데 어떤 얘기를 들으셨는지요?"

전개지가 말했다. "저는 비를 들고서 뜰 앞에서 시중을 들었을 뿐이니 스승님으로부터 무엇을 들었겠습니까?"

위공이 말했다. "선생은 너무 겸손하시네요. 나는 듣고 싶습니다."

전개지가 말했다. "저는 스승님께서 '양생을 잘하는 사람은 양을 치는 것과 같아서, 그중 뒤처진 놈을 발견하여 채찍질을 하는 것'이라고 말씀하신 걸 듣기는 했습니다."

위공이 말했다. "무슨 뜻인가요?"

전개지가 말했다. "노(魯)나라에 선표(單豹)라는 사람이 있었는데, 바위 굴 속에 살고 골짜기 물을 마시며 민중들과 이익을 함께하지 않았습니다. 그래서인지 나이가 70세가 되어도 어린아이 같은 안색을 가질 수 있었습니다. 그럼에도 불행하게 굶주린 호랑이를 만나 그 호랑이에게 잡아먹혀버렸습니다. 또 장의(張毅)라는 사람이 있었는데, 높은 문을 가진 귀족의 집이든 문 대신 발을 사용하는 민중의 집이든 달려가지 않은 곳이 없었습니다. 그러나 나이 40세에 몸 안의 열병으로 죽어버렸습니다. 선표는 그의 안을 길렀으나 호랑이가 그의 바깥을 잡아먹어버렸습니다. 장의는 그의 바깥을 길렀지만 병이 그의 안을 공격했습니다. 이 두 사람은 모두 그중 뒤처진 놈을 채찍질하지 않은 겁니다."

「달생」

田開之見周威公.

威公曰, "吾聞祝腎學生. 吾子與祝腎游, 亦何聞焉?"

田開之曰, "開之操拔篲以侍門庭, 亦何聞於夫子?"

威公曰, "田子無讓. 寡人願聞之."

開之曰, "聞之夫子曰, '善養生者, 若牧羊然, 視其後者而鞭之.'"

威公曰, "何謂也?"

田開之曰, "魯有單豹者, 巖居而水飲, 不與民共利. 行年七十而猶有嬰兒之色. 不幸遇餓虎, 餓虎殺而食之. 有張毅者, 高門縣薄, 無不走也. 行年四十而有內熱之病以死. 豹養其內而虎食其外. 毅養其外而病攻其內. 此二子者, 皆不鞭其後者也."

「達生」

헤겔의 변증법과 장자의 변증법

헤겔의 트레이드마크는 변증법입니다. 헤겔은 변증법을 인간의 사유나 인간 바깥의 세계가 발전하는 법칙이라고 생각했습니다. 구체적으로 말하자면 모든 것은 정(正, these), 반(反, antithese) 그리고 합(合, synthese)이라는 세 박자로 발전한다는 이야기입니다. 『법철학 강요(Grundlinien der Philosophie des Rechts)』에서 헤겔은 남편, 아내, 자녀를 정, 반, 합의 사례로 사유한 적이 있습니다. 외모만 보아도 자녀는 아버지와 어머니의 특징을 묘한 비율로 닮습니다. 바로 이것이 지양(止揚, Aufheben)입니다. 아이의 외모는 아버지의 특징과 어머니의 특징을 극복하지만 동시에 보존하고 있으니까요. 그러나 삼박자로 작동하는 변증법 운동은 가족을 넘어서 모든 것에 적용됩니다. 먼저 이론과 실천의 관계를 생각해보세요. 우선 현실에 대한 어떤 이론이 있습니다. 이것이 '정'입니다. 이 이론을 구체적 현실에 적용하는 검증이나 실천이 '반'입니다. 검증이나 실천의 결과로 처음 이론은 현실을 더 잘 반영한 새로운 이론으로 발전할 겁니다. 실천적 이론이자 이론적 실천은 이렇게 만들어집니다. 이것이 바로 '합'이죠. 이론과 실천이 유기적으로 결합되었으니까요. 이렇게 새롭게 만들어진 이론은 '합'이면서 동시에 새로운 '정'이 되어 다시 삼박자의 변증법적 운동을 시작합니다. 현실을 완전히 파악한 최종적이고 절대적인 이론이 만들어질 때까지 삼박자 운동은 계속됩니다. 헤겔 이후 변증법은 이론과 실천 사이의 관계뿐만 아니라 존재와 무, 삶과 죽음, 이상과 현실, 주체와 타자, 마음과 몸, 이성과 감성 등 얼핏 대립적으로 보이는 거의 모든 관계에 도식적으로 적용됩니다. 바로 이 대목에서 장자 사유의 특이성이 부각됩니다. 변증법의 도식을 빌린다면, 장자의 변증법은 두 다리 이미지로 이해될 수 있거든요. "길은 걸어서 이루어진다"는 뜻의 「제물론」편의 슬로건 "도행지이성"을 떠올린다면, 장자의 변증법은 '걸어감', 즉 '행(行)'의 변증법이라고 해도 좋습니다. 하긴 제대로 그리고 오래 걸으려면 두 다리가 강건해야 하는 법이죠.

헤겔의 변증법은 가족 이미지에 지배됩니다. 가족 변증법이라고 불러도 좋습니다. 이와 달리 장자의 변증법은 두 다리의 변증법입니다. 두 다리로 걸어 앞으로 나아가는 모습을 떠올려 보세요. 첫째, 장자의 두 다리 변증법은 정과 반을 어느 하나에 우선성을 부여할 수 없는 동등한 계기로 봅니다. 오른다리를 먼저 내딛는지 아니면 왼다리를 먼저 내딛는지는 걸음에서 별로 중요한 게 아니죠. 알기에 실천할 수도 있고, 실천했기에 알 수도 있다는 이야기입니다. 장자에서는 '알고 실천하고 알고 실천하고 알고…… 등등'의 계열을 선택하는 것은 '실천하고 알고 실천하고 알고…… 등등'의 계열을 따르는 것과 동등한 가치를 가지거든요. 이것은 정에 우선성을 부여하는 헤겔과는 다른 측면이지요. 둘째, 장자에게 있어 합은 최종 목적이 아닙니다. 합은 정의 계기가 움직이며 반의 계기와 순간적으로 겹치는 지점일 따름입니다. 걸음의 메커니즘은 단순합니다. 앞에 오른다리가 놓여 있을 때 뒤에 있던 왼다리를 들어 올립니다. 이어서 원래 오른다리가 있던 곳보다 더 앞에 왼다리를 놓습니다. 이 과정에서 왼다리가 오른다리를 순간적으로 스치고 지나가죠. 장자에게 합이 있다면 바로 이 순간적인 교차 지점과 다름없습니다. 반대로 생각해보세요. 만약 왼다리가 오른다리 옆에 나란히 있어 움직이지 않는다면, 우리는 걸음을 멈춘 겁니다. 혹은 두 다리가 교차하지 않고 나란히 있는 상태로 우리가 앞으로 나아간다면, 우리는 중국영화 속 강시처럼 기이하게 통통거리며 앞으로 나아가고 있는 거겠죠. 동아시아 사유의 상투어 '지행합일(知行合一)'이 장자에게는 조롱거리에 지나지 않은 것도 이런 이유에서입니다. 오른다리와 왼다리를 밧줄로 묶으면 걷지 못하거나 아니면 강시처럼 통통거리며 간신히 앞으로 나아갈 수 있을 테니까요.

두 다리 변증법이 가진 힘을 제대로 맛보려면, 비정상적인 걸음을 생각해보는 것으로 충분합니다. 먼저 생각해볼 것은 깽깽이걸음으로 걷는 걸음입니다. 왼다리를 들고 오른다리로만 나아가거나 반대로 오른다리를 들고 왼다리로만 나아가는 겁니다. 이론과 실천을 생각해보죠. 계속 이론적 작업을 하는 사변적 지식인이나 이론을 무시하고 즉흥적으로 행동하는 활동가가 있을 수 있습니다. 헤겔이라면 한 다리로는 앞으로 나아갈 수 없다고 이야기할 테지만, 장자는 그렇게 이야기하지 않을 겁니다. 깽깽이걸음으로도 우리는 앞으로 나아갈 수 있습니다. 문제는 깽깽이걸음은 느릴 뿐 아니라 지속하기 어렵고, 심지어 멀리 갈 수 없다는 데 있습니다. 부족하지만 이론만 추구해도 우리 삶은 나아질 수 있고, 실천만으로도 우리 삶은 나아질 수 있다는 것! 깽깽이걸음으로 걷는 것이 아예 걷지 않는 것보다 낫다는 것!

장자 사유의 섬세함과 넓이입니다. 다음으로 생각해볼 것은 오른다리는 움직이지 않고 왼다리만 꼬물꼬물 앞으로 움직이거나 반대로 왼다리는 고정하고 오른다리만 앞으로 움직이는 경우입니다. 사타구니가 유연하다면 체조선수처럼 오른다리와 왼다리가 180도로 벌어져 바닥에 붙게 될 겁니다. 이럴 때 더 이상 앞으로 가는 건 불가능하죠. 깽깽이걸음이든 스트레칭하듯 한 다리만 앞으로 쭉 내미는 것이든 정상적이고 건강한 걸음만큼 앞으로 나아갈 수 없다는 건 분명합니다. 「달생」 편에 있는 '뒤처진 양 이야기'로 장자가 말하고자 했던 게 바로 이것입니다. 뒤처진 양은 깽깽이걸음으로 걸을 때 들고 있는 다리나 아니면 뒤에 처져 조금도 움직이지 않는 다리를 상징하니까요.

굶주린 호랑이에 잡아먹힌 선표

뒤처진 양 이야기는 주나라 위공(威公)의 고민으로부터 시작됩니다. 한때 천자 국가로 위세를 떨쳤지만, 이제 주나라는 침몰하는 배와 같은 처지였습니다. 그 어떤 제후국도 주나라를 어려워하지 않았죠. 당연히 침몰하는 배에 타고 있는 사람들은 자신의 삶을 걱정하게 됩니다. 비록 제후국 군주를 뜻하는 '공(公)'이라는 호칭을 갖고 있지만, 사실 위공은 실제로 약소국으로 전락한 주나라로부터 보잘것없는 식읍(食邑)을 받은, 그야말로 작은 귀족이었습니다. 노동하지 않아도 세입으로 생계를 유지할 수 있는 땅이 식읍입니다. 먹이가 되는 그 작은 땅마저 잃어버릴 위기가 닥치자, 주나라 귀족이었던 위공이 전개지의 바짓가랑이를 붙들고 있는 겁니다. 어떻게 하면 생명의 위협에서 벗어날 수 있을지 그 비법을 듣고 싶었던 거죠. 사실 작은 땅 때문에 목숨을 거는 것은 정말 어리석은 일입니다. 주나라가 침몰하면 죽을 수 있는데도 위공은 그 작은 땅에 연연합니다. 그는 식읍으로 받은 땅이 없으면 생계도 유지할 수 없는 무능한 사람이었습니다. 바로 이것이 전개지가 위공과 말을 섞지 않으려 했던 이유입니다. "저는 비를 들고서 뜰 앞에서 시중을 들었을 뿐이니 스승님으로부터 무엇을 들었겠습니까?" 그럴수록 눈치 없는 위공은 더 간절하게 전개지의 조언을 갈구합니다. 마침내 전개지는 이 불쌍한 귀족이 결코 이해하거나 실천하기 힘든 이야기를 하기 시작합니다. "저는 스승님께서 '양생을 잘하는 사람은 양을 치는 것과 같아서, 그중 뒤처진 놈을 발견하여 채찍질을 하는 것'이라고 말씀하신 걸 듣기는 했습니다."

전개지와 그의 스승이 유목의 경험에서 삶의 지혜를 얻었다는 사실이 흥미롭습니다. 양 떼를 몰고 유목을 할 때 뒤처지는 양이 생길 수 있습니다. 그러면 목초지나 물가로 이동해야 하는 양 떼 대열이 느슨해져서 목동이 제대로 통제하기가 어렵죠. 느슨해진 대열을 틈타 늑대가 공격을 시도할 수도 있고, 아니면 양들 몇 마리를 잃어버릴 수도 있습니다. 오른다리, 왼다리, 오른다리, 왼다리 순으로 걷는 것처럼 양들은 전체적으로 앞서거니 뒤서거니 하며 나아가야만 합니다. 그래야 목초지나 물가로 신속하게 이동할 수 있습니다. 장자의 두 다리 변증법을 떠올려보세요. 뒤처졌던 양이 제일 앞으로 오고, 그에 따라 제일 앞섰던 양은 뒤로 가야 합니다. 앞섰던 양이 계속 앞서는 건 뒤처진 양이 계속 뒤처지는 것만큼 위험한 일이죠. 그러니까 지속적으로 뒤처지는 양을 채찍질해서 앞으로 보내는 건 양 떼를 돌봐야 하는 목동의 핵심 임무입니다. 침몰하는 주나라를 위공이 떠나지 못하게 하는 건 무엇일까요? 그건 위공의 식읍일 겁니다. 그러나 식읍은 양처럼 이동할 수 없습니다. 마치 늙고 병들어 걷지 못하는 양과 같습니다. 그렇다면 미련을 갖지 말고 버리고 떠나야 합니다. 잘못하면 위공 자신의 목숨뿐만 아니라 그의 가족들 혹은 그의 귀중품들마저 모조리 잃을 수 있으니까요. 유목의 비유로 전개지는 자신이 하고 싶었던 이야기를 다 한 셈입니다. 그러나 역시 위공은 안목이 좁은 귀족이었죠. 비유는 비유일 뿐인데, 위공은 "양생을 잘하는 사람은 양을 치는 것과 같아서, 그중 뒤처진 놈을 발견하여 채찍질을 하는 것"이라는 말에 천착합니다. 전개지로서는 짜증 날 만한 상황이지만, 이미 쏟아진 물입니다.

이제 논의의 주제는 비유의 의미로 이행하고 맙니다. 독자로서는 다행스러운 일입니다. 유목의 경험에서 얻을 수 있는 삶의 지혜를 더 생생하고 풍성하게 접할 기회를 얻게 되었으니까요. 전개지는 뒤처진 양에 채찍질을 하지 못해 양 떼를 돌보는 데 실패한 두 가지 사례를 이야기합니다. 선표라는 사람의 사례와 장의라는 사람의 사례인데요. 먼저 선표라는 실패한 목동의 사례를 살펴보죠. 그는 "바위 굴 속에 살고 골짜기 물을 마시며 민중들과 이익을 함께하지 않았습니다. 그래서인지 나이가 70세가 되어도 어린아이 같은 안색을 가질 수 있었습니다." 선표는 지배와 복종의 억압사회를 떠나 자유를 구가하는 삶을 영위합니다. 한마디로 그는 자연인으로 수렵과 채집 생활을 영위했던 겁니다. 당연히 그는 세금뿐만 아니라 징집이나 강제노역에서도 자유롭습니다. 주변에 먹을 게 지천이니 굶주릴 이유도 없고 복종의 스트레스도 없습니다. "70세가 되어도 어린아이 같은 안색을 가졌다"는 건 그만큼 그가 육체적으로나 정신적으로 평안하고 강건했다는 걸 말해줍니다. 그러나 불행히도 그는 억압사회를 떠나서 자유로운 공동체를 만들지 않았죠. 인간이 모이면 무조건 억압과 복종 관계가 만들어진다고 속단했던 것으로 보입니다. 그러나 70세가 되면서부터 강건했던 그도 노쇠해질 수밖에 없죠. 그가 "굶주린 호랑이에게 잡아먹혀버린" 것도 이런 이유에서입니다. 20년 아니 10년만 젊었어도 그는 활이나 칼 혹은 나무 몽둥이로 충분히 호랑이를 쫓아낼 수 있었을 겁니다. 아니 반대로 호랑이든 맹수를 가볍게 쫓아낼 수 있었기 때문에 70세까지 자연 속에서 홀로 당당히 살 수 있었다고 할 수 있죠.

장의의 분투와 자유로운 공동체

────

두 번째 실패한 목동은 장의입니다. 억압사회든 무엇이든 그는 인간 공동체의 필요성을 긍정했던 사람입니다. 이것이 그가 공동체의 문제에 헌신적으로 뛰어들었던 이유죠. 홀로 자연 속에서 사는 것보다는 억압사회라도 인간은 공동체 생활을 해야한다는 게 그의 근본 입장이었습니다. 모여서 살지 않으면 인간은 맹수든 홍수든 산불이든 삶을 위협하는 압도적 자연 앞에서 무기력할 테니까요. 그가 "높은 문을 가진 귀족의 집이든 문 대신 발을 사용하는 민중의 집이든 달려가지 않은 곳이 없었던" 것도 이런 이유에서입니다. 지배계급의 착취가 심해지면 그들에게 달려가 피지배계급을 아껴야 한다고 간곡히 설득하고, 착취에 시달리는 피지배계급이 있으면 달려가 그들에게 쌀 한 포대라도 주었던 장의였습니다. 그러나 그가 살고 있는 곳은 억압의 사회이자 허영의 사회입니다. 지배계급은 결코 착취를 포기하지 않습니다. 간혹 피지배계급에게 관개사업이나 세금 감면등 재분배 조치를 시행해도, 그것은 그들의 저항을 미리 방지하거나 수탈을 강화하기 위해서입니다. 피지배계급은 지배계급의 폭정을 원망해도 그들의 내면에는 자신도 지배계급이 되어 편하게 살고 싶은 욕망이 꿈틀거립니다. 그렇다고 장의 혼자서는 억압사회를 자유로운 공동체로 만들기에는 역부족이었습니다. 장의의 고뇌는 깊어만 갔고, 스트레스가 그를 갉아먹기 시작하죠. 마침내 그는 "나이 40세에 몸 안의 열병으로 죽어버리게" 됩니다. 장의는 자신이 살고 있는 공동체 바깥에, 다시 말해 천하 바깥에 자유로운 공동체의 전통이 있다는 걸 몰랐습니다. 대붕처럼 안목이 넓었다면, 그는 천하의 북쪽 유목 공동체나 천하의 남쪽에 국가 없는 사회가 있다는 걸 알았을 겁니다. 당연히 그는 그곳으로 떠났겠죠. 그곳에서 장의는 아무런 스트레스도 받지 않고 자유로운 공동체를 향유했을 테니 40세 나이로 죽을 이유도 없었을 겁니다.

실패한 목동의 두 사례, 선표와 장의 일화는 극적일 만큼 흥미진진합니다. 이야기를 마치면서 전개지는 위공의 궁금증을 해소하는 마지막 멘트를 던집니다. "선표는 그의 안을 길렀으나 호랑이가 그의 바깥을 잡아먹어버렸습니다. 장의는 그의 바깥을 길렀지만 병이 그의 안을 공격했습니다. 이 두 사람은 모두 그중 뒤처진 놈을 채찍질하지 않은 겁니다." 아마도 위공은 전개지의 논평으로부터 마음만 수양해서도 안 되고 몸에만 신경 써서도 안 된다는 가르침을 얻을 겁니다. 몸과 마음이 모두 건강해야 한다는 너저분한 이해죠. 그러나 선표는 몸을 돌보지 않아서 죽었고, 장의는 마음을 돌보지 않아서 죽었다는 피상적인 이해에만 머물러서는 안 됩니다. 선표가 죽은 이유는 그가 자유의 공동체든 억압의 공동체든 상관없이 공동체 일반을 부정했기 때문이고, 반면 장의가 죽은 이유는 그가 자유의 공동체든 억압의 공동체든 상관없이 공동체 일반을 긍정했기 때문입니다. 결국 선표는 자유의 공동체를 구성해야 했고, 장의는 억압의 공동체를 떠나야 했습니다. 이제 선표라는 목동이 채찍질해야 하는 뒤처진 양이 분명해집니다. 그건 공동체를 혐오하는 그의 마음이었습니다. 동시에 장의라는 목동이 채찍질해야 하는 뒤처진 양은 억압의 공동체라도 긍정하는 그의 마음이었던 겁니다. 이제 선표가 길렀던 "그의 안"과 장의가 길렀던 "그의 바깥"이 무엇인지 분명해집니다. 선표의 "안"이 자유로운 개인이었다면, 장의의 "바깥"은 억압의 공동체였습니다. 여기서 목동은 사라지고 선표나 장의가 모두 양이었다는 사실이 드러납니다. 선표는 무리를 떠난 고독한 양이었고, 장의는 목동의 채찍질에 노출된 불행한 양이었던 겁니다. 선표라는 양은 고독한 개인의 삶을 떠나 자유의 공동체에 들어가야 하고, 장의라는 양은 억압의 공동체를 떠나 자유의 공동체에 합류했어야 합니다.

뒤처진 양 이야기는 문제적 일화입니다. 선표와 장의의 사례는 전개지의 마지막 논평을 넘어서는 폭발력이 있기 때문입니다. 어쩌면 전개지의 마지막 논평은 불쌍한 귀족 위공의 이해를 대변하는지도 모릅니다. 그러나 선표가 몸을 돌보지 않아서 죽은 게 아니고 장의가 마음을 돌보지 않아서 죽은 게 아니죠. 선표는 공동체 없이 홀로 있어서 죽었고, 장의는 억압의 공동체에서 고군분투하느라 죽은 게 분명하니까요. 여기서 한 가지 주목해야 할 게 있습니다. 그건 장자가 장의의 삶보다 선표의 삶에 그나마 손을 들어준다는 사실입니다. 장의는 40세에 죽고 선표는 70세에 죽었죠. 이것은 억압의 공동체에 있는 것보다 좌우지간 떠나는 게 낫다는 상징일 수 있습니다. 결국 선표가 억압의 공동체를 떠난 건 옳았습니다. 그러나 불행히도 선표는 자유와 사랑으로 서로를 보듬어줄 공동체를 만들거나 아니면 그런 곳을 찾아 떠나지 못했습니다. 늙은 선표를 위해 기꺼이 몽둥이를 들 수 있는 이웃이나 젊은이들이 있었다면, 그는 아마 80세까지 아니면 90세까지 살다가 편히 임종을 맞았을 겁니다. 40세에 죽고 싶다면 억압사회에 남아라! 70세까지 살고 싶다면 자유로운 개인의 삶을 살아라! 70세 이상 살고 싶다면 자유로운 개인들의 공동체를 만들어라! 뒤처진 양 이야기에 들어 있는 선표라는 양과 장의라는 양은 우리에게 장자의 은밀한 가치평가를 보여쭙니다. 이제야 포식자에 노출된 고독한 한 마리 양도 아니고 목동의 채찍질에 노출된 양 떼가 아닌, 야생의 양 떼가 우리 눈에 들어옵니다. 동료들이 뒤처지지 않게 기다려주는 야생 양 떼! 동료들의 이동을 지체하지 않으려 노력하는 야생 양 떼! 건장하고 날래다고 동료들보다 앞서지 않는 야생 양 떼! 우리는 누구도 지배하지 않고 누구에게도 복종하지 않으려고 스스로 약동하는 야생 양이 되어야 하는 건 아닐까요? 뒤처진 양 이야기는 은밀하게 묻습니다. 어쨌든 걸어감의 변증법을 지탱하는 두 다리가 이제 분명히 보입니다. 개인과 공동체, 더 정확히 말해 자유와 사랑이 아니라면 우리는 삶을 제대로 살아낼 수 없습니다. 자유로서 사랑해야 하고, 사랑으로 자유로워져야 하는 길! 장자가 걸었던 길입니다.

4부

바람 부는 곳으로

37

문턱에서 길을 보며

도추 이야기

'사물 중 저것 아닌 것이 없고, 사물 중 이것 아닌 것이 없다. 스스로를 저것이라고 여기면 (이것은) 드러나지 않고, 스스로를 이것이라고 여기면 (저것을) 알게 된다. 그러므로 저것은 이것으로부터 나오고, 이것 또한 저것에 따른다고 말한다.'

저것과 이것이 동시에 생긴다는 견해다.

비록 그렇다 할지라도 동시에 생기는 것은 동시에 죽는 것이고 동시에 죽는 것은 동시에 생긴 것이며, 동시에 허용되는 것은 동시에 허용되지 않는 것이고 동시에 허용되지 않는 것은 동시에 허용되는 것이다. 옳음을 따르는 것이 그름을 따르는 것이고 그름을 따르는 것이 옳음을 따르는 것이다. 그러므로 성인은 (저것과 이것이 동시에 생긴다는 견해를) 따르지 않고 사물을 '자연스러움〔天〕'에서 비추어 보는데, 이 또한 인시(因是)다.

이것은 또한 저것이고, 저것은 또한 이것이다. 저것 또한 하나의 시비(是非)고, 이것 또한 하나의 시비다. 그렇다면 저것과 이것은 진실로 존재하는 것일까? 아니면 존재하지 않는 것일까? 저것과 이것이 자기 짝을 얻지 않는 경우를 '길의 지도리〔道樞〕'라고 부른다. 지도리는 처음부터 그 '원의 중앙〔環中〕'을 얻어야 무한한 것에 대응한다. 그렇게 되면 옳음도 하나의 무한이 되고, 그름도 하나의 무한이 된다.

「제물론」

'物無非彼, 物無非是. 自彼則不見, 自是則知之. 故曰彼出於是, 是亦因彼.'
彼是方生之說也.

雖然, 方生方死, 方死方生, 方可方不可, 方不可方可. 因是因非, 因非因是.
是以聖人不由, 而照之於天, 亦因是也.

是亦彼也, 彼亦是也. 彼亦一是非, 此亦一是非. 果且有彼是乎哉? 果且無彼
是乎哉? 彼是莫得其偶, 謂之道樞. 樞始得其環中, 以應無窮. 是亦一無窮.
非亦一無窮也.

「齊物論」

장자의 문

장자의 전언은 논리적이기보다 상당히 직관적입니다. 철학자
보다는 문학가에 가깝다는 인상이 드는 것도 이런 이유에서입
니다. 우리의 사유에 충격을 가하는 이야기들 혹은 우리의 가슴
을 뒤흔드는 이야기들을 만드는 장자의 상상력과 구성력은 그
야말로 압권입니다. 그렇지만 「제물론」 편을 보면 우리는 장자
가 최고 수준의 문학가일 뿐만 아니라, 추상적 개념을 능숙하
게 다루는 일급의 철학자라는 걸 확인하게 됩니다. 철학적 재능
을 뽐내는 장자의 이야기는 「제물론」 편에 집중되어 있을 뿐, 전
체적으로 보면 얼마 되지 않습니다. 장자의 이야기들은 대부분
『이솝우화』처럼 누구나 쉽게 알 수 있는 일화로 이루어져 있습
니다. 물론 일화들은 독자에 따라 다르게 이해될 수밖에 없습니
다. 마치 시와 같죠. 시인이 독자들과의 만남을 가질 때가 있습
니다. 젊은 독자 한 명이 그 시인의 시 한 편을 언급하며 말합니
다. "이 시는 애인을 기다리는 애절한 마음이 잘 드러나는 것 같
습니다." 미소와 함께 시인은 독자의 말에 긍정을 표합니다. 그
렇지만 사실 시인은 카페에서 후배를 기다리면서 그 시를 쓴 겁
니다. 가난했던 시인은 은행 대출금을 갚기 위해 후배에게 돈을
빌려야 했습니다. 다행히 후배는 돈을 빌려주기로 했고, 정해진
날 카페에서 시인은 후배를 기다렸습니다. 후배에게 돈을 받아
곧장 은행으로 가야 했기에 시인은 열리고 닫히는 카페 문을 보
며 노심초사합니다. 바로 이 초조한 기다림을 시인은 카페에서

시로 포착한 겁니다. 그가 없다면 삶이 궁핍해질 것 같은 사람은 애인일 수도, 아니면 돈을 빌려주기로 한 후배일 수도 있습니다. 바로 여기에 시의 보편성 혹은 시의 울림이 있는 겁니다. 중요한 것은 기다리는 대상이 누구냐가 아니라 기다리는 일이 주는 애틋함과 초조함입니다.

문학적 울림이나 이야기가 주는 감동이 자신의 말을 타인에게 전달하는 데 더 효과적입니다. 특별히 지적 훈련을 받지 않아도 남녀노소 사람들은 자기 경험에 비추어 이야기를 읽을 수 있습니다. 아울러 있음 직한 이야기들은 영화나 드라마를 보듯 사람들로 하여금 등장인물의 삶을 간접적으로 경험하게 하는 힘이 있습니다. "아! 나라도 그랬을 거야!" 이 점에서 「제물론」 편에 집중되어 있는 철학적 이야기들은 제한된 독자에게만 호소력을 갖기 쉽습니다. 아니나 다를까, 철학과 학부나 대학원에서는 「제물론」 편이 가장 중시됩니다. 이 편은 장자를 논리나 개념 혹은 논증의 힘만으로, 한마디로 사변적이거나 추상적으로 이해할 수 있다는 희망을 주니까요. 그럼에도 불구하고 「제물론」 편도 철학적 접근법만으로 해명하기 어려운 측면이 있습니다. 「제물론」 편에도 장자의 문학적 감성이 짙게 드리워져 있거든요. 바람의 비유로 타자를 사유했던 바람 이야기가 그 대표적인 예입니다. 바람 이야기에서 바람은 바로 식별되는 노골적인 문학적 이미지입니다. 그렇지만 주목해야 할 것은 「제물론」 편에는 장자의 철학적 논증을 끌고 가는 은밀한 문학적 이미지들이 상당하다는 사실입니다. 길의 이미지가 그 분명한 예죠. 그러나 길보다 더 은밀하게 숨어 있는 이미지, 「제물론」 편의 난해함을 풀어주는 실마리가 될 이미지가 하나 더 있습니다. 그것은 바로 문(門) 이미지입니다. 시인이라도 된 것처럼 장자는 문에서 우리의 마음과 삶의 비밀을 엿본 겁니다. 「제물론」편에서도 그 난해함을 자랑하는 '도추 이야기'를 열어젖히는 열쇠가 바로 문 이미지입니다. 그렇지만 도추 이야기에 문 이미지가 적나라하게 드러나지는 않습니다. 문에 대한 장자의 문학적 통찰은 추(樞)라는 글자에 응축되어 있으니까요. 추! 문의 지도리입니다. 여닫이문의 회전을 가능하게 하는 경첩을 생각하면 쉽습니다.

「제물론」편뿐만 아니라 『장자』 전편을 보면, 장자가 철학적 논적으로 생각한 유일한 철학자는 혜시임이 분명합니다. 공자, 묵자, 맹자, 심지어 노자 등 유명한 제자백가들의 사유는 그의 안중에도 없습니다. 오직 장자에게는 혜시만이 지적 라이벌이었습니다. 도추 이야기도 마찬가지인데요. 비록 혜시의 실명이 언급되지는 않지만 도추 이야기에서도 장자는 혜시의 사유와 팽팽히 맞섭니다. 하나 이야기와 마찬가지로 도추 이야기에서도 장자는 혜시의 사유를 따르다 어느 지점에서 그와의 동행을 멈추고 자기 길을 갑니다. 그래서 도추 이야기에 등장하는 "저것과 이것이 동시에 생긴다는 견해", 즉 "피시방생지설(彼是方生之說)"이라는 표현이 중요합니다. 부정의 부정은 긍정이라는 헤겔을 연상시키는 논리학적 논의, 하나의 기호는 다른 기호와의 차이에서 가치를 가진다는 소쉬르나 야콥슨(Roman Jakobson, 1896~1982)의 기호학적 성찰, 혹은 하나의 개념은 수많은 개념들과의 차이 운동일 뿐이라는 데리다(Jacques Derrida, 1930~2004)의 해체론, 아니면 더 멀리로는 개념은 다른 개념을 배제하면서 의미를 띠게 된다는 디그나가(Dignāga, 400?~480?)나 다르마키르티의 불교인식론적 사유와 맥을 같이하는 논의입니다. 복잡하게 생각하지 마세요. 결국 'A=-(-A)', 즉 'A는 -A가 아니다'는 단순한 발상일 뿐이니까요. 예를 들어 앞과 뒤, 뜨거움과 차가움, 열림과 닫힘 혹은 낮과 밤이라는 대립 개념을 생각해보세요. 앞은 뒤가 아닌 것으로, 뜨거운 것은 차가운 것이 아닌 것으로, 열림은 닫힘이 아닌 것으로, 낮은 밤이 아닌 것으로 정의할 수 있습니다. 물론 그 반대도 마찬가지입니다. 이렇게 앞과 뒤, 뜨거움과 차가움, 열림과 닫힘, 그리고 낮과 밤은 고립되어 작동하는 것이 아니라 상대방과 함께 작동합니다. 2,500여 년 전 혜시가 바로 이 사실을 간파했던 겁니다. 그에게 이것은 저것이 아닌 것이고, 저것은 이것이 아닌 것으로 정의되니까요. 거의 망각된 철학자 혜시의 위대함입니다.

혜시의 사유 실험과 장자의 논박

장자는 혜시의 통찰을 "피시방생지설(彼是方生之說)"이라고 명명합니다. 그리고 어느 정도까지 혜시의 통찰을 따르다가 동행을 멈추어버립니다. 도추 이야기 중간 부분에서 장자가 말하죠. "그러므로 성인은 (저것과 이것이 동시에 생긴다는 견해를) 따르지 않는다." 결국 이 구절 앞부분이 피시방생지설의 내용과 한계를 다루고 있다면, 뒷부분은 이와 관련된 장자의 입장이 피력되어 있다고 할 수 있습니다. 먼저 도추 이야기 앞부분을 살펴보죠. 이 대목에서 우리는 「천하」 편에 기록된 혜시의 테제 중 하나를 떠올릴 필요가 있습니다. "일방중방예(日方中方睨), 물방생방사(物方生方死)"라는 주장입니다. "해가 정중앙에 떠 있을 때가 기울어지는 때이고, 사물이 태어났을 때가 죽어가는 때"라고 번역할 수 있습니다. 그렇지만 다른 식의 번역도 충분히 가능합니다. 혜시의 테제는 태양이든 사물이든 변화의 역설을 다루는 주장으로 이해할 수도 있지만, 기호학적이거나 논리적인 의미로도 이해할 수 있으니까요. "태양이 정중앙에 있다는 생각은 태양이 기운다는 생각과 함께하고, 사물이 태어난다는 생각은 사물이 죽는다는 생각과 함께한다"는 번역도 가능하다는 이야기입니다. '정중앙에 있음[中]'과 '기울어짐[睨]'은 동시에 생기고, '태어남[生]'과 '죽음[死]'도 동시에 생긴다는 주장인 셈입니다. 정중앙에 있다는 것은 기울어지지 않았다는 의미고, 태어난다는 것은 죽지 않았다는 의미라는 이야기죠. 어쨌든 「천하」 편에 등장하는 혜시의 이 주장이 있었기에, 도추 이야기 앞부분이 혜시의 사유라고 추론할 수 있다는 사실을 잊어서는 안 됩니다. 이제 혜시의 피시방생지설을 분석해보죠. 내가 친구와 카페에 마주 앉아 있고 내 앞에는 커피가, 친구 앞에는 홍차가 놓여 있는 상황을 그려보는 게 도움이 될 듯합니다.

나는 커피를 가리키며 "이것은 커피다"라고, 홍차를 가리키며 "저것은 홍차다"라고 말할 수 있습니다. 반대로 친구는 "이것은 홍차다" 혹은 "저것은 커피다"라고 말할 수 있죠. 커피나 홍차에는 모두 "이것"이나 "저것"이라는 용어가 붙을 수 있다는 데 주목하세요. 혜시가 "사물 중 저것 아닌 것이 없고, 사물 중 이 것 아닌 것이 없다"라고 말했던 이유가 분명해집니다. 내가 이것 이라고 생각하는 게 친구가 저것이라고 생각하는 것이기도 하 니까요. 여기까지는 아무런 문제가 없습니다. 그다음 영민한 혜 시는 기가 막힌 사유 실험을 시도합니다. 내가 "이 커피"를 보고 "저것은 커피다"라고 말한다고 해보자는 겁니다. 이것과 저것이 중첩되면서 생각은 오리무중의 미궁에 빠져버립니다. 이것은 내 가 나의 입장이 아니라 친구의 입장에 서 있기에 생기는 일입니 다. 나의 "이 커피"는 친구에게는 "저 커피"니까요. 그래서 혜시 는 말했던 겁니다. "스스로를 저것이라고 여기면 (이것은) 드러나 지 않는다"고 말입니다. 혜시가 황당한 사유 실험을 통해 말하 고자 했던 건 무엇일까요? 그건 내가 결코 타자의 입장에 서서 는 안 된다는 겁니다. 테이블 이쪽에 앉아 있는 나는 그 반대쪽 에 있는 친구일 수는 없습니다. 이쪽의 내가 저쪽의 친구가 되 면 "이것"이나 "저것"이라는 개념은 모두 붕괴된다는 이야기입 니다. 이런 사유 실험의 결과로 혜시는 이렇게 주장합니다. "스 스로를 이것이라고 여기면 (저것을) 알게 된다"고 말입니다. 그 러니까 철저하게 내 입장에서 내 앞의 "이 커피"를 "이것"이라고 말해야 한다는 겁니다. 친구의 "저 홍차"를 "저것"이라고 말할 수 있으려면 말이죠. 그래야 내 입장에서나 친구의 입장에서도 "이 것"과 "저것"은 동시에 생긴다는 일차적 원리(동시성의 원리)도 관 철되고, 아울러 "이것"은 "저것"을 배제해야 의미를 지니고 "저 것"은 "이것"을 배제해야 의미를 지닌다는 이차적 원리(배제의 원 리)도 유지됩니다. 바로 이것이 최종적으로 혜시가 "그러므로 저것은 이것으로부터 나오고, 이것도 또한 저것에 따른다"고 말한 이유인 셈입니다.

"저것과 이것이 동시에 생긴다는 견해"를 소개한 뒤 장자는 혜시의 입장을 해체하기 시작합니다. "비록 그렇다고 할지라도"라는 말이 장자의 해체 작업이 시작되었다는 걸 알려주죠. 먼저 장자는 "피시방생"이라는 혜시의 주장이 유지될 수 없다는 사실을 보여주려고 합니다. 장자의 입장은 단순명료합니다. 혜시의 논리에 따르면 "저것[彼]"과 "이것[是]"의 대립만이 아니라 모든 대립은 동시에 생기는 걸 수밖에 없습니다. 당연히 "동시에 생긴다"는 뜻의 '방생(方生)' 관념은 "동시에 죽는다"는 '방사(方死)' 관념과 동시에 생깁니다. 나의 "이것"이 타자의 입장에서 "저것"일 수 있다는 걸 기억해보세요. 마찬가지로 내게 '방생'은 타자에게는 '방사'일 수 있습니다. 이것은 내게 "피시방생(彼是方生)"이라는 주장이 참이라면 타자에게는 "피시방사(彼是方死)"라는 주장도 참일 수 있다는 이야기입니다. 이렇게 "피시방사"라는 주장도 허용될 수 있는 주장이 됩니다. 논의는 여기서 멈추지 않고 확대 재생산됩니다. '저것'과 '이것' 혹은 '방생'과 '방사' 사이에 적용되던 논리는 '허용된다'는 뜻의 '가(可)'와 '허용되지 않는다'는 뜻의 '불가(不可)' 사이에도 적용되니까요. 설상가상 '가'와 '불가' 사이의 논리는 '옳음'을 뜻하는 '시(是)'와 '그름'을 뜻하는 '비(非)' 사이까지 걷잡을 수 없이 확장됩니다. 이 순간 내게 옳은 주장도 타자에게는 그른 것일 수 있기 때문이죠. 결국 "저것과 이것이 동시에 생긴다는 견해"는 보편적 진리일 수 없습니다. 이렇게 "저것과 이것이 동시에 생긴다"는 혜시의 테제는 증명 불가능한 주장이 됩니다. 모두에게 그리고 모든 경우에 적용되는 보편적 명제라고 주장하는 순간, 혜시의 테제는 제한적이고 특수한 명제로 전락하고 마니까요. 이렇게 "저것과 이것이 동시에 생긴다는 견해"는 해체되어 유지될 수 없는 주장이 되어버립니다. 이제야 장자의 난해한 표현에 고개를 간신히 끄덕이게 됩니다. "동시에 생기는 것은 동시에 죽는 것이고 동시에 죽는 것은 동시에 생긴 것이며, 동시에 허용되는 것은 동시에 허용되지 않는 것이고 동시에 허용되지 않는 것은 동시에 허용되는 것이다. 옳음을 따르는 것이 그름을 따르는 것이고 그름을 따르는 것이 옳음을 따르는 것이다."

닫히는 문만이 열릴 수 있다

도추 이야기는 「제물론」 편, 나아가 『장자』의 이야기들 중 따라가기 가장 힘든 이야기일 겁니다. 혜시의 논의를 정확히 음미해야 장자가 어디까지 혜시와 동행하다 자기만의 길을 가는지 알 수 있습니다. 그러나 혜시의 사유를 알려주는 자료는 너무나 단편적이고 매우 추상적입니다. 발굴된 유물 한 점을 통해 선사시대 특정 사회의 전모를 그려보는 고고학적 상상력, 그에 비견할 만한 인문학적 상상력이 필요한 이유입니다. 혜시의 입장을 분명히 하려고 우리는 카페의 비유를 살펴봤습니다. 내 앞의 커피는 내게는 "이것"이고 테이블 맞은편 친구의 입장에서는 "저

것"이라는 것, 반대로 친구 앞의 홍차는 내게는 "저것"이지만 친구의 입장에서는 "이것"이었던 장면을 다시 상기해보세요. 마치 영화를 보듯 상황을 생생히 그려야 합니다. 그래야 혜시와 장자 사이의 치열한 대결에 지친 우리의 정신을 수습할 수 있으니까요. 카페의 상황에서 나와 친구는 테이블을 사이에 두고 위치가 고정되어 있다는 것에 주목해야 합니다. 벽의 이미지입니다. 테이블이 일종의 벽이 되어 나와 친구 사이를 갈라놓고 있습니다. 바로 이 벽이 혜시 사유를 지탱하는 문학적 이미지입니다. 벽이 세워지는 순간 이쪽과 저쪽, 이것과 저것, 나아가 주체와 타자가 넘을 수 없는 간극을 가지고 분리됩니다. "저것과 이것이 동시에 생긴다"는 혜시의 주장에는 바로 이 벽 이미지가 전제되어 있었던 겁니다. 물론 벽 이쪽은 벽 저쪽 입장을 상상할 수는 있습니다. 그러나 그건 상상일 뿐, 벽 이쪽의 나는 벽 저쪽의 친구가 될 수 없습니다. 나와 친구 사이에는 벽이 있으니까요. 바로 이것이 "스스로를 저것이라고 여기면 (이것은) 드러나지 않고, 스스로를 이것이라고 여기면 (저것을) 알게 된다"고 말할 때, 혜시가 염두에 두고 있었던 겁니다.

바로 여기서 반전이 일어납니다. 나는 커피를 앞에 둔 내 자리를 떠나 친구 자리에 앉을 수 있고, 반대로 친구도 테이블을 돌아 내 자리에 앉을 수 있습니다. 이렇게 테이블에서 나나 친구의 위치가 바뀌면 "이 커피"는 "저 커피"가 되고 "저 홍차"는 "이 홍차"가 됩니다. 사실 친구와 자리를 바꿀 필요도 없습니다. "이 커피"를 친구 앞쪽으로 옮기고 그 대신 친구의 "저 홍차"를 가져다 내 앞에 놓으면 됩니다. 이 경우에도 "이 커피"는 "저 커피"가 되고 "저 홍차"는 "이 홍차"가 되니까요. 그래서 장자는 말했던 겁니다. "이것은 또한 저것이고, 저것은 또한 이것이다." 물론 여기서도 옳고 그름을 따지는 논쟁이 충분히 가능합니다. 내 앞에 놓여 있는 것이나 친구 앞에 놓여 있는 것에 대해 "이것은 홍차인가, 아니면 커피인가?"라는 의문을 가질 수 있고, 어느 게 옳은 주장이고 어느 게 그른 주장인지 결정할 수 있기 때문입니다. 장자의 말대로 "저것 또한 하나의 시비(是非)고, 이것 또한 하나의 시비"일 수 있는 이유도 바로 여기에 있습니다. 결국 테이블은 나와 친구가 혹은 커피와 홍차가 넘을 수 없는 벽과 같은 게 아닙니다. 차라리 그것은 문과 같은 겁니다. 테이블을 건너 나는 친구의 자리에 앉을 수 있고, 친구도 테이블을 가로질러 내 자리에 앉을 수 있으니까요. 아니면 "이 커피"는 테이블을 건너 친구 앞으로 이동할 수 있고, "저 홍차"도 내 앞으로 가져다 놓을 수 있죠. 벽과 문은 다릅니다. 벽이 세워지면 이쪽과 저쪽이 동시에 생깁니다. 벽 안쪽에서 벽 바깥쪽을 상상할 수는 있지만, 우리는 벽 안쪽에 갇혀서 그 벽을 넘어갈 수는 없습니다. 바로 이것이 혜시의 입장입니다. 철저한 유아론이자 철저한 고립주의입니다. 물론 생각만이 아니라 실제로 주체는 타자와 만날 수는 있습니다. 벽을 허물면 됩니다. 그러나 이쪽과 저쪽 혹은 안쪽과 바깥쪽이 모두 사라지고, 주체와 타자도 와해되고 맙니다.

문이 만들어지면 이 경우도 분명 이쪽과 저쪽이 생깁니다. 그렇지만 주체는 문을 열고 바깥쪽으로 나갈 수 있고, 타자도 바깥쪽에서 안쪽으로 들어올 수 있습니다. 벽과 달리 문의 경우 우리는 안과 밖 혹은 이것과 저것이 있다고도 할 수 있고, 아니면 없다고도 할 수 있습니다. 바로 이것이 장자가 장난처럼 "저 것과 이것은 진실로 존재하는 것일까? 아니면 존재하지 않는 것일까?"라고 되물어보았던 이유입니다. 안과 밖의 경계, 즉 문 턱에 서 있어야 가능한 생각입니다. 문이 닫힐 때 안과 밖은 구 분되는 것처럼 보입니다. 그러나 문이 열릴 때 안과 밖의 구분 은 해체됩니다. 여기서 문이 문으로 작동할 수 있는 구조적 특 징을 생각해볼 필요가 있습니다. 문을 여닫는 걸 가능하게 하고 나아가 부드럽게 할 수 있는 근사한 경첩, 바로 지도리, 추(樞) 입니다. 그래서 장자의 문 이미지는 지도리 예찬으로 근사하게 마무리됩니다. "저것과 이것이 자기 짝을 얻지 않는 경우를 '길 의 지도리[道樞]'라고 부른다. 지도리는 처음부터 그 '원의 중앙 [環中]'을 얻어야 무한한 것에 대응한다." 내가 바깥으로 나갈 수 있고 타자가 내게 들어올 수 있으니, 이쪽과 저쪽이나 이것과 저것, 혹은 이런 대립과 관련된 옳고 그름도 일의적으로 정해 질 수 없습니다. 장자가 "옳음도 하나의 무한이 되고, 그름도 하 나의 무한이 된다"고 말한 이유입니다. 나가본 적이 없기에 막 연히 바깥쪽이나 저쪽 혹은 타자라고 상상했던 것들을 어느 꽃, 어느 바람, 어느 여자, 어느 남자, 어느 비바람으로 생생하게 마 주치게 될 겁니다. 타자를 이해하는 길이 문 안쪽에서 바깥쪽으 로 열리는 거죠. 반대 상황도 가능합니다. 문이 만들어졌기에 바 깥쪽의 타자를 안쪽으로 들이는 것도 충분히 가능합니다. 바깥 쪽이 안쪽으로 열리는 환대의 길입니다. 그렇지만 타자를 이해 하거나 환대하는 것, 즉 문을 여는 일에만 집중해서는 안 됩니 다. 어쩌면 나를 파괴하려는 타자와 단호히 단절하는 것, 즉 문닫는 일도 그만큼 중요하니까요. 장자가 문을 벽처럼 사유했던 혜시를 완전히 부정하지 못했던 이유가 짐작이 됩니다. 문턱에 서서 장자는 생각하고 있었던 겁니다. 닫히는 문만이 열릴 수 있다고! 그보다 더 중요한 것도 장자는 숙고합니다. 닫아야 할 때 닫을 수 없는 문, 열어야 할 때 열리지 않는 문. 경첩이 부서진 문들입니다. 문턱에 서서 장자의 사유는 이렇게 깊어만 갑니다.

문이 닫힐 때 안과 밖은 구분되는 것처럼 보입니다
그러나 문이 열릴 때 안과 밖의 구분은 해체됩니다

38

열 번째 화살을
찾아서

벌레 이야기

예(羿)는 아주 작은 표적이라도 활로 맞추는 데 능숙했지만, 사람들이 자기를 찬양하지 않도록 하는 데는 서툴렀다. 성인은 '자연적인 것(天)'에 능숙하지만, '인위적인 것(人)'에는 서툴다. 자연적인 것에도 능숙하고 인위적인 것에도 잘 대처하는 것은 오직 '완전한 인간(全人)'만이 할 수 있는 일이다. 오직 벌레만이 벌레일 수 있고, 오직 벌레여야 자연적일 수 있다. 완전한 인간은 자연적인 것을 싫어한다. 사람들이 자신을 자연적이라고 여기는 것도 싫어하는데, '나는 자연적인가? 아니면 인위적인가?'라는 의문에 대해서는 말해 무엇하겠는가!

「경상초」

羿工乎中微而拙於使人無己譽. 聖人工乎天而拙乎人. 夫工乎天而俍乎人者, 唯全人能之. 唯蟲能蟲, 唯蟲能天. 全人惡天. 惡人之天, 而況'吾天乎人乎'!

「庚桑楚」

작은 지배계급들의 세상

 영토국가가 출현하면서 허영의 세계가 본격화됩니다. 지배계급은 자신이 피지배계급이 아니라는 걸 어떤 식으로든지 부단히 보여주려고 합니다. 걸어도 될 거리지만 마차를 타고, 화려한 문양으로 꾸며진 비단옷을 걸치고, 몸을 금붙이로 치장하고, 남들보다 더 거대하고 화려한 저택을 구합니다. 한때 유목민들의 터전이었던 중앙유라시아에 실크로드가 생긴 것도 같은 맥락입니다. 비단, 금, 옥 등 희귀하고 이국적인 사치품들은 실크로드 서쪽 끝 로마제국에서도, 그 동쪽 끝 중국에서도 지배계급의 권력과 부를 과시하는 데 최상의 물품이었죠. 결국 실크로드는 사치의 길이자 허영의 길이었던 겁니다. 지배계급의 허영은 피지배계급에게도 독가스처럼 퍼져갑니다. 영토국가라는 형식의 정착생활을 벗어나서는 살 수 없다고 느낄 때, 혹은 아무리 곤궁해도 천하를 벗어난 삶을 상상할 수 없을 때, 피지배계급은 꿈꿉니다. 거대한 피라미드로 형상화되는 사회에서 가급적 상층부로 올라가는 꿈이죠. 금붙이의 번쩍임, 비단옷의 아름다움, 그리고 저택의 장관이 피지배계급을 사로잡아버린 겁니다. 자신의 꾀죄죄한 옷차림과 누추한 집을 돌아보며, 피지배계급은 지배계급의 그 찬란한 화려함을 선망합니다. 여기서 그들은 지배계급의 사치가 기본적으로 자신과 같은 피지배계급의 노동력을 착취했기에 가능하다는 사실을 망각합니다. 이럴 때 피지배계급은 증발하고 그 자리에 '작은 지배계급'이 들어서고 맙니다.

혹은 '잠재적 지배계급'이라고 말해도 좋습니다. 이제 모두가 지배자가 되어버렸기에, 지배에 저항하는 사람들 자체가 증발하고 맙니다.

현실적 지배계급과 잠재적 지배계급만 남으니, 지배와 복종 관계는 은폐되고 아무런 저항 없이 영속합니다. 고려왕조에서 조선왕조로 그 내용물이 바뀌더라도 왕조의 형식은 그대로 유지되었던 역사를 떠올려보세요. 이는 장자가 살았던 시대에서부터 지금 우리 시대까지 이김없이 적용됩니다. 우리 이웃 대부분은 임금노동자이면서도 주식, 부동산, 비트코인 등에 투자를 합니다. 직접 노동하지 않고 돈을 이용해 이윤을 남기는 자본가와 같은 행각이죠. 노동자는 사라지고 그 자리에 '작은 자본가'가 등장하니, 자본주의 체제에 저항할 사람조차 찾기 힘든 겁니다. 그러나 피라미드 상층부로 올라가는 일 자체가 만만한 게 아닙니다. 지위를 높이고 부를 쌓기 위해서 피지배계급은 지배계급에게 자신의 쓸모를 두고 여러 경쟁자들과 치열한 싸움을 감내해야만 합니다. 능력을 기르는 것만으로 경쟁에서 이기는 것도 아니죠. 능력이 있어도 그것을 지배계급에게 어필해야만 합니다. 시험이어도 좋고 업적이어도 좋습니다. 아니면 스펙이어도 좋고요. 설상가상 경쟁이 치열해지면 피지배계급의 서글픈 욕망은 묘하게 뒤틀립니다. 스스로 자신이 가진 능력보다 더 능력이 뛰어난 것처럼 보이려고 하고, 아울러 경쟁자들의 능력을 실제보다 낮아 보이게 만들려고 하니까요. 허영의 사회 이면에 시기와 질투, 모함과 뒷담화가 난분분하는 이유입니다. 자신이 앞서지 않아도 경쟁자가 뒤처지면 경쟁에서 승리하니까요.

심지어 누군가 경쟁을 비판하거나 포기해도, 우리 대부분은 그것을 뒤틀린 시선으로 봅니다. 경쟁에서 벗어나는 사람은 오직 경쟁에서 최종적으로 승리한 사람이라는 착각 때문입니다.

피지배계급의 서글픈 허영은 이렇게 탄생합니다. 자신이 지배계급이라는 걸 보여주려는 과시적 허영과는 달리 지배계급의 간택을 받으려는 피지배계급의 허영이기에 서글프다는 겁니다. 서로에 대한 피지배계급의 뒤틀린 질투는 이런 서글픔을 가중시킵니다. 이웃들의 실패와 불운에 안타까움을 피력하지만, 속으로는 묘한 기쁨과 안도감이 찾아옵니다. 반대로 이웃들의 성공과 행운에 치하를 보내지만, 그 이면에는 우울함과 자괴감이 동시에 들어섭니다. 우리 이웃들을 모두 잠재적 경쟁자들로 느끼기 때문이죠. 어쨌든 과시적 허영과 서글픈 허영, 애달픈 경쟁과 뒤틀린 질투가 교차하는 곳이 국가에 포획된 정착사회입니다. 장자는 이곳을 벗어나고자 했던 철학자입니다. 지배와 복종이 관철되는 천하를 가볍게 떠나는 대붕이 되어도 좋고, 아니면 모든 사람이 대붕으로 살도록 거대한 양계장을 붕괴시켜도 깔끔합니다. 그렇지만 머물 수도 있고 떠날 수도 있는 게 대붕의 자유입니다. 간혹 대붕은 평범한 이웃의 모습으로 우리 주변에 살 수도 있습니다. 아니면 대붕이 되기를 기다리는 자유인도 있을 수 있고요. 아직 자신이 충분히 크다는 걸 자각하지 못했거나, 아니면 바람을 기다리는 사람들일 겁니다. 대붕과 같은 사람들이든 대붕을 품고 있는 사람들이든, 이들은 어떻게 허영과 질투의 세계를 견뎌낼 수 있을까요? 「경상초」 편에 등장하는 '벌레 이야기'에서 장자가 고민했던 건 바로 이것입니다.

태양을 향해 활을 쏘았던 남자

전설적인 군주 요(堯)임금 시절에 이예(夷羿), 혹은 후예(后羿)라고 불린 명궁이 있었습니다. 『초사(楚辭)』 「천문(天問)」 편이나 『회남자(淮南子)』 「본경훈(本經訓)」 편에 따르면 열 개의 태양이 생겨서 대지가 타들어가자 요임금의 명령으로 활을 쏘아 아홉 개의 태양을 떨어뜨린 사람입니다. 이 전설에서 주목해야 할 것은 태양이 지배자를 상징한다는 겁니다. 결국 남은 하나의 태양은 요임금이 되고 맙니다. 억압이 없는 사회를 꿈꾸는 사람이라면, 예가 마지막 열 번째 화살을 쏘지 못했거나 불발되었다고 이해할 수도 있습니다. 한 개의 태양도 강력하면 열 개의 태양 이상으로 초목과 인간을 불태울 수 있다는 걸 잊어서는 안 됩니다. 일곱 국가가 패권을 다투던 전국시대를 통일한 진시황(秦始皇)을 떠올려보세요. 하나의 태양이라는 이미지는 하나의 권력이 있어야 한다는 걸 정당화합니다. 매번 태양을 보고 자란 사람들에게 권력을 정당화하는 데 이만한 이미지도 없을 겁니다. 마지막 남은 하나의 태양이 요임금이라는 전설을 지우면, 예는 대지의 생사여탈권을 가진 태양을 저격한 인문주의자가 됩니다. 하늘로, 그리고 그 중심에 있던 태양에 활을 쏘았던 남자, 바로 그가 예였던 겁니다. 예와 관련된 전설들에서 그의 말년은 비극적 죽음과 함께 불행으로 점철됩니다. 동명이인일 수도 있고 아니면 모든 전설의 모티브였을 수도 있는 『춘추좌전(春秋左傳)』에 등장하는 후예가 비극적인 죽음을 맞게 된 것이 우연만은 아닐 겁니다. 마지막 남은 태양이 뜨고 지기를 반복하는 동안 예의 활이 최종적으로 부러진 건 아닐까요?

벌레 이야기는 예의 비극이 왜 발생했는지 숙고하는 것으로 시작합니다. "예(羿)는 아주 작은 표적이라도 활로 맞추는 데 능숙했지만, 사람들이 자기를 찬양하지 않도록 하는 데는 서툴렀다." 장자의 눈에 예가 문명과 국가의 수호자라는 이미지는 거의 없습니다. 장자는 오히려 명궁이었음에도 그가 비극적인 삶을 살게 된 데 초점을 모읍니다. 핵심은 역시 마지막 남은 그 하나의 태양을 활로 떨어뜨리지 못한 데서 찾아야 할 겁니다. 억압의 사회, 허영의 사회, 질투의 사회가 하나의 태양처럼 자연스럽고 당연한 것으로 받아들여지게 되었으니까요. 마지막 화살로 마지막 남은 태양을 맞히지 못했지만, 아홉 개의 태양을 활로 쏘아 떨어뜨린 그에게 쏟아진 환호는 눈으로 보듯 자명합니다. 더군다나 복종을 강요당하고 수탈을 참아내던 민중에게 그는 피지배자들의 영웅이 됩니다. 이렇게 예는 자유의 자긍심과 자기긍정의 희망을 민중에게 심어주었던 겁니다. 그럴수록 예는 최고 지배자나 지배계급에게는 체제 자체를 위협하는 위험인물이 되었죠. 나아가 민중 가운데에도 예를 시기하고 질투하는 야심가들이 있었을 겁니다. 민중의 지도자를 자처하던 사람에게 예는 최고 경쟁자였기 때문입니다. 이것이 예를 비극적 삶으로 이끌고 맙니다. 장자가 예는 "사람들이 자기를 찬양하지 않도록 하는 데는 서툴렀다"고 진단했던 이유입니다. 예의 죽음! 당분간 마지막 남은 태양에 활을 쏠 사람이 사라진 겁니다. 하늘의 마지막 눈을 노려보느라 예는 자신을 두려워하고 질투하는 동료 인간들이 쏜 화살에 맞았으니, 정말 허무한 일입니다.

벌레 이야기는 예의 비극이 반복되는 걸 막고자 합니다. 예의 비극을 진단해 제2의 예, 제3의 예가 출현하는 걸 피하겠다는 장자의 결의입니다. 장자는 성인(聖人)을 비유로 예의 비극적 죽음을 진단합니다. "성인은 '자연적인 것[天]'에 능숙하지만, '인위적인 것[人]'에는 서툴다"는 구절이 바로 그 진단서입니다. 「인간세」편 날개 이야기에서도 장자가 말한 석이 있습니다. "인위적인 것에 의해 부려지는 사람은 속이기 쉽지만, 자연적인 것에 의해 부려지는 사람은 속이기 어렵다[爲人使易以僞, 爲天使難以僞]"고 말입니다. 신이든 국가든 부모든 선생이든 타자의 욕망을 욕망하는 사람이 "인위적인 것에 부려지는 사람"이라면, 자기 욕망을 긍정하고 그걸 따르는 사람이 "자연적인 것에 의해 부려지는 사람"입니다. 그래서 인위적인 것에 부려지는 사람은 남의 찬양과 비난에 민감한 인간, 즉 허영의 인간입니다. 반면 자연적인 것에 부려지는 사람은 남의 찬양과 비난에 흔들리지 않습니다. 남들이 좋아한다고 해서 무언가를 좋아하는 게 아니라 자기가 좋아해서 무언가를 좋아하는 사람이기 때문입니다. 진짜로 사랑에 빠진 사람이 부모를 포함한 타인의 시선이나 평가에 연연하지 않는 것도 이 때문이죠. 성인은 분명 '자연적인 것에 의해 부려지는 사람', 자기 욕망을 되찾은 사람, 한마디로 자유인입니다. 그러나 성인은 자신을 둘러싸고 있는 사람들, '인위적인 것에 부려지는 사람들', 허영과 질투에 사로잡힌 사람들과 어떻게 관계해야 하는지 잘 모릅니다. 찬양의 박수갈채 이면에는 비난의 화살이 장전되어 있는 법입니다. 찬양의 표적이 질투의 표적이 되는 곳, 그곳이 바로 인위적인 것이 지배하는 사회, 허영의 사회니까요.

작은 벌레들이 거대한 떼가 되는 날!

성인의 한계 혹은 예의 한계가 겹쳐지면서, "인위적인 것에는 서툴다"는 묘사가 무엇을 의미하는지 분명해집니다. 성인의 전범이었던 예는 "사람들이 자기를 찬양하지 않도록 하는 데는 서툴렀다"는 이야기입니다. 이제 왜 예가 삶을 비극적으로 마무리했는지, 그 이유가 해명되었습니다. 질병의 원인을 찾았다면 예방은 어렵지 않습니다. 자기 한계를 넘어서려면 성인은 "자연적인 것에도 능숙하고 인위적인 것에도 잘 대처해야" 합니다. 장자는 이럴 때 성인은 "완전한 인간", 즉 전인(全人)이 된다고 이야기합니다. 전인은 성인과 마찬가지로 자기 욕망을 따르고 자유를 구가합니다. 억압의 사회에서는 관철하기 힘든 자유인의 삶입니다. 당연히 허영에 지배되는 사람들은 전인의 행동과 삶을 찬양하거나 시기하기 쉽습니다. 그렇지만 전인은 "사람들이 자기를 찬양하지 않도록 합니다." 바로 이것이 전인이 성인을 넘어서는 이유입니다. 어떻게 해서 전인은 "사람들이 자기를 찬양하지 않도록" 만들 수 있는 걸까요? 억압에 맞서 자유를 살아내려는 사람들, 자유가 가능하다는 것을 삶으로 보여주려는 사람들에게는 사활이 걸린 질문입니다. 억압과 허영의 사회를 붕괴시켰거나 혹은 떠났다면 아무런 의미도 없는 질문이지만, 무슨 이유에서인지 억압과 허영의 사회를 떠나지 못하는 자유인이나 대붕으로 자라고 있는 새끼 대붕들에게는 반드시 풀어야 할 난제니까요. 예의 비극은 한 번이면 충분합니다. 찬양의 표적도, 그렇다고 비난의 표적도 되어서는 안 됩니다. 그러나 자유를 구가하는 삶은 눈에 띌 수밖에 없기에, 이 정도 실천강령으로 충분할지 의아하기만 합니다.

고개를 갸우뚱거리는 우리를 예견이라도 한 듯 장자는 전인은 벌레가 되어야 한다는 충격적인 이야기를 던집니다. "오직 벌레만이 벌레일 수 있고, 오직 벌레여야 자연적일 수 있다." 벌레로 번역한 충(蟲)은 벌레를 뜻하는 충(虫)이라는 글자를 세 개나 겹쳐서 만든 글자라는 것에 주목해야 합니다. 장수하늘소처럼 우리의 시선을 단번에 사로잡는 거대한 벌레가 아닙니다. 구더기나 개미 혹은 날파리처럼 떼로 움직이는, 정말 보잘것없는 벌레들입니다. 장자는 한 마리로 다녀서는 사람 눈에 띄지 않는 아주 작은 벌레가 되라고 합니다. 이 보잘것없는 벌레는 자기 욕망을 관철해도 누구도 주목하지 않는 존재를 상징합니다. 그렇다면 충이라는 글자 세 개가 중첩되는 것보다 다섯 개가 겹친 게, 다섯 개 겹친 것보다 열 개가 겹친 게, 아니 무한대로 겹친 게 좋습니다. 100마리가 되어야 눈에 띄는 벌레가 아니라 1만 마리가 모여야 눈에 띄는 벌레가 되라는 거죠. 여기서 완전한 인간은 완전함마저 잃어버리게 됩니다. 눈에 보이지 않게 작아지는 존재에 완전함이라는 용어 자체는 사치가 되어버리는 셈이죠.

장자는 "완전한 인간은 자연적인 것을 싫어한다"고 말합니다. 자신이 자연적인 것에 부려지는 사람이라는 사실이 억압과 허영의 사회에 드러나서는 안 된다는 경계심입니다. 이 정도에 이르면 '자연적인 것'에 부려진다는 자긍심마저 전인에게는 사라지게 됩니다. 전인은 "사람들이 자신을 자연적이라고 여기는 것도 싫어하는데, '나는 자연적인가? 아니면 인위적인가?'라는 의문에 대해서는 말해 무엇하겠는가!" 하며, 눈에 보이지 않는 벌레처럼 억압과 허영의 거대한 사회에 스며들게 됩니다.

천하 바깥 그 자유의 공간이 거의 사라진 시대, 대붕이 되어 천하를 비웃으며 천하의 북쪽으로 그리고 천하의 남쪽으로 날기가 점점 힘들어지는 시대입니다. 억압과 허영의 세계는 인간의 자유를 부단히 감시하고 저주합니다. 대붕으로 자랄 조짐만 보여도 아이들을 메추라기로 만들어버립니다. 대붕은 단지 비현실적인 꿈이라는 선전도 횡행하고요. 대붕들은 점점 날개를 접고 몸을 움츠리며 멍한 눈으로 석양을 바라볼 뿐입니다. 다행히도 장자에게는 대붕이 되는 길 외에 소충이 되는 길도 있습니다. 무한히 커지는 길만큼 무한히 작아지는 길도 중요합니다. 작디작은 벌레처럼 되어야, 그것도 누구의 눈에도 띄어서는 안 되는 미세한 벌레가 되어야, 자유인은 아무런 저항도 받지 않고 자유를 구가할 수 있습니다. CCTV에도 잡히지 않는 벌레와 같은 자유인들이라고 무시하지는 마세요. 그들은 언제든지 모여서 거대한 자유의 군단이 될 수도 있으니까요. 어쩌면 그들은 흩어져 찾고 있는지도 모릅니다. 예의 마지막 열 번째 화살을 말입니다. 쏘지 못한 예의 열 번째 화살, 혹은 마지막 태양을 맞히지 못하고 비껴가 어느 땅에 박힌 그 열 번째 화살은 어디에 있을까요? 바로 이 화살을 찾는 날, 소충들은 거대한 떼로 모일 겁니다. 활에 그 마지막 화살을 장전해 하늘의 태양에 쏘려면 불가피한 일입니다. 대지를 감시하는 뜨거운 하늘의 눈, 그 마지막 태양이 사라져야, 모든 초목과 짐승 그리고 인간은 어둠 속의 별들처럼 자기 빛을 뿜어낼 수 있습니다. 예가 꿈꾸던 세상은 이렇게 우리에게 올 겁니다. 그날은 언제일까요? 예의 마지막 화살이 거침없이 하늘의 태양을 향해 나아갈 그날! 대붕이 다시 날갯짓을 시작할 그날!

이웃들의 실패와 불운에 안타까움을 피력하지만,
속으로는 묘한 기쁨과 안도감이 찾아옵니다
반대로 이웃들의 성공과 행운에 치하를 보내지만,
그 이면에는 우울함과 자괴감이 동시에 들어섭니다

죽음, 그 집요한
관념을 해체하며

맹손재 이야기

안회가 공자에게 물었다. "맹손재는 자신의 어머니가 죽었을 때 곡은 했지만 눈물은 흘리지 않았고 마음속으로도 슬퍼하지 않았으며 장례를 지낼 때도 애도하지 않았습니다. 이런 세 가지가 없음에도, 그는 노나라에서 장례를 잘 치른 자로 명성을 떨쳤습니다. 그 내실이 없는데도 그런 명성을 얻는 경우가 실제로 있는 것 아닙니까? 저는 정말로 그것이 이상합니다."

공자가 말했다. "맹손재는 죽음과 장례에 대한 앎을 넘어 그것을 모두 실천한 사람이다. 장례를 간소히 치르려 해도 뜻대로 하기는 어렵다. 그렇지만 그에게는 이미 간소히 한 것이 있다. 맹손재는 태어난 이유나 죽는 이유를 알려고 하지 않았고, 어느 것이 중요하고 어느 것이 부차적인지도 알려고 하지 않았다. 변화에 따라 하나의 사물로 태어났다면, 자신이 알지 못하는 변화가 끝나기를 기다려야만 하는 것 아닌가! 게다가 장차 변화한다면, 어떻게 변화하지 않음을 알겠는가? 장차 변하지 않게 된다면, 어떻게 이미 변화했었음을 알겠는가? 단지 나도 그렇지만 너도 꿈에서 아직 깨어나지 못한 사람들이 아니겠는가? 게다가 그는 몸이 망가지더라도 마음을 소모하지 않았고, 몸을 떠나려 해도 죽음에 신경 쓰지 않는다. 맹손재만이 홀로 깨어난 사람이다. 다른 사람들이 곡할 때 그 또한 곡을 했는데, 이것은 사람들이 그렇게 한 것을 따른 것이다. 지금 우리는 자신을 나라고 여기고 있을 뿐인데, 어떻게 우리가 나라고 여기는 것이 실제로 내가 아님을 알겠는가? 너는 너 자신이 새가 되어 하늘을 날고 있다고, 혹은 너 자신이 물고기가 되어 깊은 물속으로 뛰어들고 있다고 꿈꿀 수 있다. 지금 말하고 있는 나도 깨어 있는 자인지 아니면 꿈꾸고 있는 자인지 모르겠구나!"

「대종사」

顏回問仲尼曰, "孟孫才, 其母死, 哭泣無涕, 中心不戚, 居喪不哀. 無是三者, 以善處喪蓋魯國. 固有無其實而得其名者乎? 回壹怪之."

仲尼曰, "夫孟孫氏盡之矣, 進於知矣. 唯簡之而不得, 夫已有所簡矣. 孟孫氏不知所以生, 不知所以死, 不知孰先, 不知孰後. 若化爲物, 以待其所不知之化已乎! 且方將化, 惡知不化哉? 方將不化, 惡知已化哉? 吾特與汝, 其夢未始覺者邪! 且彼有駭形而無損心, 有旦宅而無情死. 孟孫氏特覺. 人哭亦哭, 是自其所以乃. 且也相與吾之耳矣, 庸詎知吾所謂吾之非吾乎? 且汝夢爲鳥而厲乎天, 夢爲魚而沒於淵. 不識今之言者, 其覺者乎, 其夢者乎!"

「大宗師」

죽음에 대한 장자의 2.5인칭 감각

      모르는 사람의 딸이 죽었을 때와 애지중지하던 내 딸이 죽었을 때, 두 경우에 우리가 죽음을 느끼는 강도는 확연히 다릅니다. 내 딸의 장례를 치른 뒤 집에 돌아왔다고 생각해보세요. 딸의 빈방에서도, 거실에서도, 부엌 식탁에서도, 욕실에서도, 딸이 신던 신발에서도, 딸이 입던 옷에서도, 딸이 가지고 놀던 곰인형에서도, 심지어 배우자에게서도 "딸이 없다"는 경험, 블랙홀과 같은 부재감에 사로잡힐 겁니다. 당연히 방의 있음, 거실의 있음, 식탁의 있음, 신발의 있음, 곰인형의 있음, 배우자의 있음, 심지어 자신의 있음마저 경험하기 힘들게 되죠. 바로 이것이 2인칭의 죽음입니다. 여기서 2인칭은 내가 '너'나 '당신'이라고 부르는 사람, 다시 말해 내 앞의 누군가를 가리키는 문법적 의미를 넘어섭니다. 인문학적 의미의 2인칭이니까요. 내가 사랑하는 사람, 기쁨을 주는 사람, 그래서 부재하면 내게 슬픔을 안기는 사람이 2인칭입니다. 반면 모르는 사람의 딸은 내게 3인칭이죠. 내가 애지중지하던 사람도 아니고, 기쁨을 주던 사람도 아니고, 없다고 해서 내게 엄청난 슬픔을 주는 사람도 아닙니다. 당연히 나는 3인칭의 죽음보다 2인칭의 죽음에 고통과 슬픔을 강하게 느낍니다. 땅이 꺼져 설 곳이 없어진 것 같은 박탈감입니다. 그래서 2인칭의 죽음은 자신을 포함한 모든 있음을 빨아들이는 블랙홀이 되는 겁니다. 땅이 꺼지면 그 위에 서 있던 모든 것들이 무너져 내리는 것과 같습니다. 바로 여기서 죽음에 대한 우리의 감정이 정착민적이라는 걸 직감해야 합니다. 정착생활은 내 땅, 내 집, 내 사람 등 소유의식을 강화시킵니다. 내 땅이 없다면 내 집이 없다면 내 사람이 사라지면, 정착민은 극심한 박탈감을 느끼게 됩니다. 이로부터 우리는 2인칭과 3인칭의 기원을 알게 됩니다. 정착민이 갖는 정착지 안과 정착지 바깥에 대한 감각이 중요합니다. 정착지 안에서 함께 정착생활을 하는 사람들이 2인칭의 기원이고, 정착지 바깥의 사람들, 즉 내 정착생활과 무관한 사람들이 바로 3인칭의 기원입니다.

디아스포라(diaspora)라는 말이 있습니다. 타의에 의해 기존에 살던 땅을 떠나 다른 문화나 지역으로 흩어져 살아가게 된 정착민 집단을 가리키는 말입니다. 고대 그리스어 디아스포라(διασπορά)라는 말 자체가 '(나는) 흩어진다'는 뜻의 동사 디아스페이로(diaspeirō, διασπείρω)에서 유래한 겁니다. 구체적으로 이 말은 바빌로니아나 로마제국에 의해 이스라엘 땅에서 추방당해 다른 지역으로 옮겨간 유대인을 가리키는 『성경』의 표현에서 유래합니다. 추방당한 정착민들은 추방지에서 자신이 살던 고향에 거의 병적인 집착을 보이기 시작합니다. 극심한 향수병이죠. 당연히 추방된 정착민들은 자신이 새로 정착한 땅을 긍정하기 어렵습니다. 새로 살게 된 땅은 친숙한 올리브 나무도 없고 물놀이 하던 개울도 없고 포근한 바람도 없는 곳으로, 다시 말해 고향의 부재로만 기억될 테니까요. 반면 지배와 복종을 피해 자발적으로 유목생활을 시작한 유목민들은 다릅니다. 사실 유목민들이 매 순간 쉬지 않고 초원과 사막을 배회하는 건 아닙니다. 어느 곳이든 마음에 들면 그들은 일정 시간 동안 그곳에 머무니까요. 유목민적인 것의 핵심은 부단히 이동하는 데 있는 게 아니라 언제든 이동할 수 있다는 데 있습니다. 유목민은 마음에 드는 새로운 땅을 찾아 기꺼이 떠날 수 있다는 게 중요합니다. 잠시 정착한 곳에서 유목민들은 과거 정착지에 대한 향수에 빠지지 않습니다. 물론 그렇다고 해서 유목민들이 자신이 머무는 곳을 사랑하지 않는 건 아닙니다. 사랑하는 동안에만 머문다는 게 정답일 겁니다. 유목민의 임시 정착지는 마음에 들어 머물기에 2인칭적인 곳이지만, 동시에 언제든 떠날 수 있는 곳이기에 3인칭적인 곳이기도 합니다. 반대로 지금 머물지 않는 곳은 3인칭적인 것 같지만 2인칭적이기도 하죠. 그래서 유목민에게 유라시아 전체 땅은 2인칭도 아니고, 그렇다고 3인칭도 아니라고 할 수 있습니다. 이것은 정착민이 자기 정착지를 2인칭으로 집착하고, 정착지 바깥을 3인칭적으로 생각하는 것과는 사뭇 다릅니다.

2.5인칭의 땅, 바로 그것이 유목민이 땅에 대해 갖는 감각의 핵심입니다. 떠났던 곳에 대한 향수나 앞으로 갈 곳에 대한 기대감도 유목민에게서는 거의 찾을 수 없는 감정입니다. A지역에서는 A지역을 긍정하고 B지역에서는 B지역을 긍정하니까요. 유목민은 긍정하는 지역에 머물고 머무는 지역을 긍정합니다. 그러니까 B지역에 새롭게 머물게 되었을 때, 유목민은 디아스포라처럼 이곳을 '−A'로, 다시 말해 A의 부재로 경험하지 않는다는 게 중요합니다. 유목민에게 떠나온 A지역에 대한 기억은 회한이나 슬픔의 정조가 아니라 좋았던 느낌으로 존재합니다. 하긴 당연한 일입니다. 유목민은 슬픔을 강요하는 땅에 억지로 머물지 않으니까요. 기쁨을 주는 한 어떤 지역에 지속적으로 머물

기 때문에, 떠난 곳에 대한 유목민의 기억은 기쁨의 정조로 채색되는 겁니다. 이렇게 2.5인칭으로 파악된 땅에 대한 유목민의 감각은 A지역에서는 A지역을 긍정하고, B지역에서는 또 B지역을 긍정하고, C지역에서는 마찬가지로 C지역을 긍정하는 것으로 구체화합니다. 머무는 곳에 대한 거의 완전에 가까운 긍정입니다. 그러니 B지역에 있을 때 유목민이 이 지역에 집중하지 못하고 C지역을 꿈꾼다고 오해해서는 안 됩니다. A지역에 대한 향수도, C지역에 대한 갈망도 B지역에 대한 몰입과 집중을 가로막을 수 있으니까요. 정착민이 아니라 유목민만이 발달시킨 2.5인칭의 감각! 이것은 장자가 죽음을 어떻게 생각했는지 이해할 수 있는 실마리가 됩니다. 죽음은 머물기와 떠나기의 사건이니까요. 하긴 장자의 소요유 정신은 정착민적 사유와 정착민적 감각을 넘어서려는 의지였다는 걸 생각해보면, 이는 당연한 귀결입니다. 이제 「대종사」편의 맹손재 이야기, 죽음에 대한 장자의 성찰이 멋지게 빛을 발하는 이 이야기를 읽을 준비가 된 것 같습니다.

맹손재가 죽음을 슬퍼하지 않은 이유

공자와 안회가 대화 주인공으로 등장하고 아울러 꿈 모티브를 채택하기에, 맹손재 이야기는 장자 본인이 만든 이야기일 가능성이 아주 높습니다. 공자에게 유학 사상을 부인하는 대사를 맡기는 장자의 재기발랄함이 눈부십니다. 모친상을 치르는 맹손재의 모습을 보고 공자의 수제자 안회가 스승 공자에게 당혹감을 피력하는 것으로 이야기는 시작됩니다. 먼저 우리는 공자와 그의 제자들, 혹은 전국시대 유가들의 흑역사를 상기할 필요가 있습니다. 아무리 제후국들을 돌아다녀도 등용되지 못한 공자와 그의 제자들이었습니다. 먹고살아야 했던 그들, 유가들은 일종의 장례 전문지도사 노릇을 하게 됩니다. 과거 장례 예식에 대한 박학한 지식을 십분 이용한 거죠. 전국시대에는 벼락부자나 벼락귀족들이 양산되었는데 그들은 자신을 과시할 허례허식에 무지했습니다. 그러니 장례지도사의 수요도 급증했던 겁니다. 『묵자(墨子)』「비유(非儒)·하(下)」편에는 당시 유가들의 삶을 조롱하는 흥미로운 이야기가 등장합니다. "가을이 지나 큰 초상이 나면 온 가족이 이에 따라 물리도록 먹고 마실 수 있고, 작은 초상 몇 개만 마쳐도 그 정도로는 살아갈 수 있다. 그들은 남의 집에 의지해 살찌고, 남의 땅에 의지해 존귀해진다. 그들은 부자가 상을 당하면 크게 기뻐하며 '이거야말로 입고 먹을 수 있는 기회다'라고 즐겁게 말한다[五穀旣收, 大喪是隨, 子姓皆從, 得厭飮食. 畢治數喪, 足以至矣. 因人之家以爲翠, 恃人之野以爲尊. 富人有喪, 乃大說, 喜曰, '此衣食之端也']." 『사기(史記)』「공자세가(孔子世家)」에는 공자를 "상갓집 개(喪家之狗)"에 비유하는 대목이 등장합니다. '상갓집 개'는 흔히, 상을 당해 경황이 없는 상가에서 기르던 개에게 밥을 챙겨주지 않아 개가 수척해진다는 의미로 독해됩니다. 이런 해석에 따르면, 공자는 능력이 없어서가 아니라 시대가 허락하지 않아 곤궁했던 인물이 됩니다. 그러나 이는 후대 유학자들의 공자 미화에 지나지 않습니다. 상갓집 개는 그냥 상가의 음식을 먹으려 배회하는 개, 상가와는 무관한 개로 이해해야 합니다. 잔치가 열리면 출현하는 각설이처럼 말이죠. 결국 맹손재 이야기는 장례 기능 보유자 공자와 장례 기술 계승자 안회 사이에 오갔던 장례에 대한 고품격 대담이었던 겁니다. 그러니 맹손재가 상을 치른 사례에 대한 안회의 평가는 묵직한 의미를 갖습니다.

지금 안회는 맹손재의 사례를 통해 자신의 장례기술이 어느 정도 수준인지를 자랑하는 중입니다. "맹손재는 자신의 어머니가 죽었을 때 곡은 했지만 눈물은 흘리지 않았고 마음속으로도 슬퍼하지 않았으며 장례를 지낼 때도 애도하지 않았습니다. 이런 세 가지가 없음에도, 그는 노나라에서 장례를 잘 치른 자로 명성을 떨쳤습니다." 안회의 이 평가에는 장례 전문가로서의 그의 자부심, 즉 죽음이 무엇인지 잘 알고 있다는 유가로서의 자긍심이 묻어 있습니다. 그렇지만 공자는 안회에게 맞장구를 쳐주기보다 장례기술전승 집단으로서의 유가를 스스로 부정하는 멘트를 던지죠. "맹손재는 죽음과 장례에 대한 앎을 넘어 그것을 모두 실천한 사람이다. 장례를 간소히 치르려 해도 뜻대로 하기는 어렵다. 그렇지만 그에게는 이미 간소히 한 것이 있다." "죽음과 장례에 대한 앎을 넘어섰다"는 말은 맹손재가 유학 사상을 극복했다는 것, 동시에 유학이 수준이 떨어지는 사유 체계라는 걸 의미합니다. 심지어 맹손재는 그 복잡한 절차마저 "간소히 합니다". 복잡한 절차를 대신 해주기에 유가들이 상갓집 개로 연명할 수 있습니다. 그러니 맹손재는 유가의 영업을 방해하고, 심지어 유학을 괴멸시킬 수도 있는 위험인물이라고 할 수 있습니다.

그럼에도 불구하고 공자는 그가 장례 절차를 100퍼센트는 아니지만 나름 간소히 했다고 극찬합니다. '간소히 한다'는 뜻의 동사 '간(簡)'은 '비운다'는 뜻의 동사 '허(虛)'를 상징한다는 것에 주목해야 합니다. 맹손재는 '눈물[涕]' '슬픔[戚]' 그리고 '애도[哀]'를 간소히 하고 죽음과 장례에 직면했던 사람입니다. 물론 안회의 말대로 맹손재도 어머니가 죽었을 때 곡은 했습니다. 사실 그는 곡마저 하지 않으려고 했지만, 곡을 간소히 하는 데는 실패합니다. 그러나 맹손재가 자발적으로 곡을 한 건 아닙니다. 이웃과 지인들이 문상 와서 곡을 했기에 그도 어쩔 수 없이 그렇게 한 것이기 때문입니다. "다른 사람들이 곡할 때 그 또한 곡을 했는데, 이것은 사람들이 그렇게 한 것을 따른 것이다."

형식적인 곡을 포함한다면, 결국 모친상을 당한 맹손재는 죽음과 장례에 대한 모든 것을 "간소히 한", 다시 말해 '비운' 사람이라고 할 수 있습니다. 그런데도 공자는 이런 맹손재가 죽음과 장례에 대한 꿈에서 "홀로 깨어난[特覺]" 사람이라고 존경을 표합니다. 공자의 평가가 옳다면, 모친상을 당한 대부분의 사람들이 "곡하고 눈물을 흘리며, 슬퍼하고 애도하는" 것은 꿈에 빠져 허우적거리는 일이 되어버리죠. 여기서 장례기술전문가 집단 유가는 자폭하고 맙니다. 그들은 사람들을 깨우기는커녕 그들의 꿈을 증폭시켜 생계를 유지하는 사기 집단이 되는 셈이니까요. 어쨌든 여기서 홀로 깨어난 맹손재의 내면이 궁금해집니다. 맹손재는 어머니의 죽음 그 자체를 부정하지는 않습니다. 맹손재는 어머니가 죽어 자신을 떠났다는 걸 압니다. 왜 그는 "곡하고 눈물을 흘리며, 슬퍼하고 애도하지" 않았던 걸까요? 생전 어머니를 사랑하지 않아서 그런 건 아닙니다. 맹손재는 정착민적 감수성이 아니라 유목민적 감수성의 소유자였습니다. 자신도 언젠가 떠날 임시 정착지에서 누군가 먼저 떠날 때, 유목민들은 그 이별을 그다지 슬퍼하지 않습니다. 반면 정착민들에게 정착지를 떠난다는 건 엄청난 불안감과 공포, 나아가 슬픔을 안겨주는 사건일 겁니다. 삶을 기뻐하고 죽음을 싫어하는 강도가 정착민적 감수성에서 더 강하다는 것에 주목해야 합니다. 삶은 정착이고 죽음은 디아스포라로 느껴지니까요. 이것이 정착문명에서 귀신과 제사의 제도가 발달한 이유이기도 합니다. 고향을 떠난 불행한 영혼이 1년에 한 번 돌아와 따뜻한 환대를 받는다는 발상입니다. 그래서 후대 성리학에서는 귀신(鬼神)의 귀(鬼)라는 글자에 '돌아온다'는 뜻의 '귀(歸)'의 의미를 덧붙였던 겁니다. 그러나 유목민적 감수성에는 돌아온다는 발상 자체가 없습니다. 자신이 자유롭게 다른 곳으로 떠날 뿐입니다. 당연히 유목민에게서 삶에 정착하려는 집착은 정착민이 보면 놀랄 정도로 희박할 수밖에 없습니다.

삶은 삶으로, 죽음은 죽음으로 긍정하라

맹손재에게 어머니는 먼저 떠난 유목민이었습니다. 그리고 맹손재의 어머니는 돌아올 필요도 없습니다. 맹손재도 어머니처럼 떠날 테니까요. 아는 사람이 아무도 없는, 이미 다른 사람이 머무는 곳에 다시 와서 무엇하겠습니까? 맹손재는 압니다. 죽음은 나중에 떠날 유목민보다 먼저 어떤 유목민이 떠나는 사건이라는 걸요. 그러나 함께 있을 때 유목민들은 서로를 충분히 아껴주고 환대한다는 걸 잊어서는 안 됩니다. 언제고 떠날 수 있지만 함께 있었다는 걸 잊어서는 안 됩니다. 떠날 수 있는데도 떠나지 않고 머문다는 건 진정으로 누군가를 사랑한다는 징표입니다. 떠날 수 없어서 억지로 정을 붙이기도 하는 정착민적 마음, 떠날 수 없기에 사랑한다는 정신승리를 구가하는 마음으로는 헤아리기 힘든 일일 겁니다. 자신도 떠나리라 생각하지 못하는 사람만이 떠난 사람에게 안타까움과 슬픔을 느끼는 법입니다. 자신도 죽는다는 걸 그야말로 온몸으로 절실하게 안다면, 우리는 누군가의 죽음에 대해 눈물이 별로 나지 않을 겁니다. 반대로 쏟아지는 눈물을 주체할 수 없다면, 자신도 죽는다는 사실을 단지 관념으로만 알고 있다는 증거입니다. 죽음을 앞둔 사람이 문상을 오는 경우와 그렇지 않은 사람이 문상을 오는 경우를 비교해보면, 이 점은 분명해집니다. 맹손재는 자신이 임시 정착지에 잠시 머물고 있다는 걸 아는 사람입니다. 바로 이것이 죽음에 대해 홀로 깨어 있던 맹손재의 핵심 정조입니다. 어쩌면 먼저 죽은 사람 앞에서 보이는 눈물과 슬픔은 자신은 죽지 않았다는 확인과 안도의 표현일지도 모릅니다. 운다는 것, 그것은 남은 자들 혹은 산 자들의 살아 있다는 자기 희열의 반영일 수도 있습니다. 영정을 흐리는 우리의 눈물은 그래서 상징적인 데가 있습니다. 눈물의 막은 만리장성이 되어 우리 자신의 삶을 보호하고, 고인을 삶의 장벽 밖으로 추방하니까요.

친절한 장자는 공자의 입을 빌려 맹손재의 유목민적 감수성, 그 소요유의 감각을 설명합니다. '유목민(遊牧民)'의 유(遊)와 '소요유(逍遙遊)'의 유(遊)가 섬광처럼 중첩되는 대목입니다. 먼저 장자는 "맹손재가 태어난 이유나 죽는 이유를 알려고 하지 않았고, 어느 것이 중요하고 어느 것이 부차적인지도 알려고 하지 않았다"고 이야기합니다. 119라는 번호가 붙은 비트겐슈타인의 유고에 흥미로운 구절이 있습니다. "어떤 것을 '원인'이라 부른 것은 '그에게 책임이 있다!'라고 가리켜 말하는 것과 비슷하다." 진한 글자는 비트겐슈타인 본인이 그렇게 표기한 겁니다. 삶에 문제가 벌어지면 우리는 그렇게 만든 원인을 찾습니다. 사랑에 빠졌던 사람이 "왜 우리는 누군가를 사랑하는가?"라고 자문한다면, 이 사람의 사랑에는 무언가 문제가 생긴 거죠. 사랑이 충만하고 사랑을 향유하고 있다면, 우리는 사랑에 "왜?"라는 의문을 붙이지 않습니다. 태어난 이유든 죽는 이유든 "왜?"라는 의문을 던진다면, 삶을 긍정하지 못하고 있는 겁니다. 이제야 맹손재가 왜 "태어난 이유나 죽는 이유를 알려고 하지 않았는지"가 분명해집니다. 그는 삶을 긍정했던 사람, 지금 잠시 머무는 삶, 어머니와 함께한 삶을 향유했던 사람입니다. 그러니 태어나기 전의 상태나 죽은 뒤의 상태는 그의 마음속에 들어올 수도 없는 거죠. 당연히 어떻게 사느냐의 여부나 어떻게 죽느냐의 여부 중 무엇이 중요한지도 그에게는 문제가 되지 않습니다. 이 정도로도 충분히 근사하지만, 지적인 독자들에 대한 노파심에 장자는 사족을 하나 붙입니다. "변화에 따라 하나의 사물로 태어났다면, 자신이 알지 못하는 변화가 끝나기를 기다려야만 하는 것 아닌가! 게다가 장차 변화한다면, 어떻게 변화하지 않음을 알겠는가? 장차 변하지 않게 된다면, 어떻게 이미 변화했었음을 알겠는가?" 인식론적 설명입니다. 살아서 변화를 겪고 있다면 어떻게 태어나기 전의 상태나 죽은 뒤의 상태를 알 수 있겠냐는, 이제 죽어 더 이상 변화를 겪지 않게 되면 어떻게 살았을 때의 상태를 알 수 있겠냐는 이야기입니다. 사실 맹손재는 태어나서 자신이 겪은 모든 변화를 긍정했던 사람입니다. 늙어도 그것을 젊음의 부재로 생각하지 않고 다리가 잘려도 그것을 다리의 부재로 생각하지 않았으니까요. 여기서도 유목민적 감수성이 빛을 발합니다.

과거 머물던 A지역과 지금 머무는 B지역에 가치평가를 하지 않는 유목민처럼 맹손재는 과거의 젊음에 연연하면서 지금의 늙음을 부정하지 않습니다. 이처럼 "몸이 망가지더라도 마음을 소모하지 않았던" 그가 "몸을 떠나려 해도 죽음에 신경 쓰지 않는다는 것"은 어쩌면 너무 당연한 일이죠. 삶에 집착해 죽음을 피하려는 맹손재가 아닙니다. 젊은 내가 나이고, 사지가 멀쩡한 내가 나이고, 살아 있는 내가 나라고 생각하는 게 바로 장자가 말한 헛된 꿈입니다. 이런 자의식은 늙음을 젊음의 부재로, 불구를 정상의 부재로, 죽음을 삶의 부재로 느끼게 됩니다. 늙음은 늙음으로, 불구는 불구로, 그리고 죽음은 죽음으로 긍정해야 합니다. 물론 젊음을 늙음의 부재로, 정상을 불구의 부재로, 삶을 죽음의 부재로 생각해서도 안 됩니다. 젊음은 젊음으로, 정상은 정상으로, 삶은 삶으로 긍정해야 하니까요. 그렇다고 해서 젊음과 늙음은, 정상과 불구는, 그리고 삶과 죽음은 하나라는 몽환적

중요한 건 젊음과 늙음, 정상과 불구, 삶과 죽음 중
어느 하나에 우월한 가치를 부여하지 않는 감각입니다

일체감에 빠져서도 안 됩니다. 젊음과 늙음은, 정상과 불구는, 삶과 죽음은 구별되어야 합니다. 중요한 건 젊음과 늙음, 정상과 불구, 삶과 죽음 중 어느 하나에 우월한 가치를 부여하지 않는 감각입니다. 땅에 대한 2.5인칭의 감각, 유목민적 감각이 타인에 대해서나 우리 자신에 대해서도 필요한 이유입니다. 겨울에 머무는 곳도 좋고 여름에 머무는 곳도 좋습니다. 그래야 나나 나와 함께 있는 타인도, 나와 함께 있는 양이나 낙타, 그리고 말도 머무는 어느 곳에서나 여유롭고 행복할 수 있습니다. 그래서 공자의 입을 빌려 장자는 말했던 겁니다. "지금 우리는 자신을 나라고 여기고 있을 뿐인데, 어떻게 우리가 나라고 여기는 것이 실제로 내가 아님을 알겠는가?" 우리는 태어나서 끝내 죽는 존재, 살아서도 부단한 변화를 겪는 존재라는 장자의 생각입니다. 사랑하는 타자도 그렇고 나 자신도 유목민일 뿐입니다. 그어떤 변화의 국면에 영구히 머물러 정착하려고 해서는 안 됩니다. 특히 소중하다고 느끼기 쉬운 것들에 대해서는 더욱 그렇습니다. 어머니를 떠나보내는 맹손재! 다른 유목지로 떠나며 먼발치에서 겨우내 있던 유목지를 얼핏 돌아보는 유목민의 마음입니다. 안녕! 잠시 머물기를 허락했던 땅이여! 안녕! 엄마! 갈 길을 재촉하는 그의 얼굴에 미소가 다시 번집니다. 초원의 바람이 그의 자유를 맞아줍니다.

40

예술이 간신히
탄생하는 순간

재경 이야기

재경(梓慶)이 나무를 깎아서 악기 받침대를 만들었다. 받침대가 만들어지자 그것을 본 사람들은 귀신의 솜씨와 같다며 놀라워했다. 노나라 군주도 악기 받침대를 보고 재경에게 그에 대해 질문했다. "너는 어떤 방법으로 이렇게 만들었는가?"

재경은 대답했다. "저는 비천한 목공인데, 무슨 별다른 방법이 있었겠습니까? 그렇지만 한 가지 방법이 있기는 합니다. 받침대를 만들 때 저는 기를 소모하는 일 없이 재계하여 마음을 고요하게 만듭니다. 3일 동안 재계하면 치하의 상이나 작록 등에 대한 기대를 마음에 품지 않게 됩니다. 5일 동안 재계하면 비난과 칭찬, 그리고 숙련과 거침이라는 평가를 마음에 두지 않게 됩니다. 7일 동안 재계하면 문득 나 자신에게 사지와 몸이 있다는 것을 잊게 됩니다. 이때가 되면 국가의 위세에 대한 두려운 생각이 마음에서 없어지게 되고 안으로는 마음이 전일해지고 밖으로는 방해 요인들이 사라지게 됩니다. 이런 다음에 저는 산림으로 들어가 나무들의 자연스러운 성질을 살피는데, 그러면 나무들의 몸이 하나하나 제게 다가옵니다. 그 후 완성된 악기 받침대를 떠올리도록 만드는 나무 한 그루가 마음에 들어와야 저는 손을 대서 자르기 시작합니다. 만약 그렇지 않다면 저는 결코 나무에 손을 대지 않습니다. 저의 역량과 나무의 역량이 부합되니, 제가 만든 악기 받침대를 귀신이 만든 것 같다고 하는 이유도 아마 여기에 있는 것 같습니다."

「달생」

梓慶削木爲鐻. 鐻成, 見者驚猶鬼神. 魯侯見而問焉, 曰, "子何術以爲焉?"
對曰. "臣, 工人, 何術之有? 雖然, 有一焉. 臣將爲鐻, 未嘗敢以耗氣也, 必
齊以靜心. 齊三日, 而不敢懷慶賞爵祿. 齊五日, 不敢懷非譽巧拙. 齊七日,
輒然忘吾有四枝形體也. 當是時也, 无公朝, 其巧專而外滑消. 然後入山林,
觀天性, 形軀至矣. 然後成見鐻, 然後加手焉. 不然則已. 則以天合, 器之所
以疑神者, 其是與!"

「達生」

자본과 권력의 족쇄를 끊을 자유의 힘

———

이야기 모음집 『장자』의 특이성 중 하나는 예술가의 경지에 이른 장인들을 찬양하는 우화들이 많다는 겁니다. 소를 잡는 포정, 수레바퀴를 만드는 윤편, 목재를 다루는 공수 등이 바로 그 장인들입니다. 장인들을 주인공으로 캐스팅한 이유는 크게 두 가지를 생각할 수 있습니다. 하나는 말만 앞세울 뿐 현실에 무능한 사변적 지식인들, 나아가 정신노동의 우월성으로 억압체제를 정당화하는 대인들을 비판하려는 겁니다. 포정과 같은 푸주한이 없다면 고기 한 점 제대로 먹을 수 없는 이들이죠. 정신노동자는 육체노동자를 착취하지 않고는 하루라도 자신의 삶을 제대로 영위할 수 없지만, 육체노동자는 정신노동자가 없어도 거뜬히 삶을 영위할 수 있는 강자입니다. 장자는 소인으로 폄하된 민중이 지배자들이 없어도 사는 데 아무런 지장이 없다는 걸 자각하기를 원했습니다. 육체노동이 비천함의 표시가 아니라 당당한 자유인의 자긍심이 되는 사회, 바로 이것이 장자가 꿈꾸던 사회였으니까요. 장자가 장인을 이야기 주인공으로 캐스팅한 또 다른 이유는 미숙한 사람이 장인이 되는 과정이 타자와 소통하는 방법, 나아가 타자에 이르는 길을 만드는 과정을 극적으로 보여주기 때문입니다. 포정에게 소는, 그리고 윤편이나 공수에게 나무는 모두 타자를 상징합니다. 소를 잡는 방법이나 목재를 다루는 방법을 알려주는 책은 별반 도움이 되지 않습니다. 엄청난 시행착오를 온몸으로 감당해야 포정은 포정이, 윤편은 윤편이, 그리고 공수는 공수가 될 수 있는 법입니다. 마음과 몸이 따로 노는 게 아니라 타자에 대해 육체적 이성이나 이성적 육체를 달성할 때, 소통은 이루어지니까요.

문제는 장인이 된다는 사실, 대인이 존중하는 소인이 된다는 것에는 묘한 불편함이 느껴진다는 사실입니다. 그 불편함은 정착사회, 나아가 영토국가가 분업체제로 기능한다는 사실과 관련이 있습니다. 수직적으로는 천-천자-대인-소인이라는 정신노동과 육체노동 시이의 분업이 있고, 수평적으로는 다양한 정부 부처나 회사의 부서처럼 대등한 역할들 사이의 분업이 있습니다. 수직적 분업과 수평적 분업이 결합되면서 위계질서의 피라미드 구조가 완성됩니다. 포정이든 윤편이든 공수든 피라미드 제일 하층부 어느 자리에 속해 있습니다. 예나 지금이나 분업체계에 적응하면 체제의 부품이 됩니다. 전체 기계를 떠나서는 존재 이유가 없는 나사와 같죠. 자본주의 분업체계가 발달하면서, 우리 주변에 노숙자가 늘어난 것도 이런 이유에서입니다. 전문직은 버려지는 순간 생계 수단이 막연합니다. 마찬가지로 장자가 찬양했던 장인들도 삶에 필요한 거의 모든 일을 할 수 있는 혹은 해야만 하는 유목민과는 다릅니다. 소를 귀신처럼 잡으려면, 수레바퀴를 정교하게 만들려면, 목재를 예술적으로 다루려면, 소에만 집중하고 수레바퀴나 목재하고만 오랜 시간을 보내야 합니다. 한마디로 자기 분야를 제외하고는 젬병이 되어야 기술의 달인이 될 수 있다는 이야기입니다. 결국 소를 잡지 않으면 포정은 생계를 유지하기 힘듭니다. 이것은 윤편이나 공수도 마찬가지죠. 군주나 대인 앞에서 당당하게 자신의 경지를 피력했던 장인들은 사실 분업체제를 벗어나기 힘듭니다. 바로 여기가 장자의 장인 예찬이 묘한 불편함을 주는 대목입니다. 고기를 먹고 수레를 타고 목공예품을 소비하는 지배계급, 이런 사치와 허영의 존재들이 사라지면, 포정도 윤편도 그리고 공수도 당장 생계를 유지하기 힘들 테니까요.

장자의 영민함은 그가 이런 묘한 불편함을 분명히 느꼈다는 데 있습니다. 포정 이야기를 떠올려보세요. 그는 다른 어떤 것도 생각하지 않고 소에만 집중합니다. 소에만 집중할 때 그는 순간적이나마 억압체제 전체를 잊습니다. 포정 자신과 소 사이에 어떤 것도 개입할 수 없으니까요. 바로 이 부분에 장자는 초점을 모으고 있는 겁니다. 윤편도 공수도 마찬가지입니다. 작업을 하기 전에 그들은 군주의 권세나 명령을 의식합니다. 그러나 작업이 시작되면 수레바퀴나 목공예품을 만들라는 상부의 명령은 의식에 남아 있어서는 안 됩니다. 심지어 그들은 자신이 장인이라는 생각마저 하지 않아야 합니다. 작업하는 동안 장인은 완전한 자유인이 됩니다. 빈 배처럼, 빈 구멍처럼, 혹은 대붕처럼 되니까요. 소가 부위별로 해체된 다음, 수레바퀴가 만들어진 다음, 그리고 공예품이 완성된 다음, 포정이나 윤편 그리고 공수는 분업체제가 규정한 자기 자리로 돌아옵니다. 다람쥐가 쳇바퀴를 도는 것과 같은 불행한 과정을 반복하는 것 같지만, 장자는 순간적이나마 자유인이 되는 장인의 경험에 밑줄을 긋습니다. 자유인의 경험이 반복되고 쌓이면 이것은 대붕을 비상시켰던 바람이 될 수 있으리라는 기대입니다. 윤편 이야기에서 윤편은 당상에 올라 군주의 오류를 지적합니다. 목숨을 걸어야, 아니 생명마저 안중에도 없어야 가능한 행동을 유편이 할 수 있었던 이유는 무엇일까요? 작업을 하지 않는 시간에도 그는 자유인의 당당함을 유지하는 데 성공한 겁니다. 장인들을 예찬하는 수많은 이야기들에도 불구하고 장자가 '재경 이야기'를 다시 만든 이유는 분명합니다. 작업에 몰두하는 순간 반드시 비워야 하는 것, 아니 비워지는 건 국가주의라는 걸 말하고 싶었던 겁니다. 자본과 권력에 포획되어 있을지라도 예술은 그 족쇄를 끊을 수 있는 자유의 힘을 품고 있다는 통찰을 장사는 했던 겁니다.

재경이 7일 동안 비운 것들

포정, 윤편, 공수처럼 재경도 성(姓)이 없는 사람, 대인에게 소유될 뿐 무언가를 가질 수는 없는 소인입니다. 재경도 그냥 그를 부리는 귀족이 부르던 이름일 뿐입니다. "야! 목공[梓] 경(慶)아!" 이 목공은 자기 주인의 거대한 저택 내부를 장식하는 가구나 장식품을 잘 만들었나 봅니다. 손님들이 놀러 와 그 목제품들을 보고 경탄을 자주 하자, 노나라 대인이었던 주인은 자기 목공을 경탄이나 축하를 뜻하는 '경(慶)'이라고 불렀을 겁니다. 목공 경! 즉 재경은 주인이 자랑하는 목공이었습니다. 이번에 주인은 선물로 근사한 현악기를 받습니다. 당연히 그걸 장식할 장식대가 필요하겠죠. 재경이 나무를 깎아 악기 받침대, 즉 거(鐻)를 만든 이유입니다. 이번에도 재경은 예술의 경지에 이른 악기 받침대를 만듭니다. "받침대가 만들어지자 그것을 본 사람들은 귀신의 솜씨와 같다며 놀라워했습니다." 이제 누구도 악기 받침대에 올려진 악기에는 신경조차 쓰지 않습니다. 악기 받침대가 압도적 아우라를 뿜어냈으니까요. 동료 대인들의 관람이 이어지고 악기 받침대의 명성이 높아지자, 노나라 군주도 소문을 듣고 왔나 봅니다. 악기 받침대에 매료된 군주는 재경을 불러오라고 명령했고, 마침내 재경은 군주 앞에 섭니다. 재경을 보자 노나라 군주가 묻습니다. "너는 어떤 방법으로 이렇게 만들었는가?" 그러자 재경은 대답합니다. "저는 비천한 목공인데, 무슨 별다른 방법이 있었겠습니까? 그렇지만 한 가지 방법이 있기는 합니다." 이렇게 재경 이야기는 우리의 호기심을 자극하며 멋지게 시작됩니다. 악기 받침대가 악기를 집어삼킬 만한 예술 작품이 될 수 있었던 방법은 과연 무엇일까요?

주인으로부터 악기 받침대를 제작하라는 명령을 듣자, 재경은 "기(氣)를 소모하는 일 없이 재계하여 마음을 고요하게 만들려고" 합니다. 다른 데 에너지를 소모하지 않고 에너지를 모아야 그것을 악기 받침대 제작에 투여할 수 있으니까요. 그래서 마음을 고요하게 만든다는 뜻의 "정심(靜心)"이라는 표현이 중요합니다. 과거 귀족들이 청동거울로 자기 모습을 비추어 보았다면, 가난한 민중들은 물에 자기 모습을 비추어 보았습니다. 당연히 청동거울에 녹이 슬면 안 되고, 물은 요동치면 안 됩니다. 녹슨 청동거울이나 요동치는 물은 사물을 제대로 반영할 수 없으니까요. 명경지수(明鏡止水)라는 사자성어는 이런 문맥에서 만들어진 겁니다. '밝게 닦인 청동거울[明鏡]'과 '고요하게 멈춘 물[止水]이라는 뜻입니다. 재경이 말한 '정심'은 명경보다는 직접적으로 지수에 비유될 수 있습니다. '지수'는 '물을 고요하게 만드는' 노력이라고 해석될 수도 있고, 그런 노력으로 달성한 '고요해진 물'의 상태로 해석될 수도 있습니다. 어쨌든 한 줄기 바람도 불어서는 안 되고, 나뭇잎 한 장도 떨어져서는 안 됩니다. 고요해진 물이 요동치는 순간 그 물은 더 이상 외부 사물을 맑게 반영할 수 없으니까요. 물과 사물 사이에 바람이든 나뭇잎이든, 삼자가 개입하면 안 됩니다. 재경의 마음과 나무 사이에도 어떤 것도 개입해서는 안 됩니다. 그래야 나무의 모양, 나무의 결, 나무의 재질 등이 왜곡되지 않고 재경의 마음에 비추어질 수 있습니다. 구멍을 비워야 바람을 맞아 그에 맞는 바람 소리를 낼 수 있다는 바람 이야기의 가르침이 연상되는 대목입니다. 그래서 재경의 '정심'은 '허심'이라고 표현해도 좋습니다. 타자를 투명하게 반영할 수 있는 고요한 마음과 타자를 담을 수 있는 빈 마음은 같은 상태에 대한 다른 표현일 뿐이니까요.

청동거울은 한 번에 밝아지지 않습니다. 녹을 닦고 또 닦아야 합니다. 더군다나 잠시 손을 놓으면 녹은 스멀스멀 거울 표면에 다시 생겨납니다. 물도 한 번에 바로 고요해지지 않습니다. 바람도 막고 떨어진 잎사귀도 계속 제거해야 합니다. 조금만 방심하면 다시 바람이 불고 다시 잎들이 떨어질 수 있습니다. 바람을 막으며 재경은 지속적으로 물 위에 떨어진 잎사귀들을 제거하고자 합니다. 마음을 동요시키는 일체의 계기들을 제거하고 비워내는 겁니다. 물 위에 쌓인 나뭇잎들은 축축한 채로 켜켜이 층들을 이루고 있었나 봅니다. 3일 정도 마음과 나무 사이의 소통을 가로막는 장애물을 없애려는 작업 끝에, 제일 위의 젖은 나뭇잎들이 제거됩니다. 그건 군주나 주인이 내리는 "치하의 상이나 작록"에 대한 기대감이었습니다. 재경은 당근을 원하고 채찍을 피하려는 복종에의 욕망을 버린 겁니다. 이어 제거 작업 5일째가 되자, 두 번째 층의 나뭇잎들을 건져내는 데 성공합니다. 그건 주변 동료나 일반 사람들의 "비난과 칭찬, 그리고 숙련과 거침이라는 평가"였습니다. 이제 재경은 인정에의 욕망도 버리게 된 겁니다. 그러나 마음을 고요하게 하려는 재경의 노력은 여기서 그치지 않고 절정으로 치닫습니다. 7일째가 되자, 재경은 "문득 나 자신에게 사지와 몸이 있다는 것을 잊게 됩니다". 사지와 몸을 잊었다는 건 죽음에 대한 공포와 삶에 대한 갈망마저 벗어던졌다는 의미입니다. 자신의 사지와 몸을 중요하다고 생각하지 않는데, 누가 내 다리를 자르거나 내 목을 조르겠다고 협박할 수 있겠습니까? 생사관(生死關)을 통과한 재경에게는 이제 무서운 게 없는 겁니다. 어떻게든 생명을 유지하겠다는 맹목적 본능이 없다면 지배계급의 칭찬이나 일반 사람들의 평가에 목말라할 이유도 없다는 장자의 통찰입니다. 세 번째 마지막 층위에 깔려 있던 나뭇잎들이 제거되면서 재경은 허(虛)이자 망(忘)의 상태에 이른 겁니다. 이제 소통을 가로막는 모든 장애물이 제거된 셈입니다.

국가도 군주도 인정욕구도 조연으로

    7일 동안 재경은 마음을 잊으려는 노력, 마음을 비우려는 노력, 마음을 고요하게 하려는 노력을 집요하게 견지합니다. 그 결과 최종적으로 남은 건 재경 본인과 나무, 오직 '둘'뿐입니다. 바로 이 대목에서 재경은 둘의 상태를 막았던 것들의 요체를 한마디로 정리합니다. 국가의 위세, 즉 "공조(公朝)"가 바로 그것입니다. "국가의 위세에 대한 두려운 생각이 마음에서 없어지게 되고 안으로는 마음이 전일해지고 밖으로는 방해요인들이 사라지게 됩니다." 복종에의 욕망, 인정에의 욕망, 심지어 죽음에 대한 공포와 삶에 대한 갈망마저도 모두 국가가 만들었다는 날카로운 통찰이 없다면, 불가능한 말입니다. 바로 이 대목에서 우리는 사랑(amour)은 둘(deux)의 사건에서 출발한다는 바디우(Alain Badiou, 1937~)의 이야기를 떠올릴 필요가 있습니다. 『조건들(Conditions)』에서 바디우는 말합니다. "사랑은 융합적인 것이라는 관념에 대한 거부. 사랑은 구조 속에서 주어진 것으로 가정되는 둘이 황홀한 하나를 만드는 것이 아니다. (…) 황홀한 하나란 단지 다수를 제거함으로써만 둘 너머에 설정될 수 있는 것이기 때문이다. (…) 사랑은 희생적인 것이라는 관념에 대한 거부. 사랑은 동일자를 타자의 제단에 올려놓는 것이 결코 아니다. (…) 오히려 사랑은, 둘이 있다는 후(後)사건적인 조건 아래 이루어지는, 세계의 경험 또는 상황의 경험이다." 수많은 사람들이 서로 마주치지 못하고 스쳐 지나갑니다. 그러다 두 사람은 마주치고 그 마주침을 지속하려는 욕망을 갖게 됩니다. 사랑이라는 사건, 둘이 만들어지는 사건은 이렇게 발생합니다. 이성애를 예로 들면 두 남녀가 남자 주인공과 여자 주인공이 되는 경험이 사랑이라는 겁니다. 둘이 탄생하는 순간 아버지, 어머니, 선생님, 대통령, 회사 사장 등 다른 모든 사람들은 조연이 되고 국가나 자본마저도 배경이 되고 맙니다. 수많은 인파 속에서도 둘이 된 사람이 그를 혹은 그녀를 쉽게 찾아내는 것도 이런 이유에서입니다.

남자 주인공과 여자 주인공, 이 둘이 유지되어야 사랑이 유지될 수 있습니다. 그래서 바디우는 둘이 '하나'가 되어서 소멸하는 걸 극도로 경계합니다. '둘'이 유지되는 조건에서 두 사람이 씨줄과 날줄이 되어 만들어가는 경험의 피륙, 그것이 사랑입니다. 바디우의 말대로 "사랑은, 둘이 있다는 후(後)사건적인 조건 아래 이루어지는, 세계의 경험 또는 상황의 경험"이기 때문이죠. 둘에서 중요한 것은, 남자 주인공과 여자 주인공이라는 말에서 암시되듯 둘은 삶의 두 주인공, 즉 노예가 아니라 삶의 주인이 된다는 사실입니다. 카페에서 다투는 연인을 떠올려보세요. 남자가 여자에게 주의를 줍니다. "야! 목소리 좀 낮춰! 옆 사람들이 보잖아." 여자는 본능적으로 화가 치밀어 오를 겁니다. 옆 사람들이 주인공이 되고 이제 자신은 옆 사람들 눈치나 보는 조연이 되라고 남자가 요구하니까요. 이제 남자가 여자를 조연으로 간주하는 셈이니, 이 연인의 사랑은 비극으로 치닫게 되는 겁니다. 어쨌든 둘로 서게 된 남자 주인공과 여자 주인공 사이의 관계는 재경과 나무 사이의 관계에 엄청난 빛을 던져줍니다. 재경이 나무에 복종해서 '하나'가 되어서도, 나무가 재경 뜻대로 다루어져 '하나'가 되어서도 안 됩니다. 재경도 주인공으로 나무도 주인공으로 있어야 합니다. 그래야 재경과 나무가 두 주인공이 되는 근사한 영화가 상영될 수 있으니까요. 국가도 배경으로 물러나고 심지어 군주마저 조연이 되면서, 재경은 남자 주인공이 됩니다. 이제 이 남자 주인공은 산에 들어가 여자 주인공이 될 나무를 찾아 나섭니다. 마침내 "완성된 악기 받침대를 떠올리도록 만드는 나무 한 그루"를 만나게 됩니다. 여자 주인공을 만난 셈이죠. 그와 동시에 신속의 나머지 나무들은, 궁궐 대들보가 될 만한 근사한 나무나 배를 만들 수 있는 튼실한 나무조차 모두 조연으로 물러나고 맙니다.

남자 주인공 재경과 여자 주인공 나무는 스스로 주인공임을 유지하는 동시에 상대방을 주인공으로 존중한 채, 사랑의 피륙을 짜기 시작합니다. 재경은 말합니다. "저의 역량과 나무의 역량이 부합된다[則以天合]"고 말이죠. 그 결과 "귀신이 만든 것과 같은 악기 받침대"가 탄생합니다. 당근을 원하고 채찍을 피하려는 복종에의 욕망도, 타인에게 인정받으려는 욕망도, 죽음에 대한 공포와 삶에 대한 갈망도 일체 개입하지 않았기 때문에 가능했던 겁니다. 군주도, 세상 사람도, 죽음에 대한 공포와 삶에 대한 갈망마저 조연이 되어야 합니다. 재경과 나무가 주인공이 되어 근사한 아이를 잉태하고 생산할 수 있으려면 말입니다. 그래서 재경의 악기 받침대는 주인공의 품격을 고스란히 가지게 되고, 표절은 생각할 수 없을 정도로 독창성(originality)과 권위(authority)를 갖추게 됩니다. 진정한 권위는 앵무새가 아니라 작가(author)에서 온다는 윤편 이야기의 통찰이 떠오르는 대목입니다. 재경의 악기 받침대는 자유의 증거, 주인의 증거, 사랑의 증거였던 겁니다. 노나라 군주는 악기 받침대가 예술의 경지에 이른 것을 찬탄하고 경배합니다. 그런데 그는 알까요? 자신의 찬탄은 재경과 나무가 두 명의 주인공이 되는 것에 대한 긍정이라는 사실을 말입니다. 이것은 유일한 주인을 자처하는 군주로서의 자기 부정일 수밖에 없습니다. 노나라 군주는 재경이라는 소인에게 자유를 인정하고 나무 각각의 고유성을 긍정할 수 있을까요? 아마 힘들 겁니다. 재경을 주인공으로 긍정하는 순간, 노나라 군주는 더 이상 재경과 같은 피지배계급을 노예처럼 부릴 수 없을 테니까요. 여기서 노나라 군주는 딜레마에 빠지고 맙니다. 재경의 악기 받침대를 찬탄해서도 안 되고, 찬탄하지 않을 수도 없으니까요. 바로 이 대목이 장자의 재경 이야기가 빛나는 지점입니다. 이제야 장자가 장인들에 집중한 이유가 분명해집니다. 우리 자신을 주인공으로 만드는 둘의 경험입니다. 국가주의를 벗어나는 사랑과 연대의 가능성입니다.

41

울타리의 유혹에
맞서서!

꿩 이야기

습지의 꿩!
열 걸음 걷다 한 번 먹이를 쪼고,
백 걸음 걷다 한 번 물을 마시네.
울타리 안에 갇혀 길러지는 걸 바라지 않지.
신(神)이 울타리 안에서 비록 왕과 같을지라도
이것은 좋지 않은 일이니까.

「양생주」

澤雉!

十步一啄,

百步一飲.

不蘄畜乎樊中.

神雖王,

不善也.

초나라 군주의 유혹

————

「인간세」편 날개 이야기에서 장자는 말합니다. "흔적을 끊기는 쉽지만, 땅을 밟지 않기란 어려운 법이다[絶迹易, 无行地難]." 그렇지만 감시당하고, 사찰받고, 지시받고, 통제당하고, 규제되고, 제약받고, 평가되고, 기록되는 영토국가에서 흔적을 끊기란 그 자체로도 매우 힘든 일입니다. 아무리 전국시대 국가가 지금보다 느슨한 영토국가였다 할지라도 말이죠. 더군다나 장자는 당시 유명 인사였던 혜시와 논쟁을 벌인 사람이자, 비록 많지는 않았지만 제자들을 가르쳤고, 심지어 문학적 재능이 충만한 이야기꾼이었습니다. 지식인 사회에서는 몰라도 대다수 피지배계급 민중 사이에서 장자의 평판은 대단했을 겁니다. 쓸모없다고 밀쳐진 사람들을 향한 장자의 애정과 예술의 경지에 이른 육체노동자에 대한 그의 예찬을 떠올려보세요. 심지어 장자는 지배와 복종 관계마저 부정하니, 복종을 강요받고 착취당하던 당시 소인들에게 장자의 사유는 일종의 해방구였을 겁니다. 그렇습니다. 장자는 점점 소인들의 아이돌이 되고 맙니다. 흔적을 끊기란 이렇게 힘든 일입니다. 당시 장자는 미약할지라도 부정하기 힘든 정치적 영향력이 있었습니다. 물론 이런 상황이 장자에게는 불편하기 그지없었을 테지만, 우리로서는 다행스러운 일입니다. 그의 글과 말들이 사장되지 않고 우리에게 전해진 것은 당시 장자에 대한 이런 평판 덕분이니까요. 아니나 다를까, 피지배계급의 불만을 완화하고 그들의 자발적 복종을 유도하려고 장자를 정치적으로 이용하려는 움직임이 있었던 모양입니다. 물론 국가주의 자체를 부정하는 장자에게 실권을 줄 군주는 있을 수 없습니다.

그럼에도 불구하고 소인들로부터 지지받던 장자는 버리기에 너무나 아까운 매력적인 정치적 카드였던 건 분명합니다. 전국 시대 후반 신흥강국으로 발돋움하던 초(楚)나라(BC ?~BC 223)가 장자에게 손을 내민 것도 이런 이유에서입니다. 다른 지식인들 이라면 거부하기 힘들었을 초나라의 제안에 장자는 어떻게 반 응했을까요? 「추수(秋水)」 편에 있는 '갑골 이야기'는 그 전말을 보여주기에 충분합니다. 장자의 이야기꾼으로서의 면모를 잘 보 여주는 갑골 이야기 전문을 읽어보죠. "장자가 복수(濮水)에서 낚 시를 하고 있었다. 초나라 왕은 두 사람의 대부(大夫)를 먼저 보 내 그에게 말을 전했다. '국가 안의 모든 일을 선생에게 맡기고자 합니다!' 장자는 낚싯대를 쥐고 돌아보지도 않은 채 말했다. '초 나라에 죽은 지 이미 3,000년이나 된 신령한 거북이 있는데, 왕 이 이것을 상자에 넣고 비단보로 싸서 묘당(廟堂) 안에 소중하 게 간직하고 있다고 내가 들었습니다. 이 거북은 죽어서 뼈를 남 겨 귀하게 되기를 원했을까요, 아니면 차라리 살아서 진흙탕 속 에서 꼬리를 끌며 다니기를 원했을까요?' 두 사람의 대부는 말했 다. '차라리 살아서 진흙탕 속에서 꼬리를 끌며 다니기를 원했을 테지요.' 장자가 말했다. '그만 돌아가시오! 나는 앞으로도 진흙 탕 속에서 꼬리를 끌며 다닐 것이오.'[莊子釣於濮水. 楚王使大夫二人往 先焉曰: '願以境內累矣!' 莊子持竿不顧. 曰: '吾聞楚有神龜, 死已三千歲矣, 王巾笥 而藏之廟堂之上. 此龜者, 寧其死爲留骨而貴乎, 寧其生而曳尾於塗中乎?' 二大夫 曰: '寧生而曳尾塗中.' 莊子曰: '往矣! 吾將曳尾於塗中.']"

초나라 군주는 장자를 객경(客卿)으로 삼으려 했던 것 같습니다. 가까운 피붙이를 재상으로 임용했던 전통과 달리, 객경제도는 혈연과 무관한 인물, 심지어 다른 국가 사람을 재상으로 등용하는 제도입니다. 부국강병의 경쟁이 심해지자 군주들은 능력 위주로 국정 최고 전문가를 등용할 수밖에 없었습니다. 무능한 사람에게 국정을 맡기면 나라를 잃을 위험이 커졌기 때문이죠. 초나라 군주는 대부 두 사람을 보냅니다. 이들은 초나라 군주의 피붙이들이거나 권력 서열 2위나 3위 정도였을 겁니다. 이는 초나라 군주가 자신의 피붙이들 모두가 장자를 재상으로 받드는 데 동의했다는 걸 보여주거나, 아니면 장자가 확실한 서열 2위가 되리라는 걸 약속하는 상징적 조치죠. 한마디로 초나라 군주는 장자에게 자신의 진정성을 제대로 보여준 겁니다. 아마도 하루나 이틀 뒤 초나라 군주는 몸소 장자 앞에 나타났을 겁니다. 장자와 친한 척하려 하거나 아니면 실권이 없는 명예직으로 등용해 소인들의 지지를 얻겠다는 얄팍한 마음이 아니었던 건 분명해 보입니다. 어쩌면 새롭게 등장한 신흥강국이기에 초나라는 지배와 복종 관계가 다른 국가에 비해 약했는지도 모릅니다. 그만큼 초나라 군주 입장에서 소인들의 지지가 더 간절했을 가능성이 매우 크죠. 장자는 거부하기에 너무나 매력적인 제안에 어떻게 대처했을까요? 먼저 우리 시대에 일어나곤 하는 한 가지 사례를 살펴보기로 하죠. 소인들이 대붕이 되기를 바랐던 장자처럼 마르크스를 따라 임금노동자들의 해방을 꿈꾸는 사람들도 유사한 제안을 받기도 하니까요.

장자가 유혹에 대처하는 방식

———

노동운동 지도자나 진보적인 지식인이 간혹 부르주아 정권이 제안하는 고위관료나 국회의원 자리를 받아들이는 경우가 있습니다. 부르주아 정권은 자본의 권리와 자유를 지키는 권력입니다. 당연히 노동력이라는 상품만을 가진 노동계급보다는 자본을 소유한 자본계급의 이익에 종사하는 지배 형식입니다. 지배 형식 자체가 그렇다면 이 형식을 폐기해야 노동계급을 위할 수 있습니다. 반면 고위관료나 국회의원이 된다는 건 지배 형식 자체를 받아들인다는 의미가 됩니다. 결국 노동운동 지도자나 진보적인 지식인이라면 권력의 제안을 일언지하에 거부해야겠죠. 그런데 그들 중 누군가는 그 제안을 받아들입니다. 물론 호랑이를 잡으려면 호랑이굴에 들어가야 한다거나, 아니면 정부나 국회에서 노동계급을 위한 정책활동이나 입법활동을 하겠다는 궁색한 변명을 늘어놓기도 합니다. 그러나 그 이면에는 고위관료나 국회의원이 되어 누군가를 지배하겠다는 해묵은 권력욕이 도사리고 있습니다. 호랑이굴에 들어가는 순간 자신이 호랑이가 된다는 자명한 진실로부터는 눈을 돌린 거죠. 중요한 것은 호랑이굴입니다. 거기에 누가 들어가 있느냐는 부차적인 문제일 뿐이니까요. 호랑이가 떠난 굴에서는 여우나 토끼가 왕이라는 이야기가 괜히 나온 게 아닙니다. 바로 여기에서 수정주의자가 탄생합니다. 이들은 지배 형식은 건드리지 못하고 부드러운 지배만을 지향하는데요. 호랑이굴 자체를 없애지 못하고 그 굴에 들어간 토끼나 여우인 셈이죠. 결국 이것은 노동계급의 저항의지를 약화시키고, 지배 형식 자체를 영속화하는 데 이바지할 뿐입니다.

2,500년 전 장자가 권력의 유혹에 대처한 방식은 인상적입니다. 장자는 재상이 되면 소인들을 위한 국가를 만들 수도 있지 않을까 하는, 혹은 자신이 재상이 되면 최소한 소인들의 사회적 지위가 과거보다 높아질 수 있으리라는 생각 자체를 하지 않습니다. 그는 이미 대붕이었기 때문입니다. 대붕에게는 좁은 세계를 만드는 담장을 파괴하거나 아니면 좁은 세계를 떠나버리는 것, 이 두 가지 선택지밖에 없습니다. 어떻게 대붕이 날개를 접고 자신의 거대한 몸을 작은 호랑이굴에 쑤셔 넣을 수 있겠습니까? 그러니 장자에게 초나라 군주의 제안은 유혹조차도 되지 않습니다. 장자의 확고함은 그가 기회를 살려 대부 두 사람을 가르치려고 하는 데서도 드러납니다. 호랑이굴에 들어가기는커녕 장자는 이미 거의 들어가 있는 대부 두 사람마저 호랑이굴에서 빼내려고 합니다. 바로 이것이 갑골 이야기에서 가장 인상적인 대목입니다. 권력의 맛을 본 두 사람마저 영토국가라는 협소한 세계를 벗어던지는 대붕으로 만들어버리려 하니까요. 나무를 베어 죽여야 그걸로 서까래나 대들보를 만들 수 있는 법입니다. 국가권력도 그 대상이 지배계급이든 피지배계급이든 인간의 자유와 능동성을 박탈해야 그들을 부릴 수 있는 법입니다. 그래서 장자는 '살아 있는 거북'과 '죽은 거북의 등껍질'을 이야기하는 겁니다. 살아 있는 거북의 등껍질로는 점을 칠 수가 없습니다. 살아 있는 거북을 죽이고 등껍질을 칼로 도려낸 다음

그걸 잘 말려야 합니다. 그래야 신탁을 받을 수 있는 종교 도구가 되니까요. 불에 던져 근사한 균열을 얻으려면 이런 잔인한 조치는 불가피한 법입니다. 물론 군주는 등껍질을 그야말로 아끼고 사랑합니다. 그 껍질을 "상자에 넣고 비단보로 싸서 묘당 안에 소중하게 간직할" 정도니까요.

장자는 대부 두 사람에게 "거북은 죽어서 뼈를 남겨 귀하게 되기를 원했을까요, 아니면 차라리 살아서 진흙탕 속에서 꼬리를 끌며 다니기를 원했을까요?"라고 반문합니다. 장자는 죽은 거북이 되지 않겠다는, 그래서 국가가 소중히 여기는 객경이 되지 않겠다는 자신의 의지를 확고히 표명한 거죠. 그러나 동시에 문답을 통해 장자는 자신의 대답을 두 사람도 공유하도록 만듭니다. 이 부분이 중요합니다. 장자를 만나러 오면서 두 사람은 장자를 질투했을 겁니다. 장자가 아니었다면 둘 중 하나가 재상이 될 수도 있었을 테니까요. 이제 두 사람은 장자를 통해 재상이라는 지위가 죽은 거북의 등껍질이라는 걸 알게 된 겁니다. 그렇지만 알 수 없는 일이죠. 그들이 돌아가 대부라는 지위마저 버리고 자유인이 될지, 아니면 기꺼이 국가가 소중히 여기는 죽은 거북의 등껍질이 될지 말입니다. 그건 이제 두 사람이 선택할 문제입니다. 장자의 가르침이 이를 수 없는 부분이죠. 누군가에게 자유를 이야기할 수는 있지만, 그를 자유롭도록 강제할 수는 없습니다. 이건 자유의 본질과 관련된 진실입니다. 분명한 건 장자가 "앞으로도 진흙탕 속에서 꼬리를 끌며 다닐" 거라는 사실입니다. 진흙탕에서 자유로운 거북이는 구만리 창공을 나는 대붕과 다름없으니까요. 그러나 장자는 꼬리를 끌면서 그 꼬리가 남기는 자취를 부단히 지우려 할 겁니다. 아니면 초나라든 오나라든 제나라든, 국가는 추적자가 되어 그를 쫓아올 테니까요. 관직을 줄 수 있는 사람은 그 관직을, 나아가 그 생명마저 빼앗을 힘이 있는 법입니다. 상벌의 힘을 가진 지배기구, 생사여탈권을 가진 억압기구가 바로 국가니까요.

울타리 밖 꿩에게 배운 지혜

자신이 등용할 수 없다면 다른 국가도 그를 쓸 수 없도록 장자를 죽여버릴 수도 있는 게 국가권력입니다. 그렇다 보니 이제 복수(濮水)에서 낚시하는 장자를 발견할 일이 다시는 없게 되는 겁니다. 대부 두 사람이 빈손으로 떠나고 나면 장자는 바로 낚싯대를 서둘러 거둘 테니까요. 그러고는 자신의 흔적을 말끔히 끊고 연기처럼 사라지겠죠. 곧 정예병의 호위를 받은 초나라 군주가 들이닥칠 테니까요. 장자가 자신의 제안에 끝내 저항하면 그를 죽일 수도 있는 힘을 가진 초나라 군주입니다. 바로 이것이 장자가 스스로 종적을 끊어야 하는 이유입니다. 이렇게 사라진 장자는 어딘가에서 근사한 이야기를 하나 더 만들지도 모릅니다. 그 이야기의 핵심은 아마도 "흔적을 끊기는 쉽지만, 땅을 밟지 않기란 어려운 법[絶迹易, 无行地難]"이라는 가르침을 수정하는 데 있을 겁니다. 수정된 가르침은 "땅을 밟지 않기도 어렵지만, 흔적을 끊는 것 역시 어렵다[无行地難, 絶迹亦難]"는 말로 표현할 수 있겠네요. 어쨌든 계속 "진흙탕 속에서 꼬리를 끌고 다니면서" 장자는 자신의 사유와 삶을 더 심화시킬 겁니다. 「양생주」편의 '꿩 이야기'는 어쩌면 그 결과일지도 모릅니다. 아니면 꿩 이야기로 표현된 자신의 성찰 때문에 장자가 초나라 군주의 제안을 여유롭게 거부할 수 있었는지도 모르죠. 확실한 건 꿩 이야기가 갑골 이야기보다 더 시적인 울림을 준다는 사실입니다. 그렇지만 두 이야기는 함께 읽는 것이 좋습니다. 꿩 이야기를 산문으로 풀면 갑골 이야기가 되고, 갑골 이야기를 시적으로 압축하면 꿩 이야기가 되니까요. 꿩 이야기는 장자의 시인으로서의 매력이 가득한 한 편의 간결한 시입니다. 차근차근 읽어보도록 하죠.

장자는 바람을 맞으며 작은 바위에 앉아 있습니다. 꿩 한 마리가 그의 눈에 들어옵니다. 연못 근처 숲속을 특유의 리듬으로 걷고 있는 꿩입니다. 평화롭고 유유자적한 풍경입니다. 그러나 자세히 보니 꿩은 특유의 리듬 속에서도 무언가 분주하기만 합니다. 어떤 목적도 없는 소요유가 아니라 어떤 목적을 가진 행위를 하는 듯 보였으니까요. 순간적이나마 장자의 눈에는 먹고 살기 위해 꿩이 먹이와 물을 찾아 분투하는 것으로 보입니다. "열 걸음 걷다 한 번 먹이를 쪼고 백 걸음 걷다 한 번 물을 마시네." 여기서 장자는 꿩에 대한 자신의 첫인상을 반성합니다. 꿩은 자유의 상징이 아니었던 겁니다. 인간이나 꿩을 포함한 모든 생명체는 먹고사는 데 연연할 수밖에 없다는 서글픔마저 느끼게 되죠. 다행히 장자의 서글픔은 얼마 가지 않습니다. 장자는 그럼에도 불구하고 꿩이 자유롭다는 걸 자각하니까요. 먹고 마신다는 측면에서 꿩은 차라리 인간에게 포획되어 사육되는 게 나을 수도 있습니다. 한두 걸음 안에 바로 먹을 수 있는 사료통과 물통이 있을 테니까요. 그렇지만 꿩은 "울타리 안에 갇혀 길러지는 걸 바라지 않습니다." 왜일까요? 꿩은 "신(神)이 울타리 안에서 비록 왕과 같을지라도 좋지 않다는 걸" 직감하기 때문입니다. 여기서 장자의 시선은 다시 "열 걸음 걷다 한 번 먹이를 쪼고 백 걸음 걷다 한 번 물을 마시는" 꿩에게 갑니다. 먹이를 쪼기 전의 아홉 걸음, 그리고 물을 마시기 전의 아흔아홉 걸음이 엄청난 무게감으로 다가오게 됩니다. 울타리 안에서는 결코 걸을 수 없는 걸음이자 걸을 필요가 없는 걸음입니다. 자유는 먹는 것으로부터 자유로워지는 것이 아니라, 자유롭게 먹는다는 의미였던 겁니다. 바로 이것이 꿩에게서 장자가 배운 아름다운 지혜입니다.

죽어서 뼈를 남겨 귀하게 되기를 원하지 않고, 살아서 진흙탕 속에서 꼬리를 끌며 다니기를 원했던 것이 거북의 마음입니다. 거북의 마음은 먹이를 쪼기 전의 아홉 걸음과 물을 먹기 전의 아흔아홉 걸음을 걸었던 꿩의 마음과 같습니다. 먹이를 쪼는 열 번째 걸음과 물을 마시는 백 번째 걸음이 바로 먹이를 쪼기 전의 아홉 걸음과 물을 먹기 전의 아흔아홉 걸음의 자장에 속해 있었다는 사실이 중요합니다. 한가롭게 걷다가 꿩은 먹이와 물을 발견합니다. 그러니까 먹이를 찾아 아홉 걸음을, 물을 찾아 아흔아홉 걸음을 걸은 것이 아닙니다. 그래서 꿩의 산책은 급하지 않았을 뿐만 아니라 묘한 리듬감이 있었던 겁니다. 사료와 물을 기다렸다가 허겁지겁 사료통과 물통으로 몰려가는 사육장의 꿩과는 분명 다른 행보입니다. 장자의 시는 두 번 반복해서 읽어야 합니다. 꿩이 "열 걸음 걷다 한 번 먹이를 쪼고 백 걸음 걷다 한 번 물을 마실" 때, 우리는 먹이를 쪼는 열 번째 걸음이 아니라 먹이를 쪼기 전 아홉 걸음의 여유를, 그리고 물을 마시는 백 번째 걸음이 아니라 물을 마시기 전 아흔아홉 걸음의 여유를 느껴야 하니까요. 마침내 사육장 울타리 안의 풍부한 먹이와 물, 그리고 습지 근처에서 발견하는 먹이와 물 사이에는 건널 수 없는 간극이 있다는 것이 분명해집니다. 꿩은 사육장 안의 풍요로움이 자신의 죽음을 재촉한다는 걸 알았습니다. 뼈를 남겨 귀하게 되기를 원하지 않았던 거북처럼 말이죠. 꿩은 차라리 가난한 자유를 선택합니다. 바로 이것이 "살아서 진흙탕 속에서 꼬리를 끌며 다니기를 원했을" 거북이 감당했던 삶입니다. 꿩의 소요유를 보며, 결코 "울타리 안[樊中]"으로 들어가지 않겠다고 각오를 다지는 장자입니다. 최소한 습지의 꿩처럼 살아야 생명의 품격을 유지할 수 있는 법입니다.

꿩은 차라리 가난한 자유를 선택합니다
바로 이것이 "살아서 진흙탕 속에서 꼬리를 끌며 다니기를 원했을"
거북이 감당했던 삶입니다

42

섭섭한 세계와
장자의 고독

삼인행 이야기

효자는 부모에게 아첨하지 않고 충신은 군주에게 아부하지 않는데, 이것이 제대로 된 신하와 자식이다. 부모의 말은 무엇이든 긍정하고 부모의 행동은 무엇이든 좋다고 하면, 세상 사람들은 못난 아들이라고 한다. 군주의 말은 무엇이든 긍정하고 군주의 행동은 무엇이든 좋다고 하면, 세상 사람들은 못난 신하라고 한다. 그럼에도 세상 사람들은 이것이 자신들에게도 똑같이 해당됨을 모르는 것일까?

세상 사람들이 긍정하는 것이라면 무엇이든 긍정하고 세상 사람들이 좋다고 하면 무엇이든 좋다고 하면서도, 세상 사람들은 자신을 아부꾼〔道人〕이나 아첨꾼〔諛人〕이라고 말하지 않는다. 그렇다면 세상 사람들은 정말로 부모보다 더 권위가 있고 군주보다 더 위엄이 있다는 것인가! 자신을 아부꾼이라고 하면 세상 사람들은 불끈 화를 내고 자신을 아첨꾼이라고 하면 세상 사람들은 왈칵 화를 내지만, 그들은 평생 아부꾼이자 평생 아첨꾼일 뿐이다. 적절한 비유를 모으고 세련된 문장을 구사해서 대중을 끌어모으지만, 시작과 끝, 근본과 지엽은 서로 모순될 뿐이다. 근사한 옷을 입고 화려한 장신구도 착용하고 표정과 몸짓을 바꾸어가며 동시대 사람들의 비위를 맞추면서도 자신이 아부한다거나 아첨하고 있다는 사실을 인정하지 않고 저 세상 사람들과 무리를 지어 옳고 그름을 따르지만 자신이 대중 가운데 한 명이라는 사실을 인정하지 않으니, 최고의 어리석음이다.

자신이 어리석음을 아는 사람은 크게 어리석지는 않고, 자신이 미혹되었음을 아는 사람은 크게 미혹된 것은 아니다. 크게 미혹된 사람은 죽어도 미혹에서 벗어나지 못하고, 크게 어리석은 사람은 죽어도 깨닫지 못한다. 세 사람이 길을 갈 때 한 사람이 미혹되어도 목적지에는 이를 수 있는 것은 미혹된 사람이 적기 때문이다. 두 사람이 미혹되면 아무리 노력해도 목적지에 이르지 못하는 것은 미혹된 사람들이 그렇지 않은 사람을 압도하기 때문이다. 그런데 지금 온 세상이 미혹되었기 때문에 내가 설령 아무리 방향을 알려준다고 해도 어쩔 수가 없으니, 너무나도 슬픈 일 아닌가!

「천지」

孝子不諛其親, 忠臣不諂其君, 臣子之盛也. 親之所言而然, 所行而善, 則世俗謂之不肖子. 君之所言而然, 所行而善, 則世俗謂之不肖臣. 而未知此其必然邪?

世俗之所謂然而然之, 所謂善而善之, 則不謂之道諛之人也. 然則俗故嚴於親而尊於君邪! 謂己道人, 則勃然作色, 謂己諛人, 則怫然作色, 而終身道人也, 終身諛人也. 合譬飾辭聚衆也, 是終始本末不相坐. 垂衣裳, 設采色, 動容貌, 以媚一世, 而不自謂道諛, 與夫人之爲徒, 通是非, 而不自謂衆人, 愚之至也.

知其愚者, 非大愚也, 知其惑者, 非大惑也. 大惑者, 終身不解, 大愚者, 終身不靈. 三人行而一人惑, 所適者猶可致也, 惑者少也. 二人惑則勞而不至, 惑者勝也. 而今也以天下惑, 予雖有祈嚮, 不可得也. 不亦悲乎!

「天地」

장자의 비애와 분투

『장자』의 외편과 잡편에는 「천지(天地)」편, 「천도(天道)」편, 「천운(天運)」편, 그리고 「천하(天下)」편 등이 있습니다. 이렇게 천(天)으로 시작하는 편들은 장자 본인의 것이라고 볼 수 없습니다. 한마디로 장자적이지 않은 편들이죠. 장자는 하늘의 시선으로 인간과 그 삶을 내려다보기를 거부하니까요. 장자는 천자나 대인이라는 지배자의 시선이 아니라, 소인이라는 피지배자의 삶을 긍정하는 철학자였습니다. 하늘의 시선으로 내려다본 세계는 '천-천자-대인-소인'이라는 위계적 질서로 이해된 세계죠. 대붕은 바로 이 천하가 중국 대륙 일부분에만 통용되는 협소한 세계임을 폭로합니다. 장자의 시대까지만 해도 천하 바깥에는 영토국가와 무관한 세계, 혹은 자유인의 긍지가 통용되는 세계가 훨씬 방대하게 존재하고 있었습니다. 천하의 북쪽에서 천하의 남쪽으로 날아가면서 대붕이 우리에게 보여준 것은 바로 이 사실입니다. 그렇다고 해서 천(天)이라는 글자를 제목에 품고 있는 편들을 그냥 폐기 처분해서는 안 됩니다. 이 편들을 편집하면서 후대 편집자들이 자기도 모르게 장자가 만든 이야기, 너무나 장자적인 이야기들을 포함시켰을 수 있기 때문이죠. 아니나 다를까, 「천지」편을 넘기다 보면 공자를 은근히 비꼬는 이야기 하나가 눈에 들어옵니다. 바로 '삼인행 이야기'입니다. 『논어』「술이(述而)」편에서 공자는 말했던 적이 있습니다. "세 사람이 길을 가면 그 안에는 반드시 나의 스승이 있다[三人

行, 必有我師焉]." 공자와 마찬가지로 "세 사람이 길을 가는" 경우를 상정해 진행되는 삼인행 이야기는 장자 본인이 쓴 것일 가능성이 매우 큽니다. 장자는 공자와 가장 첨예하게 맞서는 철학자였으니까요.

삼인행 이야기가 매력적인 이유는 이 이야기가 「제물론」 편을 시작하는 바람 이야기만큼이나 높은 문학성을 뽐내기 때문입니다. 특히나 제자백가라고 불리는 동시대 지식인들에 대해 분노를 피력하는 부분은 지금 읽어도 울림이 있을 정도로 인상적입니다. 지배와 복종에 익숙해져 허영의 세계에서 허우적거리는 사람들을 구원하기보다 그들을 이용해 지적 헤게모니와 아울러 우월한 지위를 확보하려는 지식인들의 권력의지가 장자의 표적입니다. 그런데 일반 사람들은 제자백가에 휘둘리면서 억압과 허영의 늪에 점점 깊게 빠져들고 있으니 장자의 안타까움과 섭섭함은 커져만 갑니다. 장자는 지리소나 포정 혹은 맹손재처럼 쿨하지 않습니다. 자유는 남에게 가르칠 수 없고 그저 자신이 살아내는 것이라는 근본 입장을 관철해야 쿨할 수 있습니다. 반면 장자는 자신의 이야기들로 사람들이 대붕처럼 자유로워지기를 원했습니다. 천하라는 지배질서에 포획된 사람들에 대한 장자의 연민과 애정은 이처럼 깊었습니다. 사실 누군가를 사랑하면 우리는 결코 쿨한 마음을 유지할 수 없는 법이죠. 그래서 장자는 우리 곁에 잠시 머무는 대붕이라기보다 사회와 인간을 고민했던 천생 지식인이었던 겁니다. 우리로서는 다행스러운 일입니다. 자유를 가르칠 수는 없다는 걸 알면서도 자유를 가르치려는 자유의 지식인을 우리는 가지게 되었고, 그 결과 우리 손에는 자유의 실마리를 제공하는 『장자』라는 책이 쥐어질 수 있었으니까요. 『장자』에 실린 수많은 이야기들 그 자체가 장자가 얼마나 동시대 사람들을 깨우려고 노심초사했는지를 보여주는 생생한 증거입니다. 말하고 글을 쓰고 또 말하고 글을 쓰는 나날이었을 겁니다.

장자의 분투는 불행히도 언 발에 오줌을 누는 형국이었습니다. 대부분의 동시대 사람들은 지배와 복종의 미망에서 벗어날 기미를 보이지 않았으니까요. 물론 노력의 작은 대가로 소수의 제자들이 그의 문하에 모인 것도 사실입니다. 그렇지만 시간이 갈수록 자유의 공기를 호흡하기보다 부국강병의 생존 논리에 매몰되는 사람들이 늘어만 갔습니다. 전국시대는 인간의 자유를 점점 옥죄는 방향으로 내달리고 있었으니까요. 살기 위해 자유를 포기하는 것은 양반이고, 이제 모두 이익에 목을 맵니다. 모든 가치평가는 억압과 자유가 아니라 이익과 손해를 기준으로 이루어집니다. 이래서는 억압과 허영의 세계를 돌파할 가능성이 거의 없습니다. 이익과 손해는 국가기구가 던지는 당근과 채찍을 내면화한 것에 지나지 않으니까요. 이익과 손해의 목소리가 점점 커질수록 자유와 사랑을 외치는 장자의 목소리는 점점 들리지 않게 됩니다. 부국강병에 휘말리지 말고 국가기구를 돌파하라는, 혹은 좋은 군주에 매몰되지 말고 군주라는 형식 자체를 없애야 한다는 그의 예리한 지성은 점점 빛을 잃어갑니다. 심지어 장자의 주장이 현실성이라고는 전혀 없는 문학적 백일몽이라는 조롱도 힘을 얻어가게 됩니다. 그럴수록 장자의 비애와 고독감, 나아가 울분은 커져만 갔을 겁니다. 삼인행 이야기가 담고 있는 것은 바로 이겁니다. 그래서 삼인행 이야기는 장자가 만든 다른 대부분의 이야기들과 성격이 다릅니다. 이웃들의 미혹에 대붕처럼 쿨할 수 없었던 어느 다정한 지식인, 대붕을 기르겠다며 스스로 대붕이 되기를 주저했던 어느 인간적인 지식인의 서글픈 고백론이기 때문입니다. 그러나 그 이면에는 섭섭한 세계 따위는 잊고 떠나려는 대붕의 숨겨진 욕망도 은근히 드러나 있습니다.

'천-천자-대인-소인'의 세계에서 벗어나기

삼인행 이야기가 서늘한 이유는 분명합니다. 그것은 장자가 묘사한 섭섭한 세계가 2,000여 년 전 중국 전국시대에만 국한된 것이 아니라 지금 우리가 살고 있는 시대에도 한 치의 어긋남 없이 적용되기 때문입니다. 피라미드를 붕괴시키려는 시도 대신 한 단계라도 그 상층부로 올라가려는 경쟁 논리만이 팽배한 것이 문제입니다. 피지배계급이 자신을 잠재적 지배계급으로, 노동자들이 자신을 잠재적 자본가로 오인하면서, 지배자와 피지배자 혹은 자본과 노동이라는 근원적 억압 형식이 은폐되고 맙니다. 군주제에서 대의제로의 이행은 억압 형식이 스스로의 생명을 영속화하는 가장 세련된 형식을 찾았음을 의미합니다. 민중의 혁명으로 특정 군주가 축출되는 걸 방치하는 것은 위험한 일입니다. 특성 군주와 함께 군주라는 형식도 폐기될 수 있으니까요. 나쁜 군주든 좋은 군주든 문제는 군주라는 형식 자체에 있다는 걸 민중은 자각할 수 있습니다. 그래서 국가는 혹은 국가주의자는 셀프 혁명을 만들어냅니다. 다수 피지배자들이 혁명을 일으키기 전에 선거라는 사이비 혁명으로 지배계급이 먼저 군주를 바꾸어버리는 거죠. 군주라는 형식을 보존하기 위한 일종의 고육책입니다. 선거에 의한 군주 변경, 대통령제는 이렇게 탄생합니다. 물론 대통령 후보는 지배계급의 일원이거나 지배계급이 간택한 사람입니다. 지배계급이 통제 가능한 혁명, 합법적인 혁명, 지배와 피지배라는 형식은 결코 침해되지 않는 보수 혁명은 이렇게 탄생합니다. 누구나 대통령이 될 수 있으나 아무나 대통령이 될 수 없는 기만적 지배 형식이죠. 이것은 물론 누구나 대자본가가 될 수 있지만 아무나 대자본가가 될 수 없는 자본주의 체제의 도플갱어(doppelgänger)입니다. 자본과 국가 사이의 은밀한 지배는 이렇게 공명하면서, '작은 대통령' '작은 국회의원' '작은 자본가' '작은 CEO'의 시대를 열었죠. 대통령이, 국회의원이, 그리고 CEO가 바뀌는 현란한 저글링 속에서 정치적이고 경제적인 지배와 복종 형식은 편안히 숙면을 취한다는 게 중요합니다. 하도 빨리 내용물이 바뀌니 형식은 생각할 겨를도 없고, 심지어 형식이 항상 새로운 것처럼 보이기까지 하는 겁니다.

선거도 좋고 주주총회도 좋습니다. 대표가 되려면 작은 대통령들이나 작은 국회의원들의 지지를 받아야 하고, CEO나 대주주의 권한을 휘두르려면 작은 자본가들이나 작은 CEO들의 지지가 필수적입니다. 이제 군주의 총애만 받으면 혹은 독점재벌의 총애만 받으면 피라미드 상층부에 갈 수 있는 시대는 지나

갔습니다. 물론 주어진 임기의 대통령이나 국회의원 혹은 CEO 의 힘은 과거 군주와 마찬가지입니다. 여전히 시한부지만 그들은 다른 사람들을 피라미드 상층부로 간택할 수 있는 힘을 지녔으니까요. 그러나 최종 심급에서는 여론이나 세간의 평가가 결정적인 시대가 된 것은 맞습니다. 대통령 후보자부터 취업준비생까지 모두 스펙에 연연하는 기묘한 시대가 도래한 셈이죠. 장자가 살았던 전국시대도 여론이나 세간의 평가나 평판이 중요했던 시대입니다. 누구나 능력이 있으면 군주가 될 수 있고, 누구나 능력이 있으면 재상이 될 수 있던 시절이니까요. 지식인을 포함해 거의 모든 사람이 억압과 허영의 세계를 문제 삼지 않고 그 세계가 열어놓은 경쟁, 갈등, 질투의 장에서 승자가 되고자 합니다. 누구나 더 많은 추천과 더 많은 '좋아요'를 갈망합니다. 인간의 자유, 평등, 평화, 사랑마저도 세상 사람들의 좋은 평판을 얻는 매력적인 도구가 되었으니, 다른 가치나 이념은 말해 무엇하겠습니다. 그래서 장자는 말합니다. "적절한 비유를 모으고 세련된 문장을 구사해서 대중을 끌어모으지만, 시작과 끝, 근본과 지엽은 서로 모순될 뿐이다." 자신은 인간을 사랑한다고 말하지만, 그건 세상으로부터 좋은 평판을 얻어 지위나 영향력을 높이기 위함입니다. 결국 근사한 인문주의자가 지독한 이기주의자가 되거나 타인에 대한 사랑이 지독한 자기애의 표현이 되니, "시작과 끝, 근본과 지엽은 서로 모순될" 수밖에 없죠. 제자나 지지자들을 모으고 그 영향력을 과시했던 제자백가의 시대는 이런 문맥에서 탄생했습니다.

춘추시대의 가치를 옹호하며 보수적인 사람들의 지지를 받고자 했던 유가, 직접적 성공을 꿈꾸던 유력자들의 지지를 받으려 했던 법가, 부국강병의 실무기술들을 가졌던 소인, 즉 기술노동계급의 지지를 꿈꾸던 묵가 등등. 만일 원하는 지지를 얻으면, 제자백가들은 제후국 군주도 어찌지 못하는 정치적 영향력을 얻게 됩니다. 잘하면 재상이 될 수도 있고 못해도 세간의 지지로 안정된 삶을 유지할 수 있으니, 손해 볼 일 없는 장사였던 셈이죠. 국가의 상벌과 세간의 평가에 휘둘리지 않아야 자유인이 될 수 있다고 역설했던 장자입니다. 그의 눈에 제자백가들의 언행이 마음에 들 리 없습니다. 삼인행 이야기는 평판에 연연하는 지식인들과 유명 지식인에 열광하는 동시대인들에 대한 서글픈 스케치입니다. 허영과 질투 그리고 경쟁이 난분분한 곳에서 인간의 자유와 사랑은 숨을 쉴 수 없다는 그의 통찰이 있었기에 가능한 묘사였던 겁니다. 세상 사람들 모두를 적으로 돌릴 만한 돌직구로 삼인행 이야기는 시작됩니다. "효자는 부모에게 아첨하지 않고 충신은 군주에게 아부하지 않는데, 이것이 제대로 된 신하와 자식이다. 부모의 말은 무엇이든 긍정하고 부모의 행동은 무엇이든 좋다고 하면, 세상 사람들은 못난 아들이라고 한다. 군주의 말은 무엇이든 긍정하고 군주의 행동은 무엇이든 좋다고 하면, 세상 사람들은 못난 신하라고 한다. 그럼에도 세상 사람들은 이것이 자신들에게도 똑같이 해당됨을 모르는 것일까? 세상 사람들이 긍정하는 것이라면 무엇이든 긍정하고 세상 사람들이 좋다고 하면 무엇이든 좋다고 하면서도, 세상 사람들은 자신을 아부꾼[道人]이나 아첨꾼[諛人]이라고 말하지 않는다. 그렇다면 세상 사람들은 정말로 부모보다 더 권위가 있고 군주보다 더 위엄이 있다는 것인가!" 세상 사람들의 허위의식을 비판하는, 장자다운 날카로운 글입니다. 세상 사람들은 부모의 권위나 군주의 권위에 눌려 자기 이야기를 하지 못하는 자식이나 신하를 나쁜 자식이나 나쁜 신하라고 평가합니다. 그렇지만 세간의 좋은 평가를 받으려고 자기 이야기를 당당하게 하지 못하기는 어차피 마찬가지입니다.

최초의 포퓰리스트 공자의 맨 얼굴

포퓰리즘(populism)에 대한 동아시아 최초의 비판은 이렇게 이루어집니다. 포퓰리스트는 다수결의 원칙이나 민주주의라는 가면을 쓰든가, 아니면 자신의 생각이 다수 대중과 일치한 것이라고 말할 겁니다. 자신의 포퓰리즘을 대중에 대한 사랑이나 평소 자기 신념이라는 미명으로 가리려는 행동이지요. 자신이 대중에게 아부하거나 아첨하고 있다는 사실을 자신에게나 세상 사람들에게 드러내지 않기 위해서입니다. 아첨이 부모를 망치고 아부가 군주를 망칩니다. 포퓰리즘도 대중에게 직언을 하지 못하니 그들을 망치고 말 겁니다. 결국 포퓰리스트가 자임하던 대중에 대한 사랑이나 존경은 끝내 포퓰리스트 본인의 이익을 위한 것임이 폭로되고 맙니다. 자신의 정체가 폭로되는 순간, 포퓰리스트는 세상으로부터 좋은 평가를 얻지 못하고 오히려 험담 속에서 버려집니다. 그래서 포퓰리스트는 죽을 때까지 자신이 포퓰리스트라는 걸 숨겨야 합니다. 자신의 언행이 대중에 대한 사랑이나 평소의 소신에 따른 것이라고 끝까지 우겨야 합니다. 포퓰리스트의 저주받은 숙명입니다. 장자의 눈에 세상 사람들은 포퓰리즘의 저주에 사로잡혀 있지만, 그 저주로부터 나올 의지도 생각도 없습니다. 세상 사람들이 "자신을 아부꾼이라고 하면 불끈 화를 내고 자신을 아첨꾼이라고 하면 왈칵 화를 내는" 것도 이런 이유에서입니다. 작은 지배자로서 큰 지배자가 되려는 꿈, 작은 대통령으로서 큰 대통령이 되려는 꿈, 작은 자본가에서 큰 자본가가 되려는 꿈으로부터 깨지 않으려는 무지와 미몽에의 의지입니다.

당당한 자유인으로 사랑하고 살려면 해법은 분명합니다. 지금까지 자신이 "평생 아부꾼이자 평생 아첨꾼"으로 살아왔다는 걸 받아들여야 합니다. 그래서 장자도 말했던 겁니다. "근사한 옷을 입고 화려한 장신구도 착용하고 표정과 몸짓을 바꾸어가며 동시대 사람들의 비위를 맞추면서도 자신이 아부한다거나 아첨하고 있다는 사실을 인정하지 않고 저 세상 사람들과 무리를 지어 옳고 그름을 따르지만 자신이 대중 가운데 한 명이라는 사실을 인정하지 않으니, 최고의 어리석음이다." 그러나 이 어리석음에서 깨어나는 것은 여간 어려운 일이 아닙니다. 그건 평판에 휘둘리는 세상 사람들이라는 상황과 관련됩니다. 내가 내리는 평가나 판단이 세상 사람들이 내리는 평가나 판단과 우연히 일치한 것인지, 아니면 세상 사람들의 평가와 판단에 따라 내가 평가와 판단을 내리는지 그 경계가 묘하기만 합니다. 꼬리에 꼬리를 무는 자기 지시의 현기증이 꿈에서 깨어나는 걸 막는 마법을 부리는 겁니다. 그러나 마법에 취해 비틀거리는 와중에도 불현듯 세상 사람들의 평가에 연연하는 자신의 모습을 얼핏 볼 기회는 있을 겁니다. 지금까지 내 욕망이 나 자신의 것이 아니라 국가나 자본, 혹은 권력과 부의 것이라는 사실을 부끄럽지만 받아들이면 됩니다. 그래서 장자는 격려의 말과 아울러 경고의 말을 동시대 사람들, 나아가 우리에게 던지는 겁니다. "자신이 어리석음을 아는 사람은 크게 어리석지는 않고, 자신이 미혹되었음을 아는 사람은 크게 미혹된 것은 아니다. 크게 미혹된 사람은 죽어도 미혹에서 벗어나지 못하고, 크게 어리석은 사람은 죽어도 깨닫지 못한다." 자신이 포퓰리스트라는 참담한 사실을 빨리 받아들여 크게 미혹되거나 크게 어리석은 상태에 빠지지 말라는 간청입니다.

바로 이 대목에서 장자는 제자백가의 아이콘 공자의 사유에서 포퓰리즘의 싹을 발견하게 됩니다. 『논어』 「술이」 편의 구절, "세 사람이 길을 가면 그 안에는 반드시 나의 스승이 있다"는 말을 다시 떠올려보세요. 공자 본인이 포함되니, 그에게 있어 타인은 바로 두 사람입니다. 둘 중 한 사람을 따른다면, 그와 공자는 세 사람 중 다수가 됩니다. 한 사람이 동쪽으로 가자고 하고, 다른 사람은 서쪽으로 가자고 한다고 해보죠. 공자가 동쪽으로 가자는 사람의 입장을 따른다면, 그리고 세 사람이 반드시 함께 가야 한다면, 세 사람은 동쪽으로 갈 겁니다. 그러나 동쪽으로 가면 절벽이 앞을 가로막고 서쪽으로 가도 급류가 길을 막을 수도 있죠. 남쪽만이 탄탄대로가 열려 있는 방향일 수 있습니다. 그래서 장자는 공자의 삼인행 이야기를 완전히 다르게 읽어버리는 겁니다. "세 사람이 길을 갈 때 한 사람이 미혹되어도 목적지에는 이를 수도 있는 것은 미혹된 사람이 적기 때문이다. 두 사람이 미혹되면 아무리 노력해도 목적지에 이르지 못하는 것은 미혹된 사람들이 그렇지 않은 사람을 압도하기 때문이다." 길을 함께 가는 세 사람이 모두 길을 잘못 알고 있을 가능성을 공자는 인정했어야 했다는 이야기입니다. 공자를 포함한 세 사람 중 누구도 스승이 될 자격이 없을 수도 있다는 이야기입니다. 세상 사람들에게서 진리를 찾으려는, 혹은 세상 사람들의 통념에 호소해 지식인으로서 평판을 얻으려는 최초의 포퓰리스트 공자의 맨 얼굴은 이렇게 깔끔하게 폭로됩니다. 장자는 억압과 허영이 없는 세계, 대붕이 날아간 남쪽 방향이 우리가 가야 할 길이라고 확신했던 철학자입니다. 그러나 세상 사람들은 권력과 부의 지배가 더 강화되는 세계로만 가려 합니다. 그래서 장자는 탄식합니다. "그런데 지금 온 세상이 미혹되었기 때문에 내가 설령 아무리 방향을 알려준다고 해도 어쩔 수가 없으니, 너무나도 슬픈 일 아닌가!" 파국으로 가는 사람들을 두고 홀로 남쪽으로 날아갈지, 그들을 끝까지 말릴지 고민하는 장자입니다. 너무나도 슬픈 장면입니다.

장자의 눈에 세상 사람들은 포퓰리즘의 저주에 사로잡혀 있지만,
그 저주로부터 나올 의지도 생각도 없습니다

43

자유를 지켜보는
전사의 마음

여우 이야기

남백자규(南伯子葵)가 여우(女偊)에게 물었다. "당신은 나이가 많은데도 안색이 마치 어린아이 같습니다. 무엇 때문입니까?"

여우가 말했다. "나는 길에 대해 들었습니다."

남백자규가 말했다. "길은 얻어 배울 수 있는 것입니까?"

여우가 말했다. "오! 어찌 그럴 수 있겠습니까! 그대는 그런 사람이 아닙니다. 저 복량의(卜梁倚)는 성인의 소질은 있지만 성인의 길은 없고, 나는 성인의 길은 있지만 성인의 소질은 없습니다. 내가 성인의 길을 가르치고자 하면, 아마도 그는 진짜 성인이 될 수도 있겠지요! 그렇게 되지 않더라도 성인의 길을 성인의 소질이 있는 사람에게 알려주는 것 또한 쉬울 거예요. 그에게 알려주고서 내가 그를 지켜보면, 그는 3일이 되어 천하를 도외시할 거예요. 그가 천하를 이미 도외시한 뒤 내가 그를 지켜보면, 그는 7일이 되어 외물을 도외시할 겁니다. 그가 이미 외물을 도외시한 뒤 내가 그를 지켜보면, 그는 9일이 되어 삶을 도외시할 거예요. 이미 삶을 도외시한 뒤 그는 '아침이 열리는 것(朝徹)'처럼 될 겁니다. 아침이 열리는 것처럼 된 뒤 그는 '단독적인 것을 볼(見獨)' 거고요. 단독적인 것을 본 뒤 그는 과거와 현재를 없앨 수 있겠죠. 과거와 현재를 없앤 뒤 그는 죽지도 않고 태어나지도 않은 상태에 들어갈 겁니다."

「대종사」

南伯子葵問乎女偶曰, "子之年長矣, 而色若孺子. 何也?"

曰, "吾聞道矣."

南伯子葵曰, "道可得學邪?"

曰, "惡! 惡可! 子非其人也. 夫卜梁倚有聖人之才, 而無聖人之道, 我有聖人之道, 而無聖人之才. 吾欲以教之, 庶幾其果爲聖人乎! 不然, 以聖人之道告聖人之才, 亦易矣. 吾猶告而守之, 三日而後能外天下. 已外天下矣. 吾又守之, 七日而後能外物. 已外物矣, 吾又守之, 九日而後能外生. 已外生矣, 而後能朝徹. 朝徹, 而後能見獨. 見獨, 而後能无古今. 无古今, 而後能入於不死不生."

「大宗師」

특수성 vs 단독성

———

　현대 프랑스 철학자 들뢰즈에 이르러 서양철학은 드디어 '특수성(particularité)'과 '단독성(singularité)'을 명료하게 구분하는 데 성공합니다. 일단 교환 가능성이 특수성이라면, 교환 불가능성은 단독성이라고 이해하면 쉽습니다. 간단한 예가 도움이 될 듯합니다. 어느 젊은 부부에게 자식이 둘 있었는데 그중 철수라는 막내 아이가 죽고 맙니다. 슬픔에 빠진 부부에게 한 지인이 위로의 말을 건넵니다. "아직 젊으니 다시 낳으면 되잖아." 이 말이 부부에게 위로가 될까요? 바로 여기서 특수성과 단독성은 팽팽히 부딪힙니다. 지인에게 부부의 두 아이는 그저 '자식1'과 '자식2'에 불과합니다. 그러니까 자식2가 없어졌다면, 새로 아이를 낳아 자식2가 되도록 하면 된다는 거죠. 심지어 지인은 다시 낳을 아이를 철수라 부르라고 조언할지도 모릅니다. 문제는 지인의 조언이 순간적이나마 먹힐 수도 있다는 데 있습니다. "그래 맞아! 새로 아이를 낳아 철수라 부르고 잘 키우면 되지." 바로 이것이 특수성의 사유입니다. 죽은 아이는 새로 낳은 아이와 교환 가능하다는 입장이죠. 바로 이때 죽은 철수는 '특수한 아이'가 되고 맙니다. 반면 지인의 위로가 전혀 도움이 되지 않는 경우도 있습니다. 아무리 아이를 다시 낳아도 그 아이가 죽은 철수를 대신할 수 없다고 느끼기 때문입니다. 사실 "그래 맞아! 새로 아이를 낳아 철수라 부르고 잘 키우면 되지"라고 읊조린 부부도 마음 깊은 곳에서는 알고 있을 겁니다. 새로 둘째 아이를 낳아도, 심지어 죽은 아이와 똑같은 이름으로 불러도, 그 아이는 결코 철수를 대신할 수 없다는 사실을요. 죽은 아이는 부부에게는 결코 다른 아이와 교환할 수 없는 아이, 한마디로 단독적인 아이였으니까요. 물론 이 젊은 부부가 정상적인 감수성을 가졌다면 말이죠. 어쨌든 겉보기에 동일한 대상이라도 사람에 따라 '단독적인 것'일 수도 있고 '특수한 것'일 수도 있다는 사실이 중요합니다.

특수성과 단독성은 교환 가능성의 여부를 따라 비교 가능성과 분류 가능성의 여부로도 이해 가능합니다. 이럴 때 특수성과 단독성은 윤리학적 의미를 넘어 정치경제학적 의미로도 확장됩니다. 하긴 이미 자식1이나 자식2라고 생각하는 순간, 우리는 두 아이를 '내 자식'이라는 집합으로 '분류'하고 있는 겁니다. 자식1이 자식2보다 성적이 좋다거나 자식2는 자식1보다 말을 잘 듣는다는 '비교'도 동시에 이루어집니다. 자식1의 속성과 자식2의 속성이 완전히 같다면, '내 자식'이라는 집합의 원소 개수는 둘이 아니라 하나일 수밖에 없으니까요. 회사로 상징되는 자본주의 체제를 보면 이 점은 더 분명해집니다. 자본가 입장에서 직원1, 직원2, 직원3 등등은 모두 교환 가능한 존재들입니다. 직원1이 스스로 그만두면 자본가는 다른 노동자를 직원1로 뽑을 수 있습니다. 혹은 자본가는 직원들을 비교해 직원1을 정리해고하기도 하죠. 물론 이 경우에도 자본가는 가성비가 좋은 다른 직원을 아무렇지 않게 대신 뽑을 겁니다. 자본에게 노동자들은 이렇게 '특수한 것들'에 지나지 않습니다. 특정 자본의 노동자들로 '분류'된 그들은 자본에 의해 '비교'되고 자본에 의해 다른 노동자로 '교환' 가능하니까요. 자본만이 아니라 국가도 마찬가지입니다. 국가는 인구가 많으면 출산을 억제하고 인구가 감소하면 출산을 장려합니다. 아울러 국가는 세금을 더 많이 내는 사람들을 선호하고, 징집을 위해 젊은 청년들에게 신체검사를 수행하기도 합니다. 국가에게 국민은 모두 '분류'되고 '비교'되고 '교환' 가능한 존재들, 즉 '특수한 존재'들에 지나지 않습니다. 사실 자본이나 국가가 사람들을 '특수한' 것으로 보게 만든 주범이라고 할 수 있죠. 자본과 국가를 규정하는 특수성의 논리가 가족이라는 자발적 공동체도 물들이는 것이 역사의 흐름입니다. 그래서 현재 부모들은 자기 아이들을 자본이나 국가처럼 '특수한 것'으로 보기도 하고, 동시에 '단독적인 것'으로 보는 자기분열에 빠지게 되는 겁니다.

관청에서, 군대에서, 법원에서, 회사에서, 학교에서 심지어 가정에서도 우리는 자신의 '특수성'을 받아들이도록 훈육되고 있습니다. 그 결과 우리는 자신이 어느 집합에 묶이든 다른 구성원과 비교되는 걸 당연하게 받아들입니다. 다른 것과 교환되지 않기 위해 가성비를 스스로 증명하려는 서글픈 삶은 이렇게 시작됩니다. 자신마저도 특수한 것으로 보는 참담한 자기부정입니다. 스스로 쓸모없다고 느껴 자살하는 젊은이들이 점점 늘어나는 이유이기도 합니다. 특수성의 논리는 죽음과 죽임의 논리입니다. 억압체제의 부품이 되고, 끝내는 체제로부터 버려지는 논리입니다. 자본과 국가의 사제가 아니라 인간의 친구가 되려면, 인문학과 철학은 '특수성의 논리'가 가진 반인간적 잔혹성을 폭로하고, 그와 치열하게 맞서 싸워야 합니다. 단독성을 지키려는 전사가 되지 않으면 인문정신은 아무것도 아니니까요. 인간한 사람뿐만 아니라 바위 하나, 바람 한 줄기, 독수리 한 마리, 꽃한 송이도 다른 것과 교환할 수 없는 단독성을 가진 것으로 긍정되어야 합니다. 바로 이 순간 보잘것없이 작은 것들은 다른 것과 함부로 바꿀 생각조차 하기 힘든 거대한 대붕처럼 될 겁니다. 특수성의 논리를 묵인하거나 심지어 정당화하는 사이비 인문학이 유행하는 지금, 「대종사」 편의 '여우 이야기'는 섬광처럼 작열합니다. 그 섬광 속에서 우리는 동아시아 역시상 가장 먼저, 그럼에도 불구하고 가장 강력하게 단독성을 지키려는 고독한 전사의 얼굴을, 단호하지만 여유로움을 품고 있는 장자의 모습을 놓치지 말아야 합니다. 여우 이야기에서 단독성의 이념은 '홀로'나 '혼자'를 뜻하는 '독(獨)'이라는 글자에 응축됩니다. 「응제왕」 편의 열자 이야기에서 장자는 열자가 "우뚝 홀로 자신의 몸으로 섰다[塊然獨以其形立]"고 말한 적이 있습니다. 소홀히 넘어가기 쉬운 "홀로"라는 이 부사, '독'이라는 이 글자 하나에 장자의 모든 사유가 응축되었을 수도 있다고 생각하면, 정말 모골이 송연해집니다. 장자 읽기는 이렇게도 만만하지 않은 일입니다.

홀로 걷는 여자, 여우

여우 이야기는 남백자규와 여우 사이의 대화로 이루어져 있습니다. 여우는 나이가 많음에도 어린아이 같은 안색을 하고 있습니다. 니체에게서도 그렇지만 어린아이는 자유롭고 생생한 생명력을, 어디에도 주눅 들지 않는 경쾌함을 상징합니다. 남백자규는 그 건강함, 그 천진난만함, 그 상쾌함의 비법을 알고 싶었던 겁니다. 그러자 여우가 대답합니다. "나는 길에 대해 들었습니다[吾聞道矣]." 뒤를 보면 여우가 들은 길은 완전한 인간, 인간다운 인간, 즉 성인(聖人)이 되는 길이었다는 걸 알 수 있습니다. 여기서 주목해야 할 건 여우입니다. 주석을 보면 이채로운 설명이 하나 눈에 들어옵니다. "어떤 책은 '이 사람은 부인이다'라고 언급했다[一云是婦人也]." 당(唐)나라의 육덕명(陸德明, 550?~630?)이 지은 『경전석문(經典釋文)』에 나오는 말입니다. 당시가 가부장제 사회였음을 생각해보세요. 길에 대해 들은 사람이 여자일 수 있고, 심지어 이 여자는 남자들을 가르치는 자리에 있는 겁니다. 남존여비(男尊女卑)의 가부장적 사회에서는 있을 수 없는 캐릭터를 장자가 만든 셈이죠. 여우라는 이름을 보세요. 이 이름은 '여자'를 뜻하는 '여(女)'와 '홀로 걷다'라는 뜻의 '우(偊)'로 구성되어 있습니다. 그래서 여우는 '여자가 홀로 걷는다' 혹은 '홀로 걷는 여자'라는 뜻입니다. 남자에 의존하지 않을 뿐만 아니라 오히려 남자를 가르치는 여자! 중년 이상의 나이지만 어린아이 같은 생동감을 뿜어내는 여자! 바로 여우입니다. 당연히 가부장적 의식을 가진 학자들은 의식적이든 무의식적이든 이 사실을 부정하거나 무시하려고 합니다. 지금도 여우는 그녀의 성별이 주제화되지 않고 장자가 만든 이상적 인물 중 하나로 다루어지고 있습니다. 여우 이야기에 등장하는 남백자규, 여우 그리고 복량의는 모두 남자일 거라는 암묵적 동의가 지속되고요. 바로 이것이 육덕명이라는 학자가 대단한 이유입니다. "어떤 책은 여우가 부인이라고 언급했다"고 넌지시 자신의 책에 기록했으니까요. 가부장적 통념에 장자의 의도가 희석되어서는 안 된다는 학자적 양심입니다.

여우! 그 존재 자체로 천-천자-대인-소인으로 구성된 천하 질서, 천으로 정당화된 가부장적 질서 바깥에 위치합니다. 천하에 의존하지 않고 당당한 삶을 영위하는 여자! 그녀가 바로 여우입니다. 여기서도 장자의 유목민적 심성력이 빛을 발합니다. 정착·농경생활은 여성이 남성보다 육체적 힘이 약하다는 것을 부각시킵니다. 무언가를 들 때를 생각해보세요. 비슷한 연령이라면 평균적으로 남자가 여자보다 더 많이 들고 더 무거운 것을 들 수 있죠. 그러나 유목생활에서는 이야기가 달라집니다. 여성도 말이나 낙타를 탈 수 있으니까요. 아니 여성도 말이나 낙타를 타야만 합니다. 그래야 가축을 몰고 먼 곳까지 이동할 수 있을 테니까요. 말을 타고 질주하는 순간, 여성은 남성과 차이가 없습니다. 남성이 탄 말이 더 빠르거나 더 많은 걸 끄는 건 아닙니다. 지금도 몽골 유목민들은 1년에 한 번 말달리기 축제를 합니다. 아이들이 초원을 질주하는 경주입니다. 일종의 통과의례 같은 축제로, 말달리기에서 이기면 나름 성숙한 유목민으로 인정받습니다. 말을 잘 탄다는 건 부모를 떠나서 살 수 있다는 증거니까요. 극단적으로 말해 부모가 때리려 하면 아이는 말을 타고 도망갈 수 있습니다. 말을 잘 탄다는 것, 그건 지배와 복종 관계를 떠날 힘이 있음을 상징합니다. 바로 이 말달리기에는 소년뿐만 아니라 소녀도 아무런 제약이 없이 참여합니다. 소녀들이 우승을 하면 패배한 소년들은 이를 기꺼이 인정합니다. 정착·농경생활에 익숙한 여성들, 집 안에 갇힌 여성들로서는 꿈도 꿀 수 없는 일이죠. 언제든지 말을 타고 남편을 떠날 수 있는 여성과, 걸어서는 남편을 따돌릴 수 없는 여성, 그 차이는 엄청난 겁니다.

'홀로 걷는 여자', 여우에게서 우리는 말을 타는 전사의 당당함을 떠올려야 합니다. 여우는 억압사회에서 벗어나지 못하고 온갖 스트레스를 감당하는 전통 가부장제 속의 여성과는 다릅니다. 그녀가 "나이가 많은데도 안색이 마치 어린아이 같았던" 이유는 바로 이것입니다. 자고 싶을 때 자고 일어나고 싶을 때 일어나는 여성, 여성에게 강요되는 온갖 의무들로부터 자유로운 여성, 바로 그녀가 여우였습니다. 그녀가 억압사회에서 허우적거리는 웬만한 남자들보다 위대하다는 것은 분명합니다. 그 또한 자유로운 전사를 꿈꾸던 남백자규가 여우에게 배움을 청했던 이유가 여기 있습니다. "길은 얻어 배울 수 있는 것입니까?" 그러나 우리의 기대와 달리 여우가 단호하게 말합니다. "오! 어찌 그럴 수 있겠습니까! 그대는 그런 사람이 아닙니다." 남백자규에게는 성인, 즉 자유인이 되는 길을 배울 수 있는 소질이 없다는 절망적인 선언입니다. 그러나 여우는 여기서 그치지 않습니다. 절망적인 선언에 남백자규가 좌절이라도 할까 걱정하듯, 여우는 복량의(卜梁倚)라는 남자의 사례를 통해 성인이 되는 길을 남백자규에게 알려주니까요. "저 복량의는 성인의 소질은 있지만 성인의 길은 없고, 나는 성인의 길은 있지만 성인의 소질은 없습니다. 성인의 길을 가르치고자 하면, 아마도 그는 진짜 성인이 될 수도 있을 겁니다!" 직접적 가르침이 아니라 간접적 가르침입니다. 자유는 강요할 수도 가르칠 수도 없다는 여우의 통찰입니다. "길은 얻어 배울 수 있는 것입니까?"라는 남백자규의 의문 자체가 그가 자유가 무엇인지 모른다는 증거입니다. 자유는 누군가의 가르침으로부터 배울 수 있는 것이 아닙니다. "그대는 그런 사람이 아닙니다"라고 말할 때 여우가 말하고자 했던 것은 바로 이겁니다. 누군가에 의지해 자유로우려고 생각하는 순간, 우리의 소망과는 달리 자유에서 멀어지게 되니까요. 자유는 직접적으로 가르칠 수 없고 간접적으로 보여줄 수밖에 없다는 여우의 깊이가 놀랍습니다.

비교 불가능하고 교환 불가능한

여우는 복량의라는 남자가 "성인의 소질은 있지만 성인의 길은 없다"고 말합니다. 자유를 찾으려 바깥으로 배회하지 않으니 복량의는 남백자규와 달리 자유인의 본능, 자유에 대한 감각을 가지고 있습니다. 그러나 불행히도 복량의는 그 본능을 현실화하는 방법을 모릅니다. 바로 이 대목에서 여우는 자신에 대해서도 이야기합니다. 자신은 "성인의 길은 있지만 성인의 소질은 없다"고 말입니다. 지금 여우는 절망하는 남백자규에게 다시 희망을 불어넣으려 합니다. 자신도 남백자규와 마찬가지로 자유인의 본능이 없다는 겸손입니다. 이어서 그녀는 복량의라는 남자를 만나 자유인이 되는 방법을 알려줄 때, 그가 어떻게 자유인의 본능을 실현시킬지 그 구체적인 여정을 알려주기 시작합니다. 남백자규에게 자유인의 소질이 진짜로 없다고 판단했다면 할 필요도 없는 가르침이죠. 여우는 자신을 포함한 모든 사람은 남자든 여자든 가릴 것 없이, 자유의 공기를 맡으려는 본능이 있음을 긍정하고 있었던 겁니다. 이제 자유인이 되는 과정, 몽골 소녀가 전사가 되는 과정을 엿보도록 하죠. 여우의 설명에서 중요한 건 "그에게 알려주고서 내가 그를 지켜본다[告而守之]"라는 구절입니다. 유목민 남자가 아이를 전사로 키울 때는 보기 힘든 감수성이 빛나는 대목입니다. 말은 끝내 스스로 타야 하고, 몇 번의 낙마를 감당해야 합니다. 말 타는 법을 알려준 남자는 아무렇지 않게 돌아설 수 있지만, 여우는 그렇게 돌아서지 못합니다. 말을 타고 떨어지기를 반복하는 미래의 자유인을 지켜봅니다. 말을 대신 타줄 수는 없지만, 같이 있어주는 것으로 응원하려는 안타까운 마음입니다. 낙마할 때 아이가 혼자가 아니라는 걸 느꼈으면 하는 마음입니다. 사랑과 응원을 담아 함께 있어주는 것! 바로 이것이 "지켜본다"고 번역한 '수(守)'의 여성적 감수성입니다.

복량의가 자유로워질 때까지 여우는 자신이 이 아기 자유인 옆에서 최소 9일 동안 있으리라 이야기합니다. 9일은 아기 전사가 말을 타고 홀로 바람처럼 달리기 시작하는 순간입니다. 초원 지평선 너머로 사라지는 먼지를 보며 전사 여우는 드디어 발걸음을 돌려 천막으로 되돌아갈 수 있었던 겁니다. 이제 아기 전사는 의젓한 전사가 되었습니다. 돌아올 수도 아니면 초원이 끝나는 곳까지 계속 질주할 수도 있습니다. 천막으로 되돌아온다면 여우는 기쁠 겁니다. 돌아올 수도 그러지 않을 수도 있는 자유를 얻은 신출내기 자유인은 자유로써 자신에게 돌아온 것이니까요. 자유인으로 성장하기 위해선 먼저 천하를 도외시해야 합니다. 천-천자-대인-소인이라는 위계질서로부터 자유로워져야 합니다. 그다음 외물을 도외시해야 합니다. 직위, 봉급, 식읍 등 국가가 내건 미끼의 유혹을 받지 않아야 한다는 겁니다. 국가의 유혹을 받는 순간, 언제든지 사유인은 천하질서에 다시 포획될 테니까요. 그다음은 삶을 도외시해야 합니다. 자신이 내민 당근을 먹지 않으면 국가는 채찍을 휘두를 겁니다. 자유인의 목을 조르며 혹은 자유인의 목에 칼을 들이대며 협박할 겁니다. "내 말을 듣지 않으면 너는 죽을 거야!" 이 협박이 먹히면 자유인은 직위, 봉급, 식읍이라는 미끼를 다시 물게 되고 억압사회에 갇혀버리는 거죠. 그러니까 마지막 관문은 바로 삶을 도외시하는 생사관이었던 겁니다. 이 관문을 통과하면 자유인은 결코 지배와 복종 관계로 퇴행할 위험이 없습니다. 이미 천하질서의 가장 바깥 장벽, 인간을 가두고 사육하는 마지막 울타리를 돌파했으니까요. 여우는 천하, 외물, 그리고 삶을 도외시해야 한다고 말할 때 '외(外)'라는 말을 씁니다. '외면화한다' 혹은 '바깥으로 보낸다'는 뜻입니다. 이것은 천하로 대표되는 국가질서, 귀하다고 평가되는 외부 대상, 존중되어야 한다는 삶마저도 우리의 본능이 아니라 외부로부터 들어온 병균이나 침입자와 같다는 발상입니다. 그러니 그것들의 원래 자리인 바깥으로 보내버려야 한다는 겁니다.

삶을 도외시하는 순간 자유인의 질주는 시작됩니다. 하늘이란 거대한 쇠장막으로부터 벗어나니 마치 어둠이 물러가고 아침이 열리는 것 같습니다. 바로 '조철[朝徹]'입니다. 천-천자-대인-소인의 위계에서 벗어난다는 것은 존재-생물-동물-인간 등의 개념적 위계로부터 벗어난다는 것과 마찬가지입니다. 이로써 모든 존재하는 것들은 다른 것과 비교되고 바뀔 수 있는 '특수한 것'이 아니라 비교 불가능하고 교환 불가능한 '단독성'을 회복합니다. 올해 핀 꽃이 작년에 핀 꽃이 아님을 알고 올해 태어난 아이가 작년에 태어난 아이가 아니라는 걸 압니다. "올해도 같은 개나리가 피었네" 혹은 "두 번째 자식이네"라는 의식은 없습니다. 내 앞의 개나리는, 내 앞의 아이는 절대적으로 새로운 것, 다른 것과 비교 불가능하고 교환 불가능한 존재임을 알기 때문입니다. 바로 이것이 신학적 의미나 신비적 뉘앙스를 완전히 제거해 이해해야 할 '영원한 현재(the eternal present)'의 의미입니다. 그래서 여우는 말했던 겁니다. "단독적인 것을 본 뒤 그는 과거와 현재를 없앨 수 있겠죠. 과거와 현재를 없앤 뒤 그는 죽지도 않고 태어나지도 않은 상태에 들어갈 겁니다"라고요. 죽음을 피하고 살려고 하면, 죽음이 아닐지라도 다칠 것을 두려워하면, 우리는 말을 탈 수가 없습니다. 죽어도 좋다는 마음, 떨어져도 좋다는 마음을 먹으면 아기 유목민은 진정한 유목민으로 탄생합니다. 역으로 말해도 좋습니다. 말을 타고 초원을 질주하는 자유인에게 삶과 죽음은 이미 안중에도 없다고 말입니다. 여우의 모든 가르침은 이렇게 끝납니다. 아기 전사가 자신을 의젓한 전사로 스스로 벼리는 과정을 지켜주는 전사 여우의 섬세함이 빛을 발합니다. 그렇다면 이제 궁금해집니다. 남백자규는 초원을 질주하는 전사가 되었을까요? 쉽지 않을 겁니다. 여전히 자신의 자유를 바깥에서 찾으려는 순례를 계속할지도 모릅니다. 「인간세」 편의 거목 이야기가 기억나시나요. 주석가들은 남백자규가 거목으로부터 삶의 지혜를 배우려고 했던 남백자기(南伯子綦)라고 말합니다. 몸소 말을 타지 않으면 전사 여우로서도 어찌할 수 없는 일입니다. 아기 전사를 억지로 말에 태울 수는 없으니까요. 반드시 지켜보려는 미음을 가진 진사 여우입니다. 남백자기, 즉 남백자규가 말을 타기를 기다리는 여우입니다.

자유는 누군가의 가르침으로부터 배울 수 있는 게 아닙니다
"그대는 그런 사람이 아닙니다"라고 말할 때
여우가 말하고자 했던 게 바로 이것입니다

44

사랑하는 마음의
은밀한 이중성

원숭이 이야기

원숭이 키우는 사람이 원숭이들에게 도토리를 주면서 "아침에 셋, 저녁에 넷 주겠다"고 말했다. 원숭이들은 모두 노여워했다. 그러자 그 사람은 "아침에 넷, 저녁에 셋을 주겠다"고 제안했다. 그러자 원숭이들은 모두 기뻐했다. 이름과 내용이 어긋나지 않았지만 노여움과 기쁨이 작용한 것 또한 인시(因是)다.

그러므로 성인은 '옳음과 그름'으로 갈등을 완화하지만 '자연스러운 물레(天鈞)'에 머문다. 이를 일러 '두 길을 걸음(兩行)'이라고 한다.

「제물론」

狙公賦芧, 曰, "朝三而暮四." 衆狙皆怒. 曰, "然則朝四而暮三." 衆狙皆悅.
名實未虧而喜怒爲用, 亦因是也.
是以聖人和之以是非而休乎天鈞. 是之謂兩行.

「齊物論」

'아침에 넷, 저녁에 셋'에 대한 오해

인간에 대한 장자의 애정은 절절합니다. 정착국가를 구성하는 대다수 노동계급, 글을 모르던 대부분의 민중에 대한 그의 관심과 애정은 정말 인상적입니다. 공자든 맹자든 묵자든 한비자든 다른 제자백가들은 자기 글의 독자나 자기 말의 청자로 소수 지배계급을 상정하고 있었습니다. 장자만큼은 달랐습니다. 그는 대인이 아니라 소인의 삶을 위로하려고 했을 뿐만 아니라 소인의 삶을 찬양하기까지 합니다. 장자에게 소인들은 결코 작지 않고 대붕만큼 큰 존재였습니다. 단지 그들은 지배계급의 위세나 이데올로기 공세에 눌려 자신들이 왜소하다고 오인하고 있을 뿐입니다. 하긴 다수의 민중이 대붕처럼 모두 날아가버리면 영토국가 자체는 일순간에 괴멸할 겁니다. 자신은 모자란다는 자기비하, 자신은 무지하다는 자기멸시, 그리고 자기 삶을 스스로 결정할 수 없다는 자기부정을 극복해야 합니다. 그래야 인간들은 억압사회를 개조하거나 아니면 그로부터 떠날 수 있는 힘, 대붕의 힘을 되찾을 테니까요. 대부분이 문맹이었던 소인들에게 장자가 논문 형식의 글이 아니라 누구나 공감할 수 있는 작은 우화들을 들려준 것도 이런 이유에서입니다. 장자는 이야기의 힘을 알았던 겁니다. 인상적인 이야기를 들으면 글을 모르는 사람도 그 이야기를 가슴에 새기기 마련입니다. 이 점에서 「제물론」편은 예외적입니다. 어느 정도 지적 훈련을 마친 독자들이 아니면 이해하기 힘든 이야기들이 많으니까요. 분명 자신을 따르던 제자들과의 문답을 기초로 만든 이야기일 겁니다. 구멍과 바람의 마주침을 다룬 바람 이야기도 그렇고, 문의 이미지로 타자와의 소통을 논의했던 도추 이야기도 그렇습니다.

잊지 말아야 할 것은 제자들에게 들려준 이야기들에서도 우화를 만드는 장자의 탁월한 능력은 가려지지 않는다는 사실입니다. 바람 이야기나 도추 이야기를 들으면 제자들은 스승 장자가 무엇을 말하려는지 알았을 겁니다. 그러나 곧 그들은 당혹스러워집니다. 빈 구멍이나 문은 비유일 뿐이기 때문이죠. 인간은 구멍도 건축물도 아닙니다. 구체적으로 어떻게 살아야 빈 구멍이나 잘 열리는 문처럼 되는지 막연했을 겁니다. 바로 이 순간 바람 이야기나 도추 이야기가 어떻게 인간의 삶에 구체화될 수 있는지를 보여주는 멋진 우화를 장자는 만들어냅니다. 지적인 것처럼 보이지만 대부분의 민중과 마찬가지로 여전히 이해력이 부족한 제자들에 대한 스승의 친절함입니다. 논리성이나 문학성에서 최고 수준에 이른 「제물론」 편에 등장하는 소박한 우화, 조삼모사(朝三暮四)와 관련된 이야기는 바로 이런 문맥에서 탄생한 겁니다. 우리에게는 너무나 다행한 일이죠. 장자의 제자들만큼이나 우리도 바람 이야기나 도추 이야기를 어떻게 삶에 적용할지 막연하니까요. 아이러니한 건 이 특이한 이야기마저 오해에 노출된다는 사실입니다. 장자로서는 예상하지 못했던 전개일 텐데요. 타자와 어떻게 소통할 수 있는지를 쉽고 생생하게 전달하려 했던 이야기가 어리석은 타인을 말장난으로 속이는 이야기로 변질되었으니까요. 그만큼 장자 읽기가 어렵다는 방증이기도 하지만, 그의 전언에 대한 의식적이거나 무의식적인 저항이 있었다는 증거이기도 합니다. 조삼모사 이야기로 부를 수도 있는 이 이야기를 원숭이 이야기로 부르려고 하는 것도 이런 이유에서입니다. 사자성어 조삼모사는 새 술을 담기에는 너무나 오염되고 너덜너덜해진 헌 부대이기 때문입니다.

저공(狙公)은 원숭이 키우는 사람을 말합니다. 저(狙)는 원숭이를 뜻하는 말이니까요. 원숭이 이야기는 저공과 그가 키우던 원숭이들 사이에 일어났던 일화를 중심으로 진행됩니다. 조금 구체적으로 말해 원숭이 이야기는 크게 두 부분으로 나뉩니다. 첫 부분이 저공과 원숭이들 사이의 간략한 일화라면, 두 번째는 이 일화를 장자가 철학적으로 평론하는 부분입니다. 먼저 첫 번째 부분을 보죠. "원숭이 키우는 사람이 원숭이들에게 도토리를 주면서 '아침에 셋, 저녁에 넷 주겠다'고 말했다. 원숭이들은 모두 노여워했다. 그러자 그 사람은 '아침에 넷, 저녁에 셋을 주겠다'고 제안했다. 그러자 원숭이들은 모두 기뻐했다." 이게 이야기 전부입니다. 저공이 도토리를 "아침에 셋, 저녁에 넷 주겠다"고 했을 때, 원숭이들은 화를 내며 불만족을 피력합니다. 그러자 저공은 "아침에 넷, 저녁에 셋을 주겠다"고 새로운 제안을 합니다. 어차피 저공은 하루 동안 원숭이들에게 일곱 개의 도토리를 주기로 작정한 사람입니다. 그러니까 원숭이들이 하루에 받을 수 있는 도토리는 일곱 개가 전부였던 겁니다. 그런데 원숭이들은 저공의 새로운 제안에 만족을 표시하며 기뻐합니다. 아침에 세 개, 저녁에 네 개를 받거나, 아침에 네 개, 저녁에 세 개를 받거나 하루에 일곱 개 받는 것은 마찬가지입니다. 이 사실을 알고 있는 저공은 똑똑해 보이고, 이 사실을 모르는 원숭이들은 멍청해 보입니다. 혹은 저공은 사기꾼 같아 보이고 원숭이들은 순진해 보입니다. 바로 여기서 조삼모사라는 사자성어가 탄생합니다. 이제 조삼모사는 어리숙한 사람을 속이는 말이나 행위를 의미하게 됩니다.

저공은 왜 도토리 일곱 개를 주려고 했을까?

문제는 조삼모사에 대한 고정관념이 원숭이 이야기의 두 번째 부분을 오리무중 상태로 던져 넣는다는 사실입니다. 원숭이 이야기의 두 번째 부분에서 장자는 저공을 성인(聖人)의 한 사례로 설명하고 있기 때문입니다. 성인이 자기 이익만 챙기는 사기꾼일 수는 없습니다. 그렇다면 어디서부터 이런 문제가 발생한 걸까요? 저공과 원숭이들 사이의 일화를 잘못 독해했기 때문입니다. 저공이 말재주로 순진한 원숭이들을 농락했다는 잘못된 이해, 조삼모사에 대한 통념을 극복해야 하는 이유입니다. 이제 2,000여 년간 켜켜이 쌓여 견고해진 이 인식론적 장벽을 무너뜨리는 작업을 시작해보죠. 먼저 우리는 저공이 왜 하루에 도토리를 일곱 개 주려고 결정했는지 추정해보아야 합니다. 분명한 것은 도토리 수급에 문제가 발생했다는 사실입니다. 기후변화든 무엇이든 도토리 품귀 현상이 있었던 셈이죠.

결국 저공은 도토리의 하루 할당량을 줄일 수밖에 없는 상황에 처하게 됩니다. 품귀 현상이 있기 전에는 분명 하루에 일곱 개 이상의 도토리를 원숭이들에게 나누어 주었을 겁니다. 편의상 열 개의 도토리를 주었다고 하죠. 계속 열 개씩 줄 수 있다면, 저공은 원숭이들에게 "아침에 셋, 저녁에 넷 주겠다"는 제안을 할 필요도 없었을 겁니다. 분명 저공은 도토리 공급자가 다음에 올 때까지 나누어 줄 수 있는 도토리 전체량과 매일 할당량을 계산했습니다. 그 결과가 바로 하루 할당량 일곱 개였습니다. 여기서 우리는 저공이 원숭이들을 아낀다는 사실을 짐작할 수 있습니다. 사료로 쓸 도토리가 부족하면 원숭이들을 처분하거나 아니면 노쇠한 원숭이들을 죽이면 그만입니다. 그러나 저공은 한 마리의 원숭이도 가볍게 처분하지 않으려 합니다.

설령 나중에 시장에 내다 판다 해도, 원숭이들에 대한 저공의 사랑은 각별한 데가 있습니다. "아침에 셋, 저녁에 넷 주겠다"는 처음 제안에도 저공의 애정이 녹아 있습니다. 배가 고프면 잠을 청하기 힘든 법이니, 저공은 저녁에 네 개를 주어야겠다고 생각했을 겁니다. 그러나 원숭이들은 할당량이 일곱 개로 줄어든 것에 불만을 가지고 있습니다. 원숭이들은 저공의 따뜻한 애정과 불가피한 사정을 헤아리지 않습니다. 그들은 저공을 불신하고 있습니다. 아침에 세 개를 주고는 저공이 저녁에 네 개를 주겠다는 약속을 어길 가능성을 헤아린 겁니다. 할당량이 일곱 개로 줄었다면, 일단 아침에 네 개를 먹는 것이 안전하다는 판단입니다. 저녁에 배가 고프면 힘들 거라고 배려했던 저공의 애정이 원숭이들에게는 안중에도 없습니다. 그러나 저공의 애정은 깊습니다. 사랑은 자신이 원하는 걸 해주는 게 아니라 타인이 원하는 걸 해주는 감정이라는 걸 압니다. 그래서 저공은 자신이 옳다고 생각한 "아침에 셋, 저녁에 넷 주겠다"는 제안을 기꺼이 철회합니다. 원숭이들을 아끼지 않았다면 저공은 버럭 화를 냈을지도 모릅니다. "저 멍청한 것들에게 쓸데없는 제안을 했네. 가장 합리적인 제안을 거부하다니. 이제 내가 모든 걸 결정하고 통보해야지. 아니 통보할 필요도 없어. 그냥 도토리를 나눠 주면 돼. 배가 고프면 먹겠지 뭐." 하지만 저공은 원숭이들에게 화도 내지 않고 일방적 조치도 취하지 않습니다. 그만큼 원숭이들을 아꼈던 겁니다. 그래서 저공은 "아침에 넷, 저녁에 셋을 주겠다"고 새롭게 제안합니다. 그러나 저공은 안타깝기만 합니다. 저녁에 세 개를 먹고 배가 부르지 않아 잠을 청하지 못할 원숭이들의 모습이 선했으니까요. 어쨌든 다행히도 원숭이들은 새로운 제안을 받아들입니다. 여기서 저공과 원숭이들의 일화는 끝납니다. 이제 우리가 사유 실험을 할 차례입니다.

"아침에 넷, 저녁에 셋을 주겠다"는 제안마저 원숭이들이 거부했다면 저공은 어떻게 했을까요? 두 번째 제안을 하도록 만들었던 원숭이들에 대한 저공의 애정을 잊지 마세요. 저공은 자신에 대한 원숭이들의 불신을 이해합니다. 그들은 가급적 빨리 도토리를 많이 먹는 쪽을 선호하는 겁니다. 저공은 이 사실을 잘 알고 있습니다. 그러니 저공은 "아침에 넷, 저녁에 셋을 주겠다"는 두 번째 제안도 철회할 겁니다. 그리고 세 번째 제안을 더 안타까운 마음으로 건넬 겁니다. "아침에 다섯, 저녁에 두 개를 주겠다." 세 번째 제안에 원숭이들이 만족을 표할 수 있으면 그만입니다. 그러나 불행히도 그들이 세 번째 제안에도 화를 낸다면, 저공은 절망적으로 네 번째 제안을 할 겁니다. "아침에 여섯, 저녁에 하나를 주겠다." 그런데 이 제안마저 원숭이들이 거부할 수 있습니다. 우리에게 아침만 있고 저녁은 없다는 식입니다. 한숨이 나올 일이지만, 저공은 원숭이들에 대한 사랑을 지키려 합니다. 지금까지 자신이 건넨 모든 제안에 깔려 있던 사랑을 이제 와서 부정하기는 힘든 일입니다. 하루 할당량은 도토리 일곱 개입니다. 그러니 저공은 다섯 번째 제안, 최종 제안을 하겠죠. "아침에 일곱 개를 주고, 저녁에는 주지 않겠다." 그러나 저공은 사랑에는 최종 제안이란 불가능하다는 사실에 직면하고 맙니다. "아침에 일곱 개를 주겠다"는 제안을 원숭이들이 거부한다면, 저공은 원숭이들에 대한 사랑을 접어야 할지 기로에 서게 되겠죠. 우리를 사랑한다면 '하루 할당량이 일곱 개'라는 판단마저 버리라고 원숭이들은 저공을 압박하겠고요. 마침내 저공은 사랑의 관계에서 최종 제안은 사전에 결정될 수 없고 단지 사후에만 결정된다는 사실, 자신이 결정하는 게 아니라 원숭이들이 결정한다는 사실을 이해하게 될 겁니다. 결국 저공은 최종적이기를 바라는 여섯 번째 제안을 하게 될 겁니다. "아침에 여덟 개만 주겠다." 여기서 사유 실험은 마치도록 하죠. 여섯 번째 제안에 원숭이들이 기뻐했기를 바라면서 말입니다.

위시에서 인시로의 전환

———

사유 실험은 사유 실험일 뿐입니다. 세 번째나 네 번째 제안
이 최종 제안으로 확정될 수도 있고, 아니면 열 번째 제안이 최
종 제안이 될 수도 있습니다. 결국 n번째 제안이 타자에 의해
최종 제안이 된다는 사실을 기억하면 좋습니다. 다행히도 원숭
이 이야기에서는 두 번째 제안이 저공이 긴낸 최종 제안이 됩니
다. 무한에 이를 수도 있는 n번째 제안이 다행히도 두 번째 제안
으로 그치자 저공이 행복했을 거라는 사실은 분명합니다. 첫 번
째 제안이 거부당했을 때의 안타까움은 그야말로 사치였던 겁니
다. 세 번째, 네 번째, 다섯 번째까지 제안이 이루어진 것보다 수
천 배 다행스러운 일이니까요. 같은 「제물론」 편에 등장했던 위
시 이야기가 기억나시나요. '이것이라고 생각한다'는 뜻의 위시
(爲是)와 '이것에 따른다'는 뜻의 인시(因是)의 구분 말입니다. 원
숭이 이야기에 등장하는 저공의 두 제안이 위시입니다. '이것이
다' 혹은 '옳다'고 저공이 생각한 것은 "아침에 셋, 저녁에 넷 주
겠다"는 첫 번째 제안과 "아침에 넷, 저녁에 셋을 주겠다"는 두
번째 제안이니까요. 그러나 원숭이가 이것이라 생각한 것은 저
공의 두 번째 제안 "아침에 넷, 저녁에 셋을 주겠다"입니다. 두
번째 제안에서 저공이 위시한 것과 원숭이가 위시한 것이 일치
됩니다. 바로 이때 위시는 인시로 전환됩니다. 저공은 자신이 옳
다고 하는 것을 따르는 게 아니라 원숭이가 옳다고 생각하는 것
을 따르는 셈이니까요. 그래서 장자는 "이름과 내용이 어긋나지

않았지만 노여움과 기쁨이 작용한 것 또한 인시(因是)"라고 말합니다. 자신의 노여움과 기쁨이 아니라 저공이 원숭이들의 노여움에 따르고 그들의 기쁨에 따르는 장면을 떠올리면 쉬운 이야기입니다.

이제 저공과 원숭이들 사이의 일화를 통해 장자가 사랑과 소통의 운동을 어떻게 일반화하는지 살펴볼 차례입니다. "성인은 '옳음과 그름'으로 갈등을 완화하지만 '자연스러운 물레[天鈞]'에 머문다." 저공이 옳다고 생각했던 첫 번째 제안이 원숭이들에 의해 그른 것이 되고 처음에는 옳다고 생각하지 않았던 두 번째 제안이 원숭이들에 의해 옳은 것이 되는 역동적 과정을 떠올려보세요. 바로 이것이 "성인은 '옳음과 그름'으로 갈등을 완화한다"고 말할 때 장자의 머릿속에 있던 상황입니다. 여기서 중요한 것은 저공이 첫 번째 제안을 깔끔하게 마음에서 비워야만 두 번째 제안을 할 수 있다는 사실입니다. '비운다'는 뜻의 '허(虛)' 개념이나 '잃는다'는 뜻의 '상(喪)' 개념이 구체화되는 지점입니다. 타자가 '예스'라고 할 수 있는 제안을 한다는 것은 타자를 받아들인다는 것, 타자와 소통한다는 것과 다름없습니다. 여기서 "아침에 넷, 저녁에 셋을 주겠다"는 두 번째 제안도 "아침에 셋, 저녁에 넷 주겠다"는 첫 번째 제안과 같은 운명이라는 걸 잊어서는 안 됩니다. 원숭이들이 거부하면 저공은 두 번째 제안마저 비워내야 하니까요. 그래서 장자는 "성인이 '자연스러운 물레[天鈞]'에 머문다"는 단서를 붙였던 겁니다. 여기서 '물레'로 번역한 '균(鈞)'은 '녹로(轆轤)'를 가리킵니다. 도자기 굽는 사람들이 사용하는 물레를 말합니다. 진흙 덩어리를 회전하는 물레 외곽에

두면 그 덩어리는 바깥으로 튕겨 날아가버립니다. 반면 물레 회전판 중앙에 놓으면 진흙 덩어리는 아무리 빠르게 회전해도 바깥으로 튕겨날 이유가 없습니다. 물레 중앙은 좌도 우도 아니고 남도 북도 아니고 동도 서도 아니라는 사실이 중요합니다. 좌이면서 우이기도 하고 좌도 아니면서 우도 아닙니다. 남이면서 북이기도 하고 남도 아니면서 북도 아닙니다. 동이면서 서이기도 하고 동도 아니면서 서도 아닙니다.

돌아가는 물레로, 정확히는 회전하는 물레의 중심으로 장자는 대립적인 것들이 교차하는, 혹은 소통하는 장면을 구체화하려 합니다. 옳기도 하고 그르기도 하고 옳지 않기도 그르지 않기도 합니다. 주체이기도 하고 타자이기도 하고 주체가 아니기도 타자가 아니기도 합니다. 도추 이야기에 등장하는 문과 지도리와 유사한 비유입니다. 문이 열릴 때 주체가 나가고 타자가 들어올 수 있고, 열린 문에서 안과 밖의 구분이 무화되는 장면을 다시 떠올려보세요. 문과 지도리의 이미지가 있는데도 원숭이 이야기에서 장자가 물레 이미지를 다시 도입한 이유는 분명합니다. 장자는 n번째 제안을 할 정도로 우리의 마음이 역동적이어야 한다는 걸 강조하고 싶었던 겁니다. 원숭이들이 거부하면 저공의 제안들은 물레 중심에 놓이지 않은 진흙 덩어리처럼 바깥으로 튕겨나가야 합니다. 오직 저공이 위시한 것이 원숭이들이 위시한 것과 일치되기를 기다리면서 말입니다. 결국 원숭이 이야기에서는 "아침에 넷, 저녁에 셋을 주겠다"는 두 번째 제안만이 회전하는 물레의 중앙에 놓인 다행스러운 진흙 덩어리였던 셈입니다. 비운 마음은 죽은 마음이나 정적에 빠진 마음이 아닙니다. 그건 생각할 수 없을 정도로 민감한 마음, 역동적인 마음, 타자가 "예스"라고 할 때까지 새로운 제안을 하는 지치지 않는 마음이니까요. 겉보기에 저공은 두 가지 제안을 건넸고, 두 번째 제안으로 소통이 이루어진 것처럼 보입니다. 그러나 두 번째 제안도 언제든 퉁겨질 수 있습니다. 그래서 장자는 "성인은 '옳음과 그름'으로 갈등을 완화하지만 '자연스러운 물레[天鈞]'에 머문다"고 말하며 이것을 '두 길을 걸음[兩行]'이라고 정의했던 겁니다. 물레는 강렬하게 돌고 있어야 진흙 덩어리를 퉁겨내거나 아니면 중앙에 품은 진흙 덩어리로 근사한 도자기를 만들 수 있으니까요. 이렇게 원숭이 이야기는 사자성어 조삼모사의 저주로부터 풀려나게 됩니다. 저공은 간악한 사기꾼도, 말재주로 타인의 이익을 취하려는 장사꾼도 아닙니다. 자신이 옳다고 생각하는 것이 아니라 타자가 옳다고 생각하는 것을 타자에게 행하는 것이 사랑이고 소통이라는 것을 알았던 사랑꾼이자 소통꾼이었으니까요.

45

자유인의 저항할 수 없는 매력

애태타 이야기

노나라 애공이 공자에게 물었다. "위나라에는 못생긴 사람이 있었는데 애태타라고 불립니다. 그런데 그와 함께 있었던 젊은 남자들은 그를 사모해 떠나지 못했고, 그를 보고 부모에게 '다른 사람의 처가 되느니 차라리 그의 첩이 되겠어요'라고 간청하는 젊은 여자들이 열 손가락으로 셀 수 없을 정도였다고 하더군요. 그렇지만 일찍이 그가 이야기를 시작했다는 걸 들어본 적이 없고, 그는 항상 다른 사람에게 호응했을 뿐이죠. (…) 제가 그를 불러 살펴보니 정말 온 세상을 놀라게 할 만큼 못생겼더군요. 저와 함께한 지 몇 달이 되기도 전에, 저는 그에게 매력을 느끼게 되었고, 한 해가 되기도 전에 저는 그를 신뢰하고 말았습니다. (…) 결국 저는 나라를 그의 손에 맡겼지만, 얼마 지나지 않아 그는 저를 떠나버렸습니다. 저는 사랑하는 사람과 사별한 것처럼 실의에 빠졌고, 더 이상 이 나라를 함께 즐길 사람이 없는 것처럼 느껴집니다. 도대체 그는 어떤 사람일까요?"

공자가 말했다. "(…) 그는 분명 소질은 완전하지만 덕은 드러나지 않은 사람일 겁니다."

애공이 물었다. "'소질이 완전하다'는 말은 무슨 뜻인가요?"

공자가 대답했다. "죽음과 삶, 생존과 파멸, 성공과 실패, 가난과 부유함, 능력과 무능함, 비방과 칭찬, 주림과 목마름, 추위와 더위, 이것은 모두 사태의 변화이고 부득이한 움직임이어서 우리 앞에 밤낮으로 번갈아 나타나지만, 우리의 사유로서는 그 기원을 알 수 없는 겁니다. 그러므로 이런 것들로 마음의 조화를 어지럽히거나, 이런 것들을 마음에 담아두어서는 안 되죠. 마음으로 하여금 조화롭고 즐겁게 하여, 타자와 소통해도 즐거움을 잃지 않도록 해야 합니다. 삶의 연속성에 틈이 없도록 타자와 함께 봄이 되어야 하니까요. 이것이 타자와 마주치는 순간마다 마음에 그에 맞는 때를 생성시키는 겁니다. 이런 상태가 바로 '소질이 완전하다'는 말의 의미죠."

애공이 물었다. "'덕이 드러나지 않는다'는 말은 무슨 뜻인가요?"

공자는 대답했다. "고르다는 것은 최고로 물이 안정되어서 표본이 될 만한 상태를 말하죠. 안으로부터 잘 보전되고 밖으로 동요하지 않기 때문입니다. 덕이라는 것은 조화로움을 이룬 결과물입니다. 덕이 드러나지 않는 사람에게서 타자는 떨어져 나올 수가 없는 법이죠."

「덕충부」

魯哀公問於仲尼曰, "衛有惡人焉, 曰哀駘它. 丈夫與之處者, 思而不能去也. 婦人見之, 請於父母曰 '與爲人妻寧爲夫子妾'者, 十數未止也. 未嘗有聞其唱者也, 常和人而已矣. (…) 寡人召而觀之, 果以惡駭天下. 與寡人處, 不至以月數, 而寡人有意乎其爲人也. 不至乎期年, 而寡人信之. (…) 卒授之國, 無幾何也, 去寡人而行. 寡人卹焉若有亡也, 若無與樂是國也, 是何人者也? 仲尼曰, "(…) 是必才全而德不形者也."

哀公曰, "何謂才全?"

仲尼曰, "死生存亡, 窮達貧富, 賢與不肖, 毀譽, 飢渴, 寒暑, 是事之變, 命之行也, 日夜相代乎前, 而知不能規乎其始者也. 故不足以滑和, 不可入於靈府. 使之和豫, 通而不失於兌. 使日夜無郤而與物爲春, 是接而生時於心者也. 是之謂才全."

"何謂德不形?"

曰, "平者, 水停之盛也. 其可以爲法也, 內保之而外不蕩也. 德者, 成和之修也. 德不形者, 物不能離也."

「德充符」

추남 애태타의 비밀

정착생활과 유목생활을 이분법적으로 생각하면 안 됩니다. 진정한 유목민은 떠날 수 있는 힘과 자유가 있다는 것이 핵심이니까요. 천하든 어떤 국가나 제국이든 유목민은 머물 수 있습니다. 계절의 변화에 따라 양과 염소, 낙타와 함께 유목민은 물과 풀을 찾아 새로운 곳으로 떠납니다. 이렇게 도달한 곳이 지배와 복종이 작동하는 천하일 수도 있습니다. 그에게 천하는 유목생활 동안 잠시 머무는 임시 거주지들 중 하나일 뿐입니다. 이 점에서 천하는 알타이산맥 고지대 초원과 구별되지 않습니다. 수많은 곳에 있을 수 있지만 도심지 근처 하천에 잠시 머무는 두루미처럼 말입니다. 자유인이 우리 곁에 잠시 머물러 있을 수 있다는 것! 유목민이 방금 우리에게 미소를 던지며 인사했을 수도 있다는 것! 대붕이 날갯짓으로 바람을 일으켜 우리 머리카락을 흩날릴 수 있다는 것! 이것은 영토국가에 포획되어 지배와 복종 그리고 허영의 세계 속에서 허우적거리는 우리에게는 기적과도 같은 일입니다. 자유인의 손을 잡을 기회, 유목민의 말을 탈 기회, 그리고 대붕의 등에 올라탈 기회입니다. 자주 오지 않는 기회라고도 할 수 있고, 항상 있지만 우리가 인식하지 못한 기회일 수도 있습니다. 그러나 눈을 부라리며 기회를 잡으려고 혈안이 될 필요는 없습니다. 자유의 바람은 매혹적인 향수처럼 우리에게 스며들 테니까요. 단지 우리는 그 매력에 몸을 맡기면 됩니다. 매캐한 연기에 질식할 것 같던 사람이 신선한 공기를 맡았다면, 그는 웬만해서는 다시 매캐한 연기 속으로 돌아가지 않을 겁니다.

『장자』내편 중 다섯 번째 편은 「덕충부」편입니다. '덕충부'라는 말은 "매력이 충만한 징표"라는 의미입니다. 아니나 다를까, 이 편에는 우리에게 소요유, 즉 떠날 수 있는 자유를 가르쳐주는 인물들의 이야기가 모여 있습니다. 그들은 우리를 불쌍하게 여기지 않습니다. 그들은 우리에게 자유를 가르쳐주지도 않습니다. 그저 그들은 우리 옆에서 자유인의 삶을 살아냅니다. 이렇게 그들은 우리 곁에 잠시 머물러 있는 겁니다. 맞지 않았으면 그만이지만, 그들의 날갯짓이 만드는 시원한 바람을 맞았다면 우리의 가슴은 자유의 희망으로 부풀어 오를 겁니다. 어떻게 우리가 이 대붕을 떠날 수 있겠습니까? 스스로 대붕이 될 때까지 대붕 곁에 있으려 할 겁니다. 「덕충부」편의 수많은 이야기 중 압권은 그래서 '애태타 이야기'입니다. 대붕과도 같은 자유인을 만났을 때 우리가 왜 그에게 저항할 수 없이 빠져드는지, 도대체 자유인은 어떤 사람이기에 이런 매력을 뿜어내는지를 이 이야기만큼 극적이고 친절하게 보여주는 것도 없으니까요. 애태타(哀駘它)는 '슬픔을 자아낼 정도로 못생긴 그'라는 의미입니다. 그러니까 못생긴 상태가 거부반응을 일으키는 것을 넘어서 저 못생긴 사람은 어떻게 사느냐는 걱정마저 불러일으킨다는 겁니다. 애태타는 극단적인 추남 혹은 최상급으로 못생긴 남자입니다. 당연히 애태타는 혐오의 대상이었을 겁니다. 그러나 우리의 예상과 달리 애태타는 매력의 화신이었습니다. 애태타 이야기에서 장자는 납득하기 어려운 이 추남이 뿜어내는 매력의 원천을 추적하고자 합니다. 애태타 이야기는 공자에게 던지는 노나라 군주 애공의 흥미로운 질문으로부터 시작됩니다.

위나라에서 설명하기 힘든 사건, 최고의 추남이 최고의 매력남이 된 충격적인 사건이 발생합니다. "애태타와 함께 있었던 젊은 남자들은 그를 사모해 떠나지 못했고, 그를 보고 부모에게 '다른 사람의 처가 되느니 차라리 그의 첩이 되겠어요'라고 간청하는 젊은 여자들이 열 손가락으로 셀 수 없을 정도"였으니까요. 외형적 아름다움에 가장 민감한 것이 젊은이들입니다. 그런데 위나라 젊은이들이 남녀를 가릴 것 없이 애태타를 보면 그와 함께하고자 합니다. 당연히 이 기이한 현상은 위나라 사람들의 주목을 끌게 됩니다. 더 멋지고 더 아름답고 더 지적이고 더 말 잘하고 더 능력 있어 보이려고 경쟁하고 질투하는 허영의 세계입니다. 애태타는 점점 질시와 경계의 대상이 되었을 겁니다. 젊은이들의 지도자가 되려는 지식인들이나 젊은 여성들을 유혹하려는 미남들이 애태타를 가만둘 리가 없죠. 그들은 애태타가 외모 이외의 매력을 어필해 순진한 젊은이들을 사로잡았다고 짐작합니다. 극단적으로 말해 애태타는 사이비 교주와 같으리라는 추정입니다. 애태타를 직접 관찰한 결과, 그는 사이비 교주와는 아무런 공통점이 없었습니다. "일찍이 그가 이야기를 시작했다는 걸 들어본 적이 없고, 그는 항상 다른 사람에게 호응했을 뿐"이니까요. 지금 장자가 언뜻 애태타의 비밀을 풀 수 있는 실마리를 우리에게 던지고 있다는 것이 중요합니다. 애태타는 추임새를 넣는 사람으로 보입니다. 그는 먼저 무언가를 말하거나 상대방에게 지적질을 하는 사람은 아닙니다. 그렇다고 해서 추임새만 잘한다고 모든 이가 좋아하는 사람이 되는 것은 아닙니다. 추임새는 아부꾼이나 아첨꾼으로 낙인찍힐 빌미가 될 수도 있으니까요. 도대체 애태타의 추임새는 어떤 추임새였던 걸까요? 이런 의문을 품고 애태타 이야기를 더 읽어보도록 하죠.

애태타는 왜 떠났을까

최고의 미남도 부러워할 위나라 최고의 추남이 뿜어내는 매력의 비밀은 더 미궁에 빠지고 맙니다. 애태타가 위나라를 넘어서 노나라에서도 화제가 된 이유입니다. 노나라 군주 애공은 애태타를 자기 나라로 초빙해 그 비밀을 풀고자 했습니다. 어쩌면 애공은 애태타의 매력을 벤치마킹해 매력적인 군주로 거듭나고자 했는지도 모릅니다. 젊은 남녀들을 매료시킬 매력의 비밀을 안다면, 자신의 권력뿐만 아니라 노나라의 국력도 반석에 오르리라 확신했던 애공입니다. 그런데 애태타를 만난 지 몇 달이 되기도 전에 애공은 무장해제되고 맙니다. 매력적인 군주가 되어 노나라의 국력을 강화하겠다는 애초의 의도마저 떠오르지 않을 정도였으니까요. 애태타와 함께하고 싶은 애공의 마음은 위나라의 젊은 남녀보다 강하면 강했지 조금도 약하지 않았습니다. 그럴수록 애공은 불안해집니다. 언젠가 애태타가 자신을 떠나면 찾아올 공허감과 슬픔이 무섭기만 합니다. 어떻게 해서든 애태타를 잡아두고 싶은 마음에 애공은 객경(客卿)의 자리를 그에게 제안합니다. 노나라의 모든 실권을 애태타에게 맡긴 거죠. 허영의 세계에서 줄 수 있는 최고의 선물, 최상의 선물입니다. 그러나 애공은 이 선물이 애태타와의 이별을 재촉하게 되리라고는 상상조차 못 했습니다. 애공이 공자의 바짓가랑이를 붙잡게 된 이유도 바로 이것입니다. 최상의 애정을 보여주었는데, 애태타는 오히려 자신의 곁을 떠나버렸으니까요. "결국 저는 나라를 그의 손에 맡겼지만, 얼마 지나지 않아 그는 저를 떠나버렸습니다." 어디서부터 잘못된 것일까? 도대체 애태타는 왜 떠난 것일까? 최상의 선물을 받자마자 애태타는 어떤 생각을 했기에 결별을 결정한 것일까? "사랑하는 사람과 사별한 것처럼 실의에 빠졌고, 더 이상 이 나라를 함께 즐길 사람이 없는 것처럼 느껴지는" 애공은 납득하고 싶었습니다. 이미 떠나버려 종적이 묘연한 애태타를 애공은 다시 만날 수는 없습니다. 그렇지만 애태타가 자신을 떠난 이유, 자신이 그에게 어떤 잘못을 했는지 알아야겠다는 애공의 간절함입니다.

공자의 입을 빌려 장자는 애공의 궁금증을 풀어줍니다. 애태타는 "소질은 완전하지만 덕은 드러나지 않은[才全而德不形] 사람"이었다는 말이 그 시작이죠. 우리도 그렇지만 애공도 직접 이해하기에 아리송한 말입니다. 아니나 다를까, 애공은 우리 대신 차근차근 그 의미를 물어봅니다. "소질이 완전하다'는 말은 무슨 뜻인가요?" 먼저 공자는 "죽음과 삶, 생존과 파멸, 성공과 실패, 가난과 부유함, 능력과 무능함, 비방과 칭찬, 주림과 목마름, 추위와 더위" 등의 가치가 애태타의 마음을 흔들 수 없었다는 사실을 분명히 합니다. 이 중 "죽음과 삶, 생존과 파멸, 성공과 실패, 가난과 부유함, 능력과 무능함, 비방과 칭찬"이라는 가치는 억압과 허영의 사회를 떠받치는 최고의 이데올로기라는 사실에 주목해야 합니다. 억압사회가 자유로운 개인들을 지배하려면 최종적으로 "내 말을 듣지 않으면 죽여버린다"는 협박이 먹혀들어야 합니다. 그러나 애태타는 이런 협박에 눈 한번 깜박하지 않는 사람입니다. "당신이 나를 죽일 수는 있어도 나를 지배할 수는 없어!" 국가기구에 맞서는 애태타의 당당함입니다. 반면 "성공과 실패, 가난과 부유함, 능력과 무능함, 비방과 칭찬"이라는 가치는 억압사회에 길들여진 사람들, 즉 피지배자들의 서글픈 생존의 논리를 반영합니다. 지배와 복종을 받아들이는 순간 인간은 지배자들의 간택을 받아야 더 잘 먹고 더 잘 살 수 있습니다. 채찍이 아니라 당근을 얻으려는 복종에의 욕망이자 동료를 제치고 더 맛난 당근을 얻으려는 경쟁에의 욕망입니다. 국가의 억압에 당당했던 애태타, 비굴한 삶보다 죽음을 선택하는 애태타가 이런 세속적 가치에 눈길을 줄 리 없습니다. 이미 생사관(生死關)이라는 마지막 관문을 통과한 애태타가 이해관(利害關)이나 빈부관(貧富關) 등에 막힌다는 것은 상상도 할 수 없는 일입니다.

바로 이 대목에서 "주림과 목마름, 추위와 더위"라는 구절이 중요해집니다. 애태타는 자유를 위해서는 주림과 목마름, 추위와 더위도 기꺼이 감내합니다. 폭력이 난분분하는 집을 아이가 떠나지 못하는 이유는 무엇일까요? 집을 떠나서는 목마르고 배고플 것이고 집 바깥은 춥거나 더울 것이라는 두려움 때문입니다. 만약 아이가 야영의 기술을 알고 있다면 어떤 일이 벌어질까요? 아이는 조용히 집을 떠날 겁니다. "주림과 목마름, 추위와 더위" 정도는 견딜 만하다는 자신감이 있을 테니까요. 장자가 도처에서 천하 바깥의 삶, 혹은 국가와 국가 사이에 존재했던 야(野)의 삶에 주의를 환기시켰던 것도 이런 이유에서입니다. 천하 북쪽 유목민의 삶, 천하 남쪽 국가가 없는 사회는 장자 당시에 엄연한 현실이었습니다. 복종과 수탈을 감내하는 돼지의 삶도 있지만 멧돼지의 삶도 충분히 가능합니다. 유목민이나 멧돼지는 떠나고 싶으면 떠나고 머물고 싶으면 머뭅니다. 스피노자적 유목민이자 스피노자적 멧돼지입니다. 타자와 마주쳐 기쁨이 발생하면 그 기쁨을 지키고, 반대로 슬픔이 발생하면 그 슬픔을 주는 타자를 제거하거나 떠나라는 것이 스피노자의 윤리학이니까요. 슬픔과 우울을 감내하는 정착민들, 억압사회에 길든 사람들로서는 납득하기 힘든 자유인의 윤리학일 겁니다. 바로 여기서 "주림과 목마름, 추위와 더위"가 정착민이 과도하게 일반화한 공포라는 사실이 드러납니다. 억압사회 바깥에서 "주림과 목마름, 추위와 더위"를 그냥 견디는 삶이 펼쳐지는 건 아닙니다. 배가 고프면 물고기를 낚아서 먹고 목마르면 샘물을 마십니다. 추우면 저지대로 내려가거나 불을 땝니다. 더우면 거주지를 고지대나 서늘한 동굴로 옮깁니다. 취업을 기다리며 라면으로 끼니를 때우며 남루한 집에서 겨울을 견디는 삶은 유목민들에게는 상상할 수도 없는 일입니다. 애태라는 기쁨을 주는 타자와 함께 있는 사람입니다. 아니 누군가와 함께한다면 혹은 어느 곳에 머물고 있다면, 그는 그 누군가와 혹은 그곳과 기쁨을 느끼고 있는 겁니다.

여물위춘이라는 네 글자

기쁨을 주는 사람이나 장소에게 애태타는 슬픔과 우울을 주지는 않습니다. 슬픔과 우울은 존재를 파괴하는 힘이라는 걸 알기 때문입니다. 나와 함께할 때 상대방이 슬퍼하거나 우울하다면, 그는 나를 떠나거나 시들어 죽어갈 겁니다. 결국 나의 기쁨도 유쾌함도 그와 함께 꺼져버리고 말겠죠. 그래서 '소질이 완전하다', 즉 재전(才全)의 뜻을 설명해주는 마지막 대목에서 장자는 말합니다. "마음으로 하여금 조화롭고 즐겁게 하여, 타자와 소통해도 즐거움을 잃지 않도록 해야 합니다. 삶의 연속성에 틈이 없도록 타자와 함께 봄이 되어야 하니까요. 이것이 타자와 마주치는 순간마다 마음에 그에 맞는 때를 생성시키는 겁니다." 자유인에 대한 최고로 멋진 찬사는 이렇게 등장합니다. 장자의 찬사는 아침 해에 영롱한 빛을 뿜어내는 이슬처럼 '타자와 함께 봄이 되어야 한다'고 번역한 네 글자 '여물위춘(與物爲春)'에 맺힙니다. '~와 함께'라는 뜻의 '여(與)', '타자'나 '외물'를 뜻하는 '물(物)', '되다'라는 뜻의 '위(爲)', 그리고 '봄'을 뜻하는 '춘(春)'으로 구성된 문장입니다. 누가 장자 사유의 핵심을 묻는다면, 이네 글자의 문장을 반복하는 것으로 충분합니다. "여물위춘!" 바로 여기서 장자는 자유인의 거부할 수 없는 매력의 원천을 다 보여준 셈입니다. 자신만을 위한 이기적인 봄이 아닙니다. 타자도 외물도 봄기운에 들어가니까요. "타자와 마주치는 순간마다" 애태타가 "생성시킨" 때가 바로 봄이었다는 사실이 분명해집니다. 자신을 긍정하는 사람, 자신에게서 기쁨을 얻은 사람을 우리는 만난 겁니다. 함께 봄이 되는 사람, 그래서 우리 삶에 봄기운을 가득 안겨주는 사람입니다. 슬픔과 우울에 빠진 자신에게 기쁨과 상쾌함을 전해준 사람입니다. 어떻게 이 사람을 떠날 수 있겠습니까? 『장자』 외편 「변무」 편의 흥미로운 이야기가 이해에 도움을 줄 수 있을 것 같습니다.

"저 지극히 바른 사람은 생명의 실정을 잃지 않는다. 발가락이 물갈퀴처럼 붙어 있다고 해서 '붙어버린 발가락[騈]'이라고 생각하지 않고, 손가락이 하나 더 갈라져 있다고 해서 '육손[岐]'이라고 생각하지 않는다. 긴 것이라고 해서 '남아돈다'고 생각하지 않고, 짧은 것이라고 해서 '부족하다'고 생각하지 않는다. 그러므로 오리의 다리가 짧다고 해서 이어주면 오리는 근심에 빠지고, 학의 다리가 길다고 해서 잘라내면 학은 슬픔에 빠지게 된다. 그러므로 태어나기를 긴 것은 잘라내야 할 것이 아니고 태어나기를 짧은 것은 이어주어야 할 것이 아니니, 근심을 없앨 이유도 없는 법이다[彼至正者, 不失其性命之情. 故合者不爲騈, 而枝者不爲岐. 長者不爲有餘, 短者不爲不足. 是故鳧脛雖短, 續之則憂, 鶴脛雖長, 斷之則悲. 故性長非所斷, 性短非所續, 無所去憂也]." 발가락이 네 개인 사람도 육손인 사람도 애태타를 만나면 불구라는 생각을 할 필요가 없습니다. 애태타는 발가락이 부족하다고, 손가락이 많다고 생각하지 않을 테니까요. 모두가 자신을 놀리거나 연민을 표했고, 스스로도 좌절하고 절망했던 나날이었을 겁니다. 그러나 애태타는 발가락이 네 개인 사람이나 육손인 사람을 다른 무엇과 비교하지 않고 있는 그대로 단독자로 긍정합니다. 여기서 발가락이 네 개인 사람은 신발을 벗고 당당히 발을 자랑하게 되고, 육손인 사람도 장갑을 벗고 아름다운 손가락에 태양빛을 허용하게 될 겁니다. 슬픔, 우울, 좌절, 절망, 체념, 분노 등의 감정이 봄기운에 눈 녹듯이 사라지는 순간입니다. 아울러 애태타 앞에서 오리도 학도 당당히 걸을 겁니다. 애태타는 과하거나 부족하다고 자신의 다리에 칼을 들이대지 않는 사람이니까요. 종종걸음으로 혹은 껑충걸음으로 애태타를 따라다니는 오리와 학의 모습이 상상이 되시나요. 이제 애태타가 왜 거부할 수 없는 매력을 뿜어냈는지 분명해졌습니다. 불행히도 노나라 애공의 마음에는 '여물위춘'의 가르침이 들어오지 않았나 봅니다. 공자에게 애공은 쓸데없는 질문을 이어가니까요. "'덕이 드러나지 않는다'는 말은 무슨 뜻인가요?" 그렇지만 장자는 인내를 가지고 공자의 입을 통해 '여물위춘'을 설명하려고 합니다.

"고르다는 것은 최고로 물이 안정되어서 표본이 될 만한 상태를 말하죠. 안으로부터 잘 보전되고 밖으로 동요하지 않기 때문입니다." 지수(止水)의 비유입니다. 고요한 물에만 사람은 얼굴을 비추어 보는 법입니다. 이상한 물이 있다고 상상해보세요. 이전에 만났던 미녀의 표상을 마치 필름처럼 가지고 있는 물입니다. 추녀가 자신을 비추어 보다가 물 안에서 그 미녀의 표상을 함께 보았다고 생각해보세요. 추녀는 자기 외모를 부족한 것으

로, 무언가를 결여한 것으로 느끼게 될 겁니다. 자신을 부정하도
록 만드는 이 이상한 물을 그녀는 가까이할까요? 그럴 일은 없
을 겁니다. 「응제왕」 편에 등장하는 거울 비유도 바로 이걸 말한
겁니다. "지극한 사람[至人]의 마음 씀은 거울과 같아 일부러 보
내지도 않고 일부러 맞아들이지도 않는다. 그대로 응할 뿐 저장
해두려 하지도 않는다[至人之用心若鏡, 不將不迎, 應而不藏]." 거울이
과거 자신이 비춘 이미지를 가지고 있다면, 그 누구도 거울을
가까이하지 않으려 할 겁니다. 애태타도 마찬가지입니다. 미녀
를 만날 때도 비교하지 않고 추녀를 만나도 비교하지 않습니다.
그냥 그에게는 비교 불가능한 두 여자를 매 순간 단독적으로 만
난 것이고, 두 여자도 애태타를 통해 자신의 단독적인 삶을 긍
정하게 된 겁니다. 미녀는 아름다움을 유지하려는 허영과 타인
의 시선에 목매는 욕망에서 자유로워지고, 추녀는 외모에 대한
콤플렉스에서 벗어나고 타인의 시선으로부터 자유로워질 겁니
다. 지수라는 친절한 비유에 이어 공자는 애공에게 애태타의 비
밀을 대놓고 알려줍니다. "덕이라는 것은 조화로움을 이룬 결과
물입니다. 덕이 드러나지 않는 사람에게서 타자는 떨어져 나올
수가 없는 법이죠." 누구와 있어 기뻤고 어느 곳에 있어서 상쾌
했다는 것이 바로 덕이라는 설명이 인상적입니다. 매력은 기쁨
과 행복의 흔적이었던 셈입니다. 그러나 애태타는 유목민적 심
성을 갖춘 자유인입니다. 그 행복의 기억을 새로운 사람과 새로
운 장소에 드러내지 않습니다. 과거에도 여물위춘했고, 바로 지
금 여기에서도 여물위춘하는 사람이니까요. 이제야 국가를 맡
겼을 때 애태타가 애공을 떠난 이유가 짐작이 됩니다. 애태타는

자유와 기쁨의 공동체를 지향했던 사람입니다. 그는 애공을 군주로 만난 적이 한 번도 없었습니다. 그러나 애공은 애태타에게 군주와 객경이라는 억압사회적 관계를 강요했던 겁니다. 봄기운이 싸늘하게 식어가는 불행한 순간입니다. 그러나 애태타는 애공을 원망하지도 애공에게 서운함도 표현하지 않습니다. 그냥 쿨하게 떠나면 그만이니까요. 날씨가 추워지면 저지대로 이동하는 유목민처럼 말입니다.

두 세계가 만나는 곳에서

수영 이야기

공자가 여량이라는 곳을 관광하고 있었다. 그곳 폭포는 삼십 길이나 되었고 그 물거품이 사십 리나 튈 정도로 험해 자라나 물고기 등도 헤엄칠 수 없는 곳이었다. 한 사나이가 그곳에서 헤엄치는 것을 보자마자 공자는 그가 고뇌가 있어 자살하려 한다고 판단해 먼저 제자들을 보내 물가를 따라가 그 사나이를 건지게 하였다.

그 사나이는 수백 보의 거친 물길을 지나 물 바깥으로 모습을 드러냈고, 머리카락이 물결에 풀어진 채 노래를 부르며 둑 바로 아래 잔잔한 물에서 헤엄쳤다.

공자도 그를 따라가 물어보았다. "나는 그대가 귀신인 줄 알았네. 그런데 지금 보니 자네는 귀신이 아니라 사람이군. 물을 건너는 데 길(道)이라도 있는지 묻고 싶네."

그 사나이가 대답했다. "없네! 내게는 길이 없네. 나는 과거(故)에서 시작했으나 삶(性)에 깃들어 명령(命)을 이루고 있네. 물이 소용돌이쳐서 빨아들이면 나도 같이 들어가고, 물이 물속에서 밀어내면 나도 같이 밀려 나오지. 물의 길을 따를 뿐, 그것을 사사롭게 여기지 않네. 이것이 내가 물을 건너는 방법이야."

그러자 공자가 물어보았다. "과거에서 시작했으나 삶에 깃들어 명령을 이룬다는 그대의 말은 무슨 의미인가?"

그 사나이가 대답했다. "내가 육지에서 태어나서 육지에 편했던 것이 과거이고, 내가 물에 깃들어 물에 편해진 것이 삶이고, 어떻게 그렇게 되는지 모르지만 그렇게 되는 것이 명령이야."

「달생」

孔子觀於呂梁. 縣水三十仞, 流沫四十里, 黿鼉魚鱉之所不能游也. 見一丈
夫游之, 以爲有苦而欲死也, 使弟子竝流而拯之.

數百步而出, 被髮行歌而游於塘下.

孔子從而問焉, 曰, "吾以子爲鬼, 察子則人也. 請問, 蹈水有道乎?"

曰, "亡! 吾无道. 吾始乎故, 長乎性, 成乎命. 與齊俱入, 與汨偕出, 從水之道
而不爲私焉. 此吾所以蹈之也."

孔子曰, "何謂始乎故, 長乎性, 成乎命?"

曰, "吾生於陵而安於陵, 故也, 長於水而安於水, 性也, 不知吾所以然而然,
命也."

「達生」

장자와 공자의 결정적 차이

———

산을 사랑했던 공자가 정착민적 사유를 대표한다면, 바람의 철학자 장자는 유목민적 사유를 대표합니다. 안정, 질서, 정의, 묵직함 등 공자가 중시하는 가치들은 모두 정착국가나 영토국가의 이념입니다. 공자가 천하를 긍정하고 천하에 머무는 방법을 모색했던 이유입니다. 반면 운동, 생성, 자유, 경쾌함 등은 부단히 떠날 수 있는 유목민들의 자긍심입니다. 장자가 천하를 넘어서는, 천하 바깥의 삶을 꿈꾸었던 이유입니다. 천하는 천-천자-대인-소인이라는 위계적 체제에 대한 유사종교적이고 유사형이상학적인 관념입니다. 그러니 그냥 단순하게 정리하면 됩니다. 공자는 억압체제의 철학자이고, 그에 맞서 장자는 반체제적 철학자입니다. 물론 공자가 억압체제를 노골적으로 옹호하고 지배계급을 맹목적으로 편든 것은 아닙니다. 피지배계급의 저항을 초래하지 않는 억압체제, 부드럽게 기능하는 국가기구, 지배계급의 도덕성과 절제력 등을 강조한 철학자가 공자였으니까요. 그래서 간혹 공자가 피지배계급을 위한다는 착시효과도 줍니다. 그러나 바보가 아닌 이상 누구나 압니다. 공자는 주어진 영토국가의 안정성과 지속성을 도모했을 뿐이라는 사실을요. 반면 장자는 정착생활에 국가기구가 도입되었을 때 지배와 복종 체제를 과감히 떠났던 유목민들의 전통과 함께했던 철학자입니다. 여기서 정착생활과 유목생활을 이분법적으로 사유해서는 안 됩니다. 유목민들도 잠시지만 정착생활을 하니까요. 그러나 유목민은 떠날 수 있는 힘과 자유를 항상 가슴에 품고 있지요.

임시 정착지가 가족과 가축을 먹이기에 부적절하면 그들은 간소한 천막을 걷어 떠납니다. 그보다 중요한 것은 복종을 강요하며 지배자로 군림하려는 사람들이 등장할 때도 유목민은 조용하고 신속하게 천막을 걷는다는 사실입니다. 그래서 지속적이고 안정적인 착취와 수탈 체제를 도모했던 국가주의자들에게 유목민들이나 그들과 함께 자유의 공기를 호흡했던 장자는 여간 껄끄러운 존재가 아닐 수 없죠. 바람처럼 자유로운 철학자 장자의 입장은 전국시대 제자백가 사상에 대한 일종의 백과사전 『여씨춘추(呂氏春秋)』 「귀생(貴生)」 편의 한 구절에 반영되어 있습니다. "핍박받는 삶은 죽음보다 못하다[迫生不若死]!" 바로 여기에 장자 사유의 힘이 응결되어 있습니다. '핍박받는 삶', 다시 말해 '누군가가 다그치고 재촉하는 삶'으로서 '박생(迫生)'을 사느니 차라리 죽겠다는 자유의지입니다. 사실 이런 의지가 없다면 물질적 생활 조건이 좋은 정착지, 다시 말해 오아시스나 하천 근처 비옥한 농지나 목초지를 거느린 도시, 혹은 다양한 분업 체계와 교역으로 물자가 풍성했던 도시를 떠나지 않았을 겁니다. 스텝 지역과 사막 지역으로 들어가는 유목민의 비장한 결단을 떠올려보세요. 문제는 국가기구의 마수를 피해서 가는 곳이 어떤 곳일지, 얼마나 험할지 짐작조차 되지 않는다는 겁니다. 동료 인간에 의해 핍박받는 삶보다 더 가혹한 자연의 다그침이 시작될 수도 있습니다. 물론 선사시대 인간들은 자연에 대한 낙관적 정신을 우리보다 더 많이 가지고 있었던 건 사실입니다. 이미 수렵과 채집 기술을 기본적으로 전승받은 사람들이었으니까요.

어쨌든 유목민이 되는 삶을 선택한 이유가 정착지보다 더 좋은 곳이 있다는 걸 알기 때문은 아닙니다. 삶이 핍박받는 지금 생활보다 더 나쁜 곳은 없다는 결단이 중요합니다. 좋은 곳이 있어서 떠나는 것이 아니라, 이곳이 싫어서 떠나는 겁니다. "핍박받는 삶은 죽음보다 못하다"는 입장은 그래서 울림이 있는 겁니다. 어떤 곳이라도 이곳보다 낫다는 결단이 없다면, 우리는 미지의 세계에 발을 디딜 수 없으니까요. 확실한 것은 정착생활의 분업체계에 길들여진 공자나 지금의 우리들로서는 스텝 지역이나 고산지대 혹은 사막의 삶은 견디기 힘든 삶이자, 그래서 미개나 야만으로 저주받아야 하는 위험한 삶으로 보인다는 사실입니다. 국가주의 입장에서는 다행스러운 상황입니다. 국가 바깥이 더 무섭고 척박하다고 믿을수록 피지배계급은 억압과 착취를 감당할 테니 말입니다. 어쨌든 팽팽한 대립이 예상됩니다. 영토국가 내부의 삶이 '박생'이라는 장자의 입장과 영토국가 바깥의 삶이 '박생'이라는 공자의 입장! 죽음의 위험에 노출된 미지(未知)의 세계에 발을 내딛는 것이 핍박받는 삶을 견디는 것보다 낫다는 장자의 입장과 불만과 불평이 있더라도 기지(旣知)의 세계에 뿌리를 내리는 것이 낫다는 공자의 입장! 두 입장 사이에는 건널 수 없는 간극이 있습니다. 바로 이것이 「달생」편의 수영 이야기가 중요한 이유입니다. 수영 이야기를 통해 장자는 자신의 세계관, 자신의 삶의 태도, 나아가 자신의 삶의 방법을 요약하니 말입니다. 인문학적 감동과 자각을 찾는 열정적인 독자도 마찬가지지만 그저 장자의 입장을 무미건조하게 개관하려는 냉담한 독자가 장자의 이야기 중 한 편만 골라달라고 요청한다면, 수영 이야기 이 한 편으로 충분할 겁니다.

격류를 헤엄치는 사나이와 땅 위에 선 공자

수영 이야기는 공자가 여량이라는 곳을 관광하는 장면으로 시작됩니다. 공자는 관광객이었던 겁니다. 원문에 등장하는 '관(觀)'이라는 글자가 바로 관광을 가리킵니다. 어느 지역에서 연신 사진이나 동영상 혹은 인증샷을 찍어대는 사람들이 바로 관광객, 그곳에 살지 않는 사람들입니다. 반면 그곳에서 살아가는 사람들은 그렇게 부산스럽게 셔터를 눌러대며 호들갑을 떨지 않습니다. 관광객과 현지인! 동일한 공간에 있어도 두 부류의 사람은 완전히 다릅니다. 관광객에게 그 지역은 풍경에 불과합니다. 그러나 현지인들에게 그곳은 녹아들어가 삶을 영위하는 곳입니다. 관조하는 공간과 살아가는 공간은 이렇게 다릅니다. 보통 관광객들은 자신이 사는 곳과 확연히 다른 곳을 선호합니다. 살아보지 않은 곳 혹은 살 것 같지 않은 곳이 관광객의 표적이 되지요. 그래서 그들은 사진과 동영상으로 관광지의 풍광을 담아두려고 하는 겁니다. 다시 들를 가능성이 없다는 판단 때문이죠. 만약 다음 달, 다다음 달에도 계속 올 예정이라면 관광객은 그렇게 유난을 떨지 않을 겁니다. 여량의 최고 명소는 높이가 "삼십 길이나 되었고 그 물거품이 사십 리나 튈 정도로 험한" 폭포였습니다. 높이가 50미터나 되는 엄청난 폭포로 15킬로미터까지 물기운이 이르렀다고 하니 규모가 어마어마했던 것으로 보입니다. 관광객으로서 공자와 그의 제자들이 이 폭포를 찾지 않았을 리 없습니다. 이런 거대한 폭포는커녕 어느 정도 규모를 갖춘 폭포도 보지 못한 그들이었으니까요.

공자와 제자들은 이 압도적인 폭포 주변에는 "자라나 물고기 등도 헤엄칠 수 없다"고 확신합니다. 그들이 살던 곳에서 자라나 물고기는 작은 시내나 연못에서나 헤엄쳤으니까요. 그런데 과연 그곳에 자라나 물고기 등이 살지 않았을까요? 그렇지 않다는 걸 누구나 짐작할 수 있을 겁니다. 어쨌든 공자 일행에게 그곳은 물고기 등 생명이 살 수 없을 정도로 척박한 곳이었습니다. 그런데 그들 눈에 한 사나이가 그곳에서 헤엄치는 장면이 들어옵니다. 생명이 살 수 없는 곳에서 헤엄치는 남자를 보자, 공자는 "고뇌가 있어 자살하려 한다고 판단"합니다. 어짊, 즉 인(仁)의 주창자답게 공자는 "제자들을 보내 물가를 따라가 그 사나이를 건지게" 합니다. 수영을 못하는 그들이 폭포가 만든 급류를 헤엄쳐 물에 빠진 사람을 직접 구한다는 건 있을 수 없는 일이죠. 여기서 주목해야 할 것은 공자가 제자들에게 물에 빠진 사람을 구하라고 명령하고, 제자들은 공자의 명령을 자연스럽게 따른다는 사실입니다. 군주와 신하, 아버지와 아들, 그리고 스승과 제자 사이의 위계를 하늘의 명령, 즉 천명(天命)으로 긍정했던 유가들답습니다. 천명이란 천하에 통용되는 상명하복의 질서, 간단히 천하의 위계질서에 다름 아닙니다. 다수의 피지배자들이 소수의 지배자들, 나아가 그 정점에 있는 천자를 떠받치는 피라미드처럼 안정적인 질서, 혹은 확고한 정착생활을 기반으로 작동하는 영토국가의 지배질서 등 어느 것으로 묘사해도 상관없습니다. 그러니 공자가 먼저 물가에 갈 일은 없는 겁니다. 물에 빠질 수도 있고, 빠진 사람을 구하다 그의 손에 잡혀 물속으로 끌려 들어갈 수도 있으니까요. 거친 일과 위험한 일은 신하가, 아들이, 그리고 제자가 감당해야 합니다. 바로 인(仁)의 맨 얼굴입니다.

스승의 명령으로 물길에 흘러가던 남자를 무기력하게 따라가던 제자들은 그 남자가 죽지 않았다는 사실에 안도합니다. 수백 보 지나 폭포가 쏟아낸 거친 물이 잠잠해지는 곳에서 제자들은 드디어 물속의 남자를 육안으로 식별할 수 있었습니다. 그는 "머리카락이 물결에 풀어진 채 노래를 부르며 둑 바로 아래 잔잔한 물에서 헤엄치고" 있었으니까요. 그는 자살한 것도 아니고 사고로 폭포에 떨어진 것도 아니고 폭포 근처 격류를 헤엄치고 있었던 겁니다. 상황이 진정되자 공자가 때늦게 둑에 이릅니다. 바로 여기서 팽팽한 긴장 관계가 만들어집니다. 공자와 제자들로 이루어진 다수가 둑 위의 땅에 있고, 사나이는 둑 바로 밑 잔잔한 물 위에 있습니다. 땅과 물 사이의 거리, 관광객과 현지인 사이의 거리는 양적으로는 얼마 되지 않지만, 질적으로는 건널 수 없는 간극이 있습니다. 여기서 우리는 사나이와 공자 사이에 묘한 비대칭성이 존재한다는 걸 느끼게 됩니다. 사나이는 공자 일행이 떠나면 언제든 땅으로 올라오겠지만, 공자 일행은 결코 물로 들어가지 못할 테니까요. 사나이는 결코 물 밖으로 나오지 않고 공자에게 공경을 표하지도 않습니다. 사나이에게서 깊은 불신과 경계심이 느껴집니다. 자신이 물속에 있는 한 공자 일행이 자신을 어찌하지 못하리라는 확신도 드러납니다. 이것은 역으로 사나이가 땅 위에서는 자신이 공자와 제자들로 상징되는 억압질서를 이겨내지 못하리라는 걸 알고 있다는 의미입니다. 한마디로 폭포와 급류가 만든 물은 추적자를 따돌릴 수 있는 유목민의 말이자, 추적자들이 추적을 포기하는 척박한 사막이었던 겁니다. 경계선에서 공자와 마주한 사나이는 땅을 과감히 떠나 물을 타는 데 성공한 남자, 영토국가의 마수가 미치지 않는 사막과도 같은 물에 들어간 남자, 바로 소요유의 상징이었던 겁니다.

물의 길을 따를 뿐

────

공자는 둑 아래 아직도 물에 떠 누워 있는 사나이에게 이야기를 건넵니다. "나는 그대가 귀신인 줄 알았네. 그런데 지금 보니 자네는 귀신이 아니라 사람이군. 물을 건너는 데 길[道]이라도 있는지 묻고 싶네." 길이 아니면 가지 않는 공자다운 질문입니다. 하은주(夏殷周)로 이어지며 다져진 길을 걷겠다는 공자의 입장입니다. 그러나 사막도 그렇지만 물에는 그런 길이 없습니다. 아무리 길을 만들어도 사막의 모래 폭풍은 길 자체를 먹어삼킵니다. 물에서도 마찬가지입니다. 시시각각 변하는 물결의 흐름은 바람에 의해 변하는 사막의 풍광보다 더 극적이니까요. 그래서 사나이는 단호하게 말합니다. "없네! 내게는 길이 없네." 어쩌면 자신이 물에 들어온 이유를 사나이는 뿌듯하게 되새기는지도 모릅니다. 내가 지나온 흔적이, 그 길이 남지 않기에 누구도 나를 추적할 수 없다는 안도감입니다. 혹여 그런 길이 있다고 해도 영토국가의 이데올로그 공자에게 결코 알려주지 않을 사나이입니다. 다행히도 그런 길 자체가 없으니 사나이는 공자에게 숨길 이유도 없습니다. 지나온 길 자체가 바로 사라지니, 매번 단독적인 길을 내야 하는 사나이입니다. 그는 「제물론」편의 슬로건 "길은 걸어서 이루어진다[道行之而成]"는 원칙을 온몸으로 입증하는 데 성공한 사람입니다. 길보다 수천 배 중요한 것이 '걸어감', 즉 행(行)입니다. 사나이는 공자에게 그것을 가르쳐주는 선생님이 됩니다. "나는 과거에서 시작했으나 삶에 깃들어 명령을 이루고 있네. 물이 소용돌이쳐서 빨아들이면 나도 같이 들어가고, 물이 물속에서 밀어내면 나도 같이 밀려 나오지. 물의 길을 따를 뿐, 그것을 사사롭게 여기지 않네. 이것이 내가 물을 건너는 방법이야." "나는 과거에서 시작했으나 삶에 깃들어 명령을 이루고 있다"는 난해한 구절은 잠시 뒤로 미루도록 하죠. 어차피 공자도 사나이에게 그 의미를 다시 물어보니까요.

사나이는 자신이 공자 일행의 눈에 귀신처럼 수영을 잘하는 사람으로 보이는 그 이면을 설명합니다. "물이 소용돌이쳐서 빨아들이면 나도 같이 들어가고, 물이 물속에서 밀어내면 나도 같이 밀려 나오지. 물의 길을 따를 뿐, 그것을 사사롭게 여기지 않네." 물의 길도 여기서 하나로 표준화되거나 일반화될 수 없다는 사실은 자명합니다. 강수량과 기후에 따라 물의 흐름과 유량 그리고 유속은 말 그대로 천변만화를 보이니까요. 물도 "길은 걸어서 이루어진다"는 원칙을 따른다고 할 수 있습니다. 정확히는 물의 "길은 흘러서 이루어진다"고 표현할 수 있을 겁니다. 그 물의 흐름과 그것이 순간적으로 만드는 물의 길을 따르는 것이 수영을 잘하는 사나이의 비법이었던 겁니다. 그렇다고 시체나 나무토막처럼 혹은 죽은 물고기처럼 물에 수동적으로 몸을 맡기는 것은 아닙니다. 사나이는 격류를 거슬러 올라가기도 하고 때로는 격류를 가로질러 가기도 하니까요. 그래서 물이 가는 행(行)을 존중하며 자신이 가는 행(行)을 관철한다는 것이 정확한 표현일 겁니다. 사나이의 수영이 수동적 능동성이나 비자발적 조건에서의 자발성이라고 규정할 수 있는 이유입니다. 조건적 자유라는 장자의 이념이 빛을 발하는 대목입니다. 물의 길을 "사사롭게 여기지 않는다"고 했을 때, 사나이는 바로 이 수동적이고 비자발적인 조건을 강조했던 겁니다. 범선이 바람의 방향을 긍정하며 움직이는 것처럼 말입니다. 때로는 역풍을 맞으면서 조금씩 우회하더라도 기필코 앞으로 나아가는 범선을 상상해보세요. 순풍의 경우보다는 느릴지라도 범선은 조금씩 앞으로 나아갑니다. 범선은 압니다. 역풍보다 더 무서운 것이 무풍이라는 사실을요. 폭포나 격류보다 더 무서운 것은 물이 없는 상대라는 걸 알고 있을 사나이입니다. 물이 없다면 수영은 둘째 치고 땅을 피해 숨어들 곳이 없을 테니까요. 사나이가 말한 수영의 비법이 자신에 대한 조롱이라는 걸 모를 공자가 아닙니다. 다수 피지배자들의 삶과 그들의 땀의 결실을 "사사롭게 여기는

[爲私]" 억압체제의 이데올로그, 억압체제가 다져온 길을 정당화했던 철학자가 바로 공자니까요.

자신이 조롱당하고 있다는 걸 제자들이 눈치챌까 봐 공자는 바로 화제를 바꾸며 묻습니다. "과거에서 시작했으나 삶에 깃들어 명령을 이룬다는 그대의 말은 무슨 의미인가?" 기다렸다는 듯이 사나이는 땅을 떠나 물에 이르게 된 자신의 역사를 말해줍니다. 그는 영토국가에 포획되는 정착민의 생활을 버리고 지배와 복종으로부터 자유로운 유목민적 삶을 상징합니다. "내가 육지에서 태어나서 육지에 편했던 것이 과거이고, 내가 물에 깃들어 물에 편해진 것이 삶이고, 어떻게 그렇게 되는지 모르지만 그렇게 되는 것이 명령이야." 사나이의 입을 빌려 공자의 천명을 비판하는 장자의 테크닉은 예술의 경지에 이릅니다. 공자의 명이 상명하복의 일방적 명령이라면, 사나이가 말한 명은 자신이나 물, 그 어디로도 기울어지지 않은 쌍방향적 명령이니까요. 어쨌든 지배와 복종이 없는 삶이 충분히 가능하다는 사나이의 당당한 선언은 매우 인상적입니다. 땅에서도 살 수 있고 물에서도 살 수 있다는 자신감의 표현이기도 합니다. 정착생활에만 길들어 유목생활을 짐작할 수도 없는 공자입니다. 생명이라고는 살 수 없을 것 같은 압도적인 폭포에도, 자라도 살고 물고기도 삽니다. 그래서 사나이는 충분히 아니 건강하게 살 수 있었던 겁니다. 더군다나 사나이는 외롭지도 않습니다. 더 안쪽 물 격류에서 사나이와 공자의 만남을 지켜보는 자유인들이 있으니까요. 그들은 사나이가 쓸데없는 이야기를 하고 있다고 생각할지도 모릅니다. "대붕의 분투와 자유를 어찌 메추라기와 같은 공

자 일행이 알 수 있겠는가?" 혹은 공자에 대한 사나이의 도발이
비극적 결과를 초래할 수 있다는 걸 걱정하는 자유인들도 있을
겁니다. 만약 공자가 폭포로 돌아온다면 혼자서 오지는 않을 테
니까요. 폭포의 물길을 막고 자유인의 터전을 장악할 가공할 야
만과 함께 돌아올 공자입니다. 계몽의 핏빛 깃발을 들고 말입니
다. 이것이 자기 동료와 공자의 만남을 먼발치에서 바라보며 자
유인들이 자신들의 모습을 격류 속에 숨기고 있는 이유인지 모
릅니다. 물의 세계에 우글거리는 자유인들이 이제 보이시나요.
언제든 떠날 수 있는 대붕들입니다.

47

관이 좁은 위대한 죽음

임종 이야기

장자가 곧 죽으려 할 때, 제자들은 장례를 후하게 치르려고
했다.

장자가 말했다. "나는 하늘과 땅을 관곽으로, 해와 달을 한
쌍의 옥으로, 별들을 다양한 구슬로, 그리고 만물을 부장품으로
생각하고 있네. 내 장례용품에 어찌 갖추어지지 않은 것이 있겠
는가? 무엇을 여기에 더 보태려 하는가!"

제자들이 말했다. "저희는 까마귀나 솔개가 선생님을 쪼아
먹을까 두렵기만 합니다."

장자가 말했다. "땅 위에서는 까마귀와 솔개의 먹이가 되고,
땅 밑에서는 땅강아지와 개미의 먹이가 되는 것이네. 그런데 까
마귀와 솔개의 먹이를 빼앗아 땅강아지나 개미에게 주려고 하
니, 어찌 이렇게도 편파적인가!"

「열어구」

莊子將死, 弟子欲厚葬之.

莊子曰, "吾以天地爲棺槨, 日月爲連璧, 星辰爲珠璣, 萬物爲齎送. 吾葬具
豈不備邪? 何以加此!"

弟子曰, "吾恐烏鳶之食夫子也."

莊子曰, "在上爲烏鳶食, 在下爲螻蟻食. 奪彼與此 何其偏也!"

「列禦寇」

독수리의 먹이가 되어

———

　지배와 복종이 있는 정착사회, 즉 영토국가에는 고분이 있습니다. 이집트의 피라미드든 중국의 진시황릉이든 신라의 천마총이든 모두 마찬가지입니다. 국가기구가 정착생활에 스며들자 지배와 복종을 피하려고 사람들은 중앙유라시아 초원이나 고원지대 혹은 사막으로 들어갑니다. 그런데 이 척박한 곳에서도 고분이 발견되니, 인간의 지배욕은 정말 구제불능의 고질병인 듯합니다. 물론 유목국가는 정착국가보다 지배와 복종 관계가 느슨합니다. 유목민들로부터 양과 낙타 혹은 말을 약탈할 수는 있지만, 그들에게 세금을 부과하거나 그들을 징집할 수는 없습니다. 약탈당한 유목민들은 말을 타고 남은 가축을 몰고 다른 곳으로 떠날 테니까요. 중앙유라시아의 국가기구가 약한 만큼 지배계급의 힘을 상징하는 고분의 규모도 정착국가의 그것보다 매우 협소합니다. 황금인간으로 유명한 카자흐스탄의 이식(Issyk) 고분도, 얼음공주로 유명한 알타이산의 파지리크(Pazyryk) 고분도, 몽골의 노인울라(Noin Ula) 고분도 마찬가지입니다. 권력의 세습이 아니더라도 권력의 이양, 즉 국가기구가 유지되었기에 고분이 만들어질 수 있었습니다. 죽은 권력자가 고분 안에 화려한 부장품이나 죽은 말을 가지고 들어가거나 황금으로 치장한 옷이나 비단 등 화려한 옷감으로 만든 옷을 입고 관에 들어갈 리 없죠. 새로운 권력자가 종교적 관념을 이용해 자신이 잡은 권력을 공고히 하고 싶었던 겁니다. 고분의 높이나 혹은 고분이 만드는 스카이라인을 보세요. 하늘에 대한 숭배가 분명합니다. 지금도 장례의 화려함은 고인의 위대함이 아니라 유족의 권세나 부에 비례한다는 걸 떠올리면 쉽게 이해할 수 있습니다.

중앙유라시아의 척박한 땅은 무엇보다 먼저 자유로운 유목민들의 땅으로 시작되었다는 걸 잊어서는 안 됩니다. 당연히 그들에게는 고분이라는 게 없었을 겁니다. 아직도 그들의 전통이 전해져 옵니다. 바로 조장(鳥葬)입니다. 물론 지금 남아 있는 것은 조로아스터교나 티베트불교에 포획된 형태의 조장입니다. 어느 경우든 최고 통치자를 상징하는 하늘이 숭배됩니다. 조로아스터교가 페르시아제국의 이데올로기로 번성했고, 티베트불교도 티베트 왕권과 함께했다는 건 잘 알려진 사실입니다. 어쨌든 조로아스터교에서는 부패하는 시신을 악마적인 것으로 보아 그 처리를 독수리에게 맡깁니다. 하늘과 불을 숭배했던 조로아스터교에서 하늘에 올라 심판을 받는 영혼은 상관없지만, 시신은 하늘과 불을 오염시킬 수 있는 혐오물이었습니다. 시신을 태울 경우 그 불은 검고 탁하게 변하고 연기는 상승해 하늘을 오염시킵니다. 바로 이것을 조로아스터교는 매우 경계했습니다. 실제로 조로아스터교가 당시 인도의 화장(火葬)에 반대했던 것도 이런 이유에서입니다. 반면 티베트불교에서는 조금 다릅니다. 물론 이 전통에서도 다층적인 하늘로 올라가는 윤회하는 영혼이 강조됩니다. 그렇지만 티베트불교의 입장은 불결하기에 시신 처리를 가급적 인간의 손이 아닌 독수리의 부리에 맡기자는 조로아스터교와는 다릅니다. 고인의 살을 먹은 독수리가 날면서 고인의 영혼을 하늘에 올려주는 데 도움이 된다고 생각했으니까요.

흥미로운 것은 티베트불교의 조장에는 남은 자들이 시신을 독수리가 먹기 좋게 토막을 치거나 깊고 크게 칼집을 내는 행위 전통이 있다는 사실입니다. 조장은 화장도 아니고 매장도 아닙니다. 시신을 그냥 태워 없애거나 짐승들이 먹지 못하도록 땅에 묻는 것과는 다릅니다. 독수리여도 좋고 늑대나 여우여도 상관없습니다. 인간에게는 안타까움과 슬픔을 자아내는 동료나 가족의 시신이지만, 다른 동물들에게는 그저 먹이일 뿐입니다. 생전에 인간은 들짐승이나 가축을 먹어왔습니다. 그러니 이제 인간은 시신으로라도 다른 동물들에게 먹이가 되는 겁니다. 인간을 포함한 동물들이 순간적으로는 다른 종에 우월한 지위를 갖는다고 할지라도 결국 모두 평등하다는 통찰인 셈입니다. 화장과 매장에는 죽어서라도 다른 동물에 대한 우월성을 지키려는 인간의 의지, 즉 다른 동물을 먹는 자이지 다른 동물에게 먹히는 자가 되어서는 안 된다는 인간의 우월의식이 깔려 있습니다. 반면에 조장은 다릅니다. 여기에서는 인간도 다른 동물의 먹이가 될 수 있다는 의식이 전제되어 있으니까요. 아무리 다른 동물에 대해 가축화를 시도했다고 하더라도 근본적으로 그들도 인간과 다를 것 없는 생명체라는 의식이 없다면, 조장은 탄생하지 않았을 겁니다. 다른 동물에 대한 입장이 이렇다면, 동료 인간에 대한 입장은 말해 무엇하겠습니까? 순간적인 우열은 있어도 영속적인 지배와 복종 관계, 즉 일방향적 착취 관계는 불가능합니다. 이것은 여러모로 정착사회에서 발생할 수 있는 지배와 복종을 피해 전면적인 유목생활에 뛰어들었던 중앙유라시아 유목민들의 전통에 부합됩니다.

가난한 유목민이 순수한 유목민이다

———

조장은 생태학적 시유와 자유의 감각을 갖춘 유목민에 부합되는 장례의식이었습니다. 바로 이 조장의 풍습을 받아들여 하늘 중심주의, 군주 중심주의, 달라이라마(Dalai Lama) 중심주의로 포획해 탄생한 것이 조로아스터교나 티베트불교였던 겁니다. 실제로 페르시아나 티베트나 모두 중앙유라시아 외곽 정착 국가였으니, 조장의 포획은 당연한 수순이었을 겁니다. 조장을 지내던 중앙유라시아 유목민들을 정착민화하지 않으면 영토국가의 제국주의적 야욕은 충족되기 어려웠을 테니까요. 그러니 조로아스터교나 티베트불교는 조장을 받아들였던 겁니다. 잘못된 만남입니다. 한쪽에는 남겨진 시신이 다른 동물들의 귀중한 먹이라 생각하는 사유 전통이 있고, 다른 한쪽에는 영혼에 비해 몸은 열등하고 불결하다고 폄하하는 사유 전통이 있습니다. 잠시라면 모를까, 이 두 전통이 영속적으로 공존하는 일은 있을 수 없습니다. 조로아스터교가 시간이 지날수록 그 교세가 위축된 것도 바로 이런 모순과 갈등을 해결하지 못했기 때문일 겁니다. 동아시아에 들어오면서 불교는 중앙유라시아와 티베트에서 취했던 조장이라는 장례 형식을 버립니다. 다비식(茶毘式)이라

불리는 인도 특유의 화장 형식으로 돌아가지요. 다른 동물에게 시신을 먹이로 내줄 수 없다는 의지가 다시 꿈틀거린 셈입니다. 만약 자비가 다른 동물에게도 확대된다면, 화장이 아니라 조장이 불교에 가장 어울리는 장례의식이라는 걸 동아시아 승려들은 잊었던 겁니다.

국가나 제국은 중앙유라시아라는 거대한 자유의 땅에서 반복적으로 출현했지만 금방 단멸했습니다. 정착국가와 비교해 규모는 작지만 고분들이 이 땅에서 아직도 발굴되는 이유입니다. 그렇지만 다행스럽게도 언제든지 억압과 복종에서 떠날 수 있던 유목민들이 이 거대하고 척박한 땅에서 부단히 이동하며 살고 있었습니다. 이들 자유인들을 피지배자로 영속화하는 것은 유목국가나 유목제국으로서는 거의 불가능한 일이었습니다. 유목민들은 언제든 흔적도 없이 머물던 곳을 떠날 수 있으니까요. 바로 이것이 중앙유라시아에서 국가 형식이 약했던 내적 원인이 됩니다. 『중국의 내부 아시아 변경(Inner Asian Frontiers of China)』이라는 책에서 미국의 동양학자 래티모어(Owen Lattimore, 1900~1989)는 말합니다 "가난한 유목민(the poor nomad)이 순수한 유목민(the pure nomad)이다. 번성했던 유목생활로 획득했던 액세서리와 사치품들을 자기 몸에서 떼어냄으로써 그들은 바로 그 초원에서, 심지어 가장 가혹한 초원에서도 생존할 수 있는 가능성을 새롭게(afresh) 세우게 된다." 액세서리나 사치품들은 권력과 부의 상징입니다. 아니 권력과 부의 최종 목적이라고 해야 할 겁니다. 이걸 포기해야 지배와 복종 관계에서 벗어날 수 있습니다. 원래 유목민은 동료 인간을 지배해서 얻는 이득이나 권력자에게 복종해서 얻는 이익을 포기한 사람들입니다. 정착사회 입장에서는 그들이 "가난해" 보이는 이유입니다. 그러나 그 가난의 대가로 그들은 언제든 떠날 수 있는 자유를 얻고, 그들은 그만큼 "순수하게" 됩니다. 중앙유라시아 자유의 땅에서마저 지배와 복종에의 의지가 사생아처럼 탄생할 때, 래티모어의 말처럼 유목민들은 다시 "가난한 유목민"으로 돌아가고자 했습니다. "부유한 유목민" 혹은 "불순한 유목민"을 정화해, 자유를 위해 척박한 땅에 기꺼이 들이었던 인류의 소망스러운 첫걸음을 다시 내딛으려는 의지입니다.

동료 인간이나 다른 동물, 혹은 땅이나 하천을 내 것으로 생각하는 소유의식은 다시 한 번, 그리고 더 단호하게 극복되어야 합니다. 어떤 곳도 잠시 머무는 곳일 뿐이고, 모든 것은 잠시 함께하는 짝일 뿐입니다. 어떤 곳이나 어떤 것도 소유하지 않아 가난했지만 모든 곳과 모든 것과 함께할 수 있기에 부유했던 사람들, 이들 순수한 자유인들이 고분을 남길 리 없습니다. 고분은 권력과 부의 상징이자 액세서리와 사치품의 아이콘이니까요. 어떤 고분도 남기지 않는, 아니 정확히 말해 고분 형식에 저항했던 자유인들이 압도적으로 많았다는 걸 잊어서는 안 됩니다. 조장을 선택한 그들이 장례와 관련된 유적과 유물을 남기는 건 거의 불가능했지만 말입니다. 고분을 만든 사람들과 조장을 선택한 사람들! 으리으리한 고분 속에 온갖 부장품과 함께 묻힌 사람들은 부유해 보이지만 가난합니다. 아무리 높고 커다란 고분이라 할지라도 그곳은 광활한 유라시아 땅의 작디작은 일부분일 뿐입니다. 반면 홀로 시신으로 던져져 독수리를 기다리는 사람들은 가난해 보이지만 부유합니다. 시신으로 누운 땅은 한 평 남짓이지만 그가 누울 수 있는 곳은 중앙유라시아 자유의 땅 전체니까요. 가난을 선택하여 자유로워진 사람들! 손에 잡은 것을 놓아버림으로써 다른 모든 것을 잡을 수 있는 자유를 얻은 사람! 장자가 바로 대붕으로 그렸던 사람들입니다. 동서남북 가고 싶은 곳으로 힘이 닿는 한 계속 갈 수 있는 사람들은 거대한 사람들이니까요. 주어진 땅 주위에서 배회하는 닭이나 작은 나무를 오르내리는 메추라기가 헤아릴 수 없는 사람들입니다.

하늘과 땅을 관으로

죽음을 앞둔 장자는 자신이 가난한, 그래서 순수한 유목민의 정신을 품고 살았다는 걸 보여줍니다. 그를 따르던 제자들이 고분은 아니더라도 작은 분묘를 만들려고 하자, 장자는 제자들에게 자신은 매장이 아니라 조장을 선호한다고 피력하지요. 빈 배 이야기에서 자기를 비우고 세상을 소요하라고 강조했던 장자다운 생각입니다. 자기를 비운다는 것, 그건 '가난한 유목민'이 되어야 자유인으로 순수하게 살 수 있다는 이야기입니다. 장자의 모든 이야기 중 가장 극적인 임종 이야기가 조장이라는 유목민의 장례를 긍정하는 이유이기도 합니다. 잊지 말아야 할 것은 정착농경을 하던 중국인들에게도 고분을 만드는 매장은 때늦은 장례 형식이었다는 사실입니다. 장례를 뜻하는 장(葬)이라는 글자의 갑골문이나 소전체가 그 증거입니다. 나무판에 시신을 올린 다음 풀을 덮고, 그 판을 나무 위나 풀 위에 올려놓은 형상입니다. 아울러 갑골문을 보면 사(死)라는 글자가 나무판에 올린 시신을 묘사한다는 걸 알 수 있습니다. 사(死)나 장(葬)이라는 글자에 반영된 장례 형식은 매장이 아닙니다. 조장까지는 아닐지라도 풍장(風葬)은 분명합니다. 그러던 것이 장자가 살았던 전국시대에 이르러 중국에서도 고분을 만드는 매장이 지배적인 형식으로 변한 겁니다. 여기서 고분이 지배와 복종이 영속화된 정착사회, 즉 영토국가의 상징이라는 걸 상기해야만 합니다. 바로 이것이 장자가 조장을 택한 이유입니다. 숨이 끊어지는 날까지, 아니 숨이 끊어진 뒤에도 국가주의에 대한 단호한 거부의지를 버린 장자였습니다.

여기서 궁금한 것이 있습니다. 스승의 일거수일투족, 장자의 모든 언행과 사유를 지켜본 제자들이 스승의 장례를 후하게 치르려고 했던 이유는 무엇일까요? 그건 스승의 사유가 영원히 지속하기를 원하는 마음이었을 겁니다. 장자학파를 지속하려면 상징적이고 제도적인 조치가 필요합니다. 장례식을 통해 제자들은 스승과 가까웠던 순서 혹은 연배에 따라 일종의 학파적 위계구조를 분명히 하려고 했습니다. 학파의 규율과 질서를 잡지 않으면 선장이 떠난 장자호는 험난한 전국시대의 파고를 넘지 못하리라는 노파심이었습니다. 그렇습니다. 제자들은 죽은 장자의 영정을 선장실에 두고 장자호를 움직이려고 했습니다. 최소 1년에 한 번 장자의 기일에 모여 학파적 결속을 강화하려면, 고분은 아닐지라도 분묘는 불가피했던 겁니다. 결국 분묘는 장자학파 내에 왕조국가적 위계질서가 도입된다는 상징이었던 셈입니다. 지배와 복종 관계를 거부했던 자신의 정신을 지키기 위해 지배와 복종구조를 도입하겠다는 제자들을 바라보는 장자의 마음은 어떠했을까요? 애틋하기도 하고 착잡하기도 했을 겁니다. 죽음이라는 사건을 유목민이 여름을 지낸 임시 거처를 쿨하게 떠나는 정도로 생각했던 장자입니다. 조장을 하든 풍장을 하든 아니면 수장을 하든, 그건 남겨진 사람들이 결정할 일이라 생각했던 장자입니다. 시체를 맡기는 것도 미안한데 유언까지 남긴다는 것은 장자로서는 생각할 수도 없이 주제넘은 짓이었습니다. 그러나 제자들은 모릅니다. 국가주의의 상징인 분묘 제도를 도입하는 순간, 자유로운 공동체를 꿈꾸던 자유의 정신은 죽어버리고 만다는 사실을요.

전국시대 국가주의자들에 의해 교살되기도 전에 스스로 자신의 목숨을 끊으려는 제자들, 타살을 피하려고 자살을 선택하려는 제자들의 어리석음을 장자는 방치할 수 없었습니다. 장자가 조장을 유지로 남긴 이유입니다. 짠하기만 한 제자들에 대한 장자의 마지막 애정이자 가르침이었던 셈입니다. "나는 하늘과 땅을 관곽으로, 해와 달을 한 쌍의 옥으로, 별들을 다양한 구슬로, 그리고 만물을 부장품으로 생각하고 있네. 내 장례용품에 어찌 갖추어져 있지 않은 것이 있겠는가? 무엇을 여기에 더 보태려 하는가!" 그의 임종을 지켜보던 제자들은 부끄러웠나 봅니다. 아니면 최측근 제자라는 위상이 떨어졌다는 불쾌감이었을지도 모릅니다. 그들은 이제 세상을 떠나려는 스승 장자를 더 외롭게 합니다. "저희는 까마귀나 솔개가 선생님을 쪼아 먹을까

두렵기만 합니다." 비겁한 변명이자 핑계입니다. 자유롭고 당당하지는 못할망정 말장난으로 자신들의 잘못을 면피해서는 안 됩니다. 「제물론」편을 썼을 때의 날카로움은 가셨지만 장자는 마지막 총기를 모아 제자들을 논박합니다. "땅 위에서는 까마귀와 솔개의 먹이가 되고, 땅 밑에서는 땅강아지와 개미의 먹이가 되는 것이네. 그런데 까마귀와 솔개의 먹이를 빼앗아 땅강아지나 개미에게 주려고 하니, 어찌 이렇게도 편파적인가!" 잘도 그러겠다는 장자의 비판 정신! 바람 잎의 촛불처럼 장자의 시성은 마지막 빛을 내뿜으며 떨립니다.

"땅 위에서는 까마귀와 솔개의 먹이가 되고,
땅 밑에서는 땅강아지와 개미의 먹이가 되는 거야
그런데 까마귀와 솔개의 먹이를 빼앗아 땅강아지나 개미에게 주려고 하니,
어찌 이렇게도 편파적인가!"

48

누가 장자의 꿈을
깨울까?

나비꿈 이야기

옛날 장주는 나비가 된 꿈을 꾸었다. 훨훨 나는 나비였고 스스로 유쾌하고 기분이 좋았기에 자신이 장주라는 걸 알지도 못했다. 갑자기 깨어나니 분명히 장주였다. 장주가 나비가 된 꿈을 꾸고 있는 것인지, 아니면 나비가 장주가 된 꿈을 꾸고 있는지 모르겠다. 그렇지만 장주와 나비 사이에는 반드시 구분이 있다. 이것을 '타자와 함께 변화한다(物化)'고 말한다.

「제물론」

昔者莊周夢爲胡蝶. 栩栩然胡蝶也, 自喻適志與, 不知周也. 俄然覺, 則蘧蘧然周也. 不知周之夢爲胡蝶與, 胡蝶之夢爲周與. 周與胡蝶, 則必有分矣. 此之謂物化.

「齊物論」

나비꿈의 반전

    '나비꿈 이야기'는 「제물론」 편의 마지막 일화입니다. 48가지 이야기들을 선정하면서 처음부터 마지막 48번째 이야기로 정해둔 이야기입니다. 나머지 47개 이야기들이 집필 과정에서 수차례 순서가 바뀐 것과는 대조됩니다. 『장자』 33편 중 형식적으로나 내용적으로 가장 잘 정리된 것이 「제물론」 편입니다. 「제물론」 편은 장자 본인이 직접 썼든 아니면 그의 추종자가 썼든 모든 면에서 가장 장자적인 편입니다. 장자적인 것이 이를 수 있는 최고 정점에 이른 편이니까요. 선정한 48개 이야기 중 「제물론」 편에 실려 있는 이야기가 나비꿈 이야기를 포함해 15개나 되는 이유도 여기에 있습니다. 30퍼센트가 넘는 이야기들이 선택되었을 정도로 「제물론」 편은 명불허전입니다. 바람 이야기라는 가장 문학적인 일화로 시작되는 「제물론」 편에는 위대한 지적 라이벌 혜시와의 치열한 싸움, 철학적 사유의 한계와 가능성을 더듬는 사유 실험, 국가주의에 대한 단호한 거부, 타자와의 소통과 기쁨의 공동체를 향한 집요한 노력이 드라마틱하게 펼쳐집니다. 아주 간결하고 함축적인 이야기들이 숨 돌릴 틈 없이 펼쳐지기에 독자들은 일종의 지적 소화불량에 걸릴 정도입니다. 「제물론」 편을 편집한 사람도 충분히 예견했던 일이었습니다. 그가 「제물론」 편을 마무리하면서 나비꿈 이야기를 배치한 것도 이런 이유에서입니다. 덥지도 쌀쌀하지도 않은 날, 나뭇잎들이 만든 그늘 아래 평상에 누워 있습니다. 살랑살랑 부는 바람에 몸을 맡기다, 우리는 어느새 단잠에 빠져듭니다. 자유로운 나비가 되는 꿈이 이어집니다.

땅의 피리와 하늘의 피리를 울게 했던 강력한 바람도, 거대한 대붕을 밀어 올렸던 태풍도, 그렇다고 대붕의 날갯짓으로 만들어진 바람도 아닙니다. 살랑살랑 자장가처럼 불어오는 달콤한 바람입니다. 그리고 이런 바람에 어울리는 한낮의 나른한 꿈입니다. 지금까지 「제물론」 편에서 읽은 이야기들을 한낮의 꿈처럼 가볍게 생각했으면 하는 편자의 소망이 녹아 있습니다. 그만큼 「제물론」 편은 우리의 지성을 무겁고 어둡게 만드는 측면이 있습니다. 자유인으로 거듭나는 순간, 곤이 붕으로 변하는 순간, 혹은 붕이 대붕이 되는 순간은 산통의 시간이기 때문입니다. 잘 못했다가는 산통에 대한 공포로 지레 겁을 먹고 자유인이 되기를 포기할 수도 있습니다. 악몽에서 깨자는 장자의 외침이 악몽이 되어서는 안 될 일입니다. 그래서 「제물론」 편은 나비꿈 이야기로 마무리되는 겁니다. 불가피한 산통도 봄날 한낮의 꿈처럼 가볍게 생각하라는 배려입니다. 아이러니하게도 마지막 나비꿈 이야기도 쉽게 넘어가기에 무언가 걸리는 구석이 많습니다. 어쩌면 봄날 꿈처럼 생각하라는 말만큼 어려운 요구도 없을 겁니다. 시어머니, CEO, 지도교수, 사단장 등의 편히 있으라는 말만큼이나 당혹스러운 주문일 수 있습니다. 하긴 실연이나 실직 혹은 사랑하는 사람의 죽음을 겪는 사람에게 가볍게 생각하라는 충고가 무슨 도움이 되겠습니까? 더군다나 나비꿈 이야기를 만든 사람은 자기 이야기에 어떻게든 의미 있는 전언을 남기려는 욕심을 숨기지 않습니다. 장자가 나비꿈 이야기를 만들었다면,

그는 끝까지 어쩔 수 없는 철학자였던 겁니다.

나비꿈 이야기는 장자가 나비가 되는 꿈을 꾼 일화를 다룹니다. "훨훨 나는 나비였고 스스로 유쾌하고 기분이 좋았기에 자신이 장주라는 걸 알지도 못했습니다." 대붕이 되어 자유롭게 정착생활의 구속으로부터 벗어나려는 장자의 욕망이 그만큼 강했나 봅니다. 꿈에서조차 대붕은 아닐지라도 경쾌하게 나는 나비는 되었으니까요. 중력에서 벗어난 듯한 가벼움이 몹시 기분 좋았던 장자입니다. 자유롭고 너무나 상쾌했습니다. 그래서 자신이 나비라는 걸 조금도 의심할 생각이 없었습니다. 만약 기분이 안 좋았다면 꿈에서도 '나 이거 싫어' 하고 저항하게 되죠. 악몽에서 깨려고 '이건 꿈일 거야' 하고 발버둥치는 것처럼 말입니다. 그래서 "자신이 장주라는 걸 알지도 못했다"는 장자의 술회 이면에는 자유로운 나비가 되는 꿈이 계속되었으면 하는 그의 소망이 녹아 있다고 할 수 있습니다. 행복한 꿈을 그 누가 일찍 깨고 싶어 할까요? 불행히도 나비의 수명만큼이나 장자의 나비꿈은 짧았습니다. 갑자기 장자는 꿈에서 깨버립니다. 나비는 어디론가 사라지고 그 자리에 장자 본인만이 덩그러니 남겨진 겁니다. 장자의 기분은 어땠을까요? 나비가 되어 "유쾌하고 기분이 좋았다"는 식의 평가가 없는 것으로 보아 그다지 행복하지만은 않았던 것 같습니다. "갑자기 깨어나니 분명히 장주였다"로 나비꿈 이야기가 그쳤다면, 독자들은 「제물론」 편의 압박감으로부터 조금은 벗어날 수도 있었을 겁니다. "맞아! 「제물론」 편은 장자가 꾼 나비꿈과 같은 거야!" 그런데 장자가 누구입니까? 동아시아 최고의 철학자입니다. 장자로 깨어나자마자 철학자로 돌아가 우리 사유를 자극하려고 합니다. 정말 순식간에 일어난 반전입니다.

타자와 세계를 이해하는 한 가지 질문

장자는 방금 체험한 꿈을 모티브로 철학적 사유를 진행합니다. 문체는 일순간 차분하게 돌변하고 「제물론」 편의 핵심 취지를 상기시키는 주제가 부각됩니다. 나비꿈으로 원기를 회복한 장자는 대붕이 되는 다양한 길을 안내하던 장자로 다시 돌아갑니다. 나비꿈 이야기에 장자는 독자들을 더 이상 무겁지 않게 하면서도 동시에 그들을 자극할 수 있는 작은 논증을 새겨 넣습니다. 논증은 "장주가 나비가 된 꿈을 꾸고 있는 것인지, 아니면 나비가 장주가 된 꿈을 꾸고 있는지 모르겠다"는 말로 시작됩니다. 나비꿈 이야기에서 장자는 방법론적 유아론을 강조합니다. 지인(至人)이든 신인(神人)이든 전인(全人)이든 아니면 허(虛)이든 신(神)이든 무슨 말인지 막연하더라도, 방법론적 유아론자가 되면 얼마 지나지 않아 그 아리송한 개념들을 정확히 이해하리라는 장자의 친절한 배려입니다. 내가 생각하고 있는 건 나만의 꿈이 아닐까? 이 물음을 마음에 두고 산다면, 누구나 대붕이 되는 길에 들어선 것이라는 따뜻한 격려이기도 합니다. 나만의 꿈이 아닐까 하고 판단을 유예하는 순간, 우리는 타자와 세계를 의식하며 이해하려고 노력하게 됩니다. 방법론적 유아론자가 자기만이 옳다는 철저한 유아론자, 타인과 세계의 반응에 마음을 닫은 철저한 유아론자가 되지 않는 아이러니는 바로 여기서 만들어집니다. 나비꿈 이야기가 권하는 방법론적 유아론자의 제스처는 간단합니다.

"장주가 나비가 된 꿈을 꾸고 있는 것인지, 아니면 나비가 장주가 된 꿈을 꾸고 있는지 모르겠다." 자의식과 관련된 판단 유보입니다. 내가 나비라고 생각하는 것도 나만의 꿈일 수 있고, 내가 장자라는 생각도 나만의 꿈일 수 있다는 이야기입니다. 이 정도만 해도 빈 배는 아닐지라도 우리가 타고 가는 삶의 배는 상당히 가벼워집니다. "이게 바로 나야." "나 이런 사람이야!" "너 내가 누군지 알기나 해!" "내가 누군데 내게 그런 말을 하는 거야!" 이런 자의식 과잉 상태는 내가 누군지 아리송할 때 현저히 줄어들기 마련이니까요. 여담이지만, 장자적 인간을 식별하는 방법을 잠시 알려드릴까요? 처음 만났을 때 그 사람의 직업이 무엇인지 짐작이 가지 않는 사람들이 장자적 인간들, 작은 대붕들일 가능성이 높습니다. 반면 의사입네, 변호사입네, CEO입네, 대통령입네, 선생입네, 직업군인입네, 스타입네, 부자입네 하는 사람들은 허당인 경우가 많습니다. 삶이 누추하니 직업이나 유명세 혹은 부유함으로 자신을 치장하는 불행한 사람들이죠. 한마디로 허영기 가득한 사람들입니다. 검사라는 자의식이 강하면 어디 가서든 누구를 만나든 검사질을 하려고 드니, 이런 사람이 타자와 좋은 관계를 맺을 수 없죠. 더군다나 검사 자의식으로 충만한 이 사람이 검사복이라도 벗게 되면, 그는 아마 존재 이유를 박탈당한 느낌에 힘들어할 겁니다. 유니폼이 피부에 녹아들어 벗을 수 없는 사람들, 그래서 유니폼을 벗으려면 엄청난 고통을 느끼는 사람들! 가장 장자적이지 않은 사람들입니다. 그들은 옷을 벗어야 다른 옷을 입을 수 있다는 걸 모릅니다. 한 사람만이 간신히 타는 배도 수천 명을 태워 강을 건너게 할 수 있는 법입니다. 물론 한꺼번에 수천 명을 나를 수는 없습니다. 그러나 한 명 태우고 내려주고, 다시 한 명 태우고 내려주는 식으로 배를 움직이면 수천 명이 문제겠습니까? 인류 전체도 거뜬히 태울 수 있죠.

의사도 되었다가 환자도 되었다가 남편도 되었다가 아들도 되었다가 아버지도 되었다가 강사도 되었다가 수강생도 되었다가, 배고프기도 했다가 배부르기도 했다가 멍하기도 했다가 영민하기도 했다가, 시인이 되었다가 막춤꾼도 되어야 합니다. 그러나 동시에 이 모든 것이 될 수는 없습니다. 동시에 수천 명을 태울 수는 없는 작은 배처럼 동시에 이 많은 옷을 입을 수 있는 사람은 없습니다. 한 사람을 내려주고 나서야 다른 사람을 태울 수 있듯, 하나의 옷을 벗어야 다른 옷을 입을 수 있으니까요. 장자가 그리 강조했던 비움[虛]이나 잃음[喪]은 바로 여기서 긍정적 의미를 갖게 됩니다. 나는 장자인가 아니면 나비인가라는 물음에 판단을 유보하는 것, 즉 방법론적 유아론자가 되는 길이 왜 비움과 잃음의 진실에 이르는지 분명해집니다. 아내 앞에서 남편이 되지 못하고 선생으로 있는 사람, 손자 앞에서 할아버지가 되지 못하고 사단장으로 있는 사람, 애인 앞에서 애인이 되지 못하고 검사로 있는 사람 등은 모두 꿈을 꾸며 꿈에서 헤어나지 못하는 사람들입니다. 반대로 아내 앞에서 선생을 버리는 사람, 손자 앞에서 사단장을 버리는 사람, 혹은 애인 앞에서 검사를 버리는 사람은 깨어난 사람들입니다. 여기서 묘한 비약을 포착해야만 합니다. 아내와 마주칠 때 선생이면서 동시에 남편이 공존하는 상태가 반드시 있고, 손자와 마주칠 때 사단장과 할아버지가 공존하는 상태가, 그리고 애인과 마주칠 때 검사와 애인이 공존하는 상태가 짧지만 반드시 존재하기 마련입니다. "장주가 나비가 된 꿈을 꾸고 있는 것인지, 아니면 나비가 장주가 된 꿈을 꾸고 있는지 모르겠다." 장자의 이 말은 자의식에 대한 회의주의와 아무런 상관이 없습니다. 나비가 될 수도 장자가 될 수도 있는 힘을 상징하는 표현이니까요.

"단지 크게 깨어날 때만"

───

아내는 선생을 버리고 남편이 되라고 요청하는 타자이고, 손자는 사단장을 버리고 할아버지가 되라고 요청하는 타자이고, 애인은 검사를 버리고 애인이 되라고 요청하는 타자입니다. 소통을 하고 싶다면, 사랑을 하고 싶다면 우리는 타자의 목소리에 귀를 기울여야 합니다. "장주가 나비가 된 꿈을 꾸고 있는 것인지, 아니면 나비가 장주가 된 꿈을 꾸고 있는지 모르겠다"에 이어 장자는 말합니다. "그렇지만 장주와 나비 사이에는 반드시 구분이 있다." 그렇습니다. 선생과 남편 사이에도, 사단장과 할아버지 사이에도, 그리고 검사와 애인 사이에도 반드시 구분이 있습니다. 이 구분은 우리가 하는 것이 아닙니다. 지금 소통하려는 타자, 사랑하는 타자가 결정하니까요. 바로 여기서 장자의 방법론적 유아론이 빛을 발합니다. 내가 생각하고 있는 것이 나만의 꿈이 아닐까 하고 방법론적 유아론자는 부단히 자문합니다. 그러나 방법론적 유아론자는 스스로 답을 줄 수가 없습니다. 그답은 타자에게서 나오는 것이니까요. 그러니 타자의 목소리를, 그 반응을 기다릴 수밖에 없습니다. 다행히도 타자는 내 생각이 꿈이 아니라는 걸 보여줄 수도 있고, 아니면 불행히도 내 생각이 나만의 꿈이라는 걸 폭로할 수 있으니까요. 암나비가 날아들어 유혹하면 장자는 나비인 겁니다. 반면 암나비를 멀리하면지금 나비는 장자꿈을 꾸고 있는 셈이죠. 마찬가지로 "들어가서주무세요"라는 다정한 목소리가 들리면 나비는 장자가 되어야합니다. 목소리와 상관없이 꽃향기에 취해 있다면 장자는 나비꿈에 아직도 취해 있는 셈이죠. 장자가 나비꿈 이야기를 마무리하면서 '타자와 함께 변화한다'로 번역되는 물화(物化)를 이야기하는 이유입니다.

「달생」 편, 「지북유(知北遊)」 편, 그리고 「즉양(則陽)」 편에서도 이 개념은 '여물화(與物化)'라는 형식으로 사용되는데, '~와함께'라는 뜻의 '여(與)', '타자'나 '외물'을 뜻하는 '물(物)', 그리고 '변화하다'라는 뜻의 '화(化)'로 구성되어 있습니다. 내가 누구인지, 아니 정확히 말해 내가 누구여야 하는지 결정하는 것은타자라는 발상입니다. 타자와 마주치기 전에 우리는 자신이 누군지 결정할 수 없습니다. 물론 타자와 마주치기 전에도 우리는스스로 자신이 누구인지 결정할 수는 있습니다. 그러나 타자와 무관한 나의 정체성 혹은 나라는 자의식이 심각한 문제를 낳는다는 걸 잊어서는 안 됩니다. 선생으로 아내를 만나서도, 사단장으로 손자를 만나서도, 그리고 검사로 애인을 만나서도 안 됩니다. 아내를 마음에 담아 남편이 되려면, 손자를 마음에 담아 할아버지가 되려면, 애인을 마음에 담아 애인이 되려면 말입니다. 「덕충부」 편 애태타 이야기에서 장자는 "여물위춘"을 강조한 적이 있습니다. "타자와 함께 봄이 되어야 한다"는 장자의 간곡한 충고입니다. 나비꿈을 꾸고 있었다는 걸 가르쳐주는 것이 장자의 아내였다면, 장자꿈을 꾸고 있다는 걸 알려주는 건 암나비입니다. 바로 이 대목에서 장자는 나비꿈에서 깨어나 덩그러니 남아 있는 자신을 긍정하게 됩니다. 미소를 던지는 아내의 정다운 얼굴이 들어오면서 말입니다. 나비가 되어 훨훨 나는 것만큼이나 장주가 되어 글을 쓰는 것도 "스스로 유쾌하고 기분이 좋아지기" 시작한 장자입니다. 나비가 될 수도, 철학자가 될 수도, 남편이 될 수도, 친구도 될 수 있습니다. 아니 되어야만 합니다. 바로 이것이 대붕의 자유라는 걸 뼈저리게 느끼는 봄날 오후의 장자입니다.

「제물론」 편의 엔딩을 장식하는 나비꿈 이야기로 장자 강연을 마무리하려는 이유는 분명합니다. 이 이야기가 장자로 사는 것도 멋진 일이라는 그의 긍정으로 끝나기 때문입니다. 억압과 허영의 사회에서 대붕을 꿈꾼다는 것은 무척 외롭고 고단한 일입니다. 장자가 꿈속에서나마 작은 나비가 되었던 이유입니다. 그러나 타자가 부재한 꿈은 그저 백일몽일 뿐입니다. 바로 이것이 유쾌하고 기분 좋은 꿈에서 깨어난 쓸쓸함을 떨구며 장자가 되뇌었을 생각일 겁니다. 지금까지 장자의 48가지 이야기로 대붕을 꿈꾸었습니다. 유쾌하고 기분 좋았던 나날이었습니다. 그러나 오래 지속되기는 힘든, 아니 지속되어서도 안 되는 꿈입니다. 누가 어떤 얼굴로 저를 깨울지 두렵기도 하고 설레기도 합니다. 어쨌든 장자의 조언에 따라 철학자입네, 선생입네, 남자입네, 저자입네, 강연자입네, 중년입네 하며 살지는 않을 겁니다. 정체가 묘연한 사람에게만 무엇이든 될 수 있는 자유와 타자와 소통할 수 있는 힘이 허락되니까요. 이제 상자가 뇌었넌 꿈으로부터 완전히 깰 때가 된 것 같습니다. 「제물론」편 여희 이야기에서 장자는 "단지 크게 깨어날 때만, 우리는 큰 꿈을 꾸었다는 걸 알게 될 것"이라고 말했습니다. 20여 년 동안 지속되었던 장자꿈에 대한 최종 보고서를 마무리하는 날, 애틋함과 아련함이 교차하는 작은 느낌마저 상쾌한 바람으로 씻어보는 날입니다. 안녕! 장자! "지금까지 나는 장자가 된 꿈을 꾸었다. 자유롭고 당당한 장자였고 스스로 유쾌하고 기분이 좋았기에 자신이 나라는 걸 알지도 못했다. 갑자기 깨어나니 분명히 나였다. 내가 장자가 된 꿈을 꾸고 있는 것인지, 아니면 장자가 내가 된 꿈을 꾸고 있는지 모르겠다. 그렇지만 나와 장자 사이에는 반드시 구분이 있다. 이것을 '타자와 함께 변화한다'고 말한다."

정체가 묘연한 사람에게만 무엇이든 될 수 있는 자유와
타자와 소통할 수 있는 힘이 허락되니까요

떠날 수 있는 자유와
힘을 위하여

(…)

　폴짝인은 생겼다가 사라지기도 하고 숨었다가 폴짝 나타나기도 하지요 우물마다 그곳이 가장 안락하다고 느끼는 누군가들이 있고 그들은 폴짝인이 될 수도 아닐 수도 있습니다 한 우물에서 폴짝 나와 다른 우물로 들어가는 이들도 있는데 그들이 다시 폴짝인이 될지 아닐지는 알 수 없지요 아무튼 폴짝! 폴짝인의 역사는 계속될 것이고 나는 폴짝인인 내가 퍽 자랑스러운데 나도나도! 폴짝폴짝! 드넓은 하늘 밑에서 서로를 알아본 폴짝인들은 문자로 기록된 바 없으나 입에서 입으로 전해오는 폴짝인의 서(序)를 떠올리곤—

　"우물 안에서 희망을 찾으려는 노력, 결국 우물에 포섭되고 마네"

　뜨겁게 서로를 응원하며 폴짝폴짝, 저마다 갈 길을 갑니다. 폴짝, 폴짝폴짝, 폴짝폴짝폴짝!

　　　　　　　—김선우, 「폴짝인입니까?」, 『문학동네』(2023년 가을호)

*

　떠날 수 있는 힘! 장자가 우리에게 가르쳐준 자유의 소중한 의미입니다. 국가에서도, 회사에서도, 가정에서도, 심지어 우리 자신의 삶에서마저 우리는 떠날 수 있습니다. 떠나면 불행할 것 같고, 떠나면 살지 못할 것 같고, 떠나면 외로울 것 같습니다. 그

러나 이것은 떠나본 적 없는 불행한 영혼들의 착각입니다. 떠나
서 행복할 수 있고, 떠나서 살 수 있고, 떠나서 새로운 누군가와
든든할 수 있으니까요. 물론 강박적으로 떠나야 한다는 건 아닙
니다. 떠날 수도 있지만 머무는 것도 진정한 자유의 또 다른 의
미니까요. 그래서 자유인의 머물기는 가치가 있는 겁니다. 억지
로 머무는 것이 아니라 머물고 싶어서 머무는 것이니까요. 자유
롭게 떠나고 자유롭게 머뭅니다. 그래서 자유인의 거동은 여러
모로 유목민과 유사합니다. 유목민이 어딘가를 떠났다면 그는
그곳에서 기쁨을 느끼지 못했기 때문입니다. 반면 그가 어느 곳
에 머물고 있다면 그곳의 풀들이, 바람들이, 물들이, 구름들이,
그리고 석양의 장관이 그를 행복하게 했기 때문일 겁니다. 자신
이 삶의 주인일 수 있는 곳, 자신에게 충만한 삶의 뿌듯함을 안
겨주는 곳에서 자유인은 머물게 됩니다. 그렇지 않으면 일체의
불만과 투정도 없이 그냥 쿨하게 떠나버립니다.

　떠날 수 있는 힘이 당장 부족해도 상관없습니다. 떠날 수 있
다는 희망이나 떠나려 하는 마음만으로도 충분할 수 있습니다.
국가 바깥을, 사회 바깥을, 회사 바깥을, 가정 바깥을 상상할 수
있으니까요. 그 순간 우리 삶은 여유로워지고 넓어집니다. 한마
디로 숨을 쉴 틈이 생기게 되는 겁니다. 사실 우리가 책을 읽고
타인의 이야기를 경청하는 것도 이런 이유에서입니다. 다른 삶,
다른 사랑, 다른 세계에 대한 희망이 없다면, 타인의 말과 글을
가까이할 이유가 없으니까요. 시도, 소설도, 철학도, 음악도, 영
화도 모두 바깥을 향한 우리 희망과 꿈이 아니라면 아무것도 아
닙니다. 장자도 저도 마찬가지입니다. 지금까지 읽어본 장자의

48가지 이야기들은 48줄기의 상쾌한 바람이라고 보면 좋습니다. 감옥에만 갇혀 있는 사람에게 감옥 창살 사이로 불어 들어오는 신선한 공기입니다. 이름 모를 작은 새의 지저귐입니다. 봄날 들꽃의 꽃 냄새입니다. 바깥이 존재한다는 느낌, 밝고 향기로운 곳이 벽 너머에 있다는 느낌, 지금 살고 있는 곳이 유일한 세계가 아니라는 느낌! 새가 비상하기 전에 가슴 가득 들이마시는 맑은 공기! 장자의 48가지 이야기가 그런 것으로 다가가기를 바라며 강연도 하고 글도 쓴 나날입니다. 질식할 것 같은 우리 이웃들의 삶에 숨을 쉴 여유를 찾아주고 싶었습니다. 그래야 떠날 수 있는 마음이, 나아가 떠날 수 있는 힘이 마치 새살이 돋는 것처럼 자랄 수 있을 테니까요.

이 책의 부제는 '밀쳐진 삶을 위한 찬가'입니다. 사실 장자의 정신을 전하는 강연과 글에 착수하기 전에 제가 다짐한 것이 하나 있습니다. 제 강연을 듣거나 제 글을 읽은 사람, 한 회의 강연이든 한 꼭지의 글이든 듣거나 읽은 사람은 자신이 무능력하다고 혹은 무가치하다고, 장자의 표현을 빌리자면 무용하다고 스스로 목숨을 끊는 일이 없게 하겠다는 다짐이었습니다. 무용하기에 베이지 않고 거대하게 자란 나무의 지혜가 힘이 되리라 확신했으니까요. 그러나 모든 여정을 마무리하는 지금 조심스럽기만 합니다. 국가에서도, 사회에서도, 회사에서도, 심지어 가정에서도 가장 외곽까지 밀쳐진 우리 이웃들에게 제 목소리와 제 글이 다가갈 수 있을지 자신이 없어집니다. 버려졌다는 느낌에 위축되고 외로운 사람들, 그래서 마음을 걸어 잠그기 쉬운 사람들이니까요. 그들의 귀에 장자의 목소리가, 그들의 눈에 제 글이

들어올 수 있을까요. 아무도 우리를 쓰지 않으니 이제 우리가 우리 자신의 삶을 향유할 수 있다는 반전이 일어나야만 합니다. 밀쳐난 중심부에 대한 향수를 접고 과감히 등을 돌려야 합니다. 지배에의 의지와 복종에의 욕망이 끓어오른 곳을 그리워한다는 것은 어리석고 서글픈 일이니까요. 밀쳐졌기에 중심부를 보호하는 얄량한 벽에 이른 겁니다. 이제 한 걸음이면 전혀 다른 삶이 열릴 수 있습니다. 가진 것이 없기에 가볍게 떠날 수 있는 겁니다. 중심부에서 권력과 부를 거머쥔 사람들이 결코 하기 힘든 일입니다. 자유와 사랑의 길! '밀쳐진 삶을 위한 찬가'는 이렇게 울려 퍼지게 됩니다.

*

모든 여정을 마무리할 때쯤 제 눈에 시 한 편이 들어왔습니다. 소요유의 유목민적 상상력, 대붕으로서 장자가 말하고자 했던 자유인의 정신을 멋지게 포착한 시입니다. 지배와 복종, 당근과 채찍, 이익과 손해, 경쟁과 질투가 지배하는 세계가 유일한 세계라고 믿는 우리는 우물 안 개구리와 같습니다. 심지어 이 우물 안에 적응해 지배와 복종, 당근과 채찍, 이익과 손해, 경쟁과 질투를 가장 편안하다고 느끼기까지 합니다. "우물마다 그곳이 가장 안락하다고 느끼는 누군가들이 있다." 우물 안의 개구리에게서 희망을 찾으려는 시인의 애정이 눈에 띕니다. 개구리는 폴짝폴짝 뛸 수 있는 힘을 가지고 있지요. 우물 밖으로 바로 나가지 못할지라도 폴짝폴짝 뛰는 만큼 상쾌한 공기를 마실 수 있는 가능성이 커집니다. 바깥에 대한 감각과 희망은 이로부터 조금씩 자랄 수 있을 겁니다. 분명 개구리는 자기도 모르게 우물 중심부가 아니라 도약하기 쉬운 우물 안 가장자리로 옮겨갈 겁니다. 밀쳐졌다는 절망이 아니라 도약할 수 있다는 희망입니다. 우물 중심부에서는 아무리 물이 적어도 폴짝 뛰기는 힘들 겁니다. 물이 늪처럼 개구리의 도약을 방해할 테니까요. 우물 안 가장자리로 밀쳐진 개구리는 여러모로 운이 좋습니다. 물이 깊지 않아 폴짝 뛰기도 용이할 뿐만 아니라 도약하게 받쳐주는 돌들이 있기에 더 높이 뛸 수 있을 테니까요.

우물 안에서 바라본 하늘만이 하늘인 줄 알았던 개구리지만, 그들은 폴짝폴짝 뛰다가 우물 바깥으로 나갈 수 있습니다. 마침내 우물 밖으로 나간 개구리들은 알게 될 겁니다. 우물이 자신을 보호해준 것이 아니라 감금하고 있었다는 사실을, 하늘은 우물 입구 모양이 담을 수 없을 정도로 엄청 크다는 사실을 말입니다. 나무 한 그루에서 오르락내리락하는 메추라기가 아니라 어디든 날아갈 수 있는 대붕이 된 셈이죠. 그렇지만 개구리는 그 광대한 하늘과 대지에 무서움을 느낄지도 모릅니다. 충분히 이해가 가는 일입니다. 축축한 공기와 좁은 하늘에 이미 너무 오랫동안 길들여졌으니까요. 자유와 사랑의 삶을 감당하기에 아직 너무 여린 개구리도 있을 수 있습니다. 그래서 시인은 말합니다. "한 우물에서 폴짝 나와 다른 우물로 들어가는 이들도 있다"고 말입니다. 인간이 주어진 자유를 거부할 수도 있다는 사실을 통찰한 시인의 서글픈 섬세함입니다. 그렇지만 시인은 희망을 놓지 않습니다. "그들이 다시 폴짝인이 될지 아닐지는 알 수 없지요." 다시 우물 안으로 들어가도 여전히 폴짝거릴 개구리입니다. 그리고 이미 우물 바깥의 큰 하늘과 넓은 대지를 보아버린 개구리입니다. 언젠가 반드시 굳은 마음을, 다시는 우물 안으로 되돌아가지 않겠다는 단호한 마음을 가지고 폴짝 뛰어오를 가능성이 높습니다.

시인은 개구리들 모두가 우물 안에서 빠져나올 날을 너른 마음으로 기다립니다. 저음 빠져나와 당당히 폴짝거리는 개구리들도 있고, 한 번 혹은 두 번, 아니면 세 번 우물을 들락거린 개구리들도 있을 겁니다. 그렇지만 개구리들의 힘, 그 폴짝거리는 힘이 지속되는 한, 개구리들 모두는 폴짝인이 될 겁니다. "아무튼 폴짝! 폴짝인의 역사는 계속될 것이고 나는 폴짝인인 내가 퍽 자랑스러운데 나도나도! 폴짝폴짝!" 바로 여기에 희망이 있습니다. 국가에서, 사회에서, 회사에서, 학교에서, 그리고 가정에서 밀쳐졌다고 해서 풀이 죽어서는 안 됩니다. 바로 그 밀쳐진 가장자리에서 폴짝폴짝, 과거보다 더 즐겁고 유쾌하게 폴짝폴짝 뛰어야 합니다. 분명히 모든 우물과 단절하는 그날이 옵니다. 그러나 이것은 고독한 길이 결코 아닙니다. 광막한 하늘과 대지를 감당할 만큼 충분히 성장하면, 우리는 주변에 수많은 자유인들이 있다는 걸 알게 될 테니까요. "드넓은 하늘 밑에서 서로를 알아본 폴짝인들"은 합창을 하게 될 겁니다. 개골개골! "우물 안에서 희망을 찾으려는 노력, 결국 우물에 포섭되고 만다네!" 그러고는 광활한 대지를 거침없이 폴짝거릴 겁니다. 폴짝인들 사이에는 지배와 복종 관계가 없습니다. 그들의 폴짝을 이

끄는 사람도, 그리고 누군가의 폴짝을 따르는 사람도 없으니까요. 그래서 「폴짝인입니까?」라는 멋진 시는 "뜨겁게 서로를 응원하며 폴짝폴짝, 저마다 갈 길을 갑니다. 폴짝, 폴짝폴짝, 폴짝폴짝폴짝!"이라고 마무리되는 겁니다. 개골개골!

*

대붕보다 폴짝인이 장자의 자유정신을, 그리고 책과 강연의 취지를 더 멋지게 보여주는 것 같습니다. 아무래도 대붕은 너무 압도적인 것 같고 너무 높은 어딘가에 있는 것 같아, 바라보기만 해야 할 존재처럼 느껴질 수 있으니까요. 그만큼 폴짝인이라는 시어는 매력적입니다. 무언가 친근하고 귀여워 위화감이라고는 전혀 없으니까요. 장자도 폴짝인이고 저 강신주도 폴짝인입니다. 우물 안과 바깥을 오가며 개골개골거리는 폴짝인입니다. 그리고 여러분도 우물 안이든 바깥에서든 폴짝거리고 있는 폴짝인일 겁니다. 자유와 사랑을 노래한 장자의 소리를 강신주는 더 근사한 톤으로 노래하려 노력했습니다. 그러나 저 혼자의 목소리로는 구석구석 외롭게 폴짝거리는 이웃들에게 가닿기에는 역부족입니다. 다행히 함께 개골개골 울어주는 폴짝인들이 제 곁에 있었습니다. 더 크고 더 우렁차고 더 매력적인 합창이 그래서 가능했던 겁니다. 제가 지쳐서 폴짝거리지 못할 때, 옆에서 폴짝폴짝 뛰어준 사람들입니다. 다시 제가 힘을 내 폴짝거릴 수 있었던 힘입니다. 제가 목이 아파 개골개골하는 소리가 낮아질 때, 제 낮은 소리에 보태듯 저보다 더 크게 개골개골 울어주신 분들입니다. 당연히 저도 목청을 다시 가다듬을 수 있었습니다. 여기 그 고마운 폴짝인들의 이름을 기록해 감사의 마음을 전하고자 합니다.

강연과 녹화는 한강 야경이 아름다웠던 마포 어느 북카페에서 매주 화요일과 금요일 밤에 진행되었습니다. 식사도 거르며 강연장을 찾아와 응원을 아끼지 않았던 폴짝인들. 직업도 나이도 성별도 고향도 사는 곳도 겹치지 않은 분들입니다. "뜨겁게 서로를 응원하며 폴짝폴짝, 저마다 갈 길을 가는" 멋진 폴짝인들입니다. 김수연, 김영숙, 박미경, 정송은, 김정희, 지서현, 박경태, 강수정, 고광희, 권영준, 기민화, 김견민, 김동혁, 김모영, 김문숙, 김미나, 김민경, 김민지, 김성민, 김수진, 김신희, 김우정, 김정은, 김지현, 김지혜, 김태형, 김현지, 김혜린, 남선우, 남지원, 문정미, 박상훈, 이연경, 박성혜, 박영순, 박은주, 박정현, 박지혜, 박혜경, 박희준, 성지은, 김아, 오다연, 오영옥, 오주상, 오지훈, 오훈성, 우미숙, 우선희, 원혜경, 윤미경, 윤진규, 염주은, 윤하나, 이경선, 이경애, 이명화, 이미, 이윤정, 이주희, 이지아, 이진성, 이현아, 이혜진, 임혜경, 전한숙, 정연미, 정유선, 조선영, 조윤기, 진형준, 최기범, 최선경, 최예원, 최지원, 최현순, 함형우, 허은정, 이설자, 박숙자, 김민정, 안상현, 이혜자, 엄태인, 이기호, 윤영필, 도왕자. 기록하지 못한 폴짝인이 있더라도 서운해하지 않았으면 합니다. 혼자서 폴짝거리며 개골거리는 강신주를, 이 보잘것없는 철학자를 선생으로 대우해주는 고마운 분들입니다. 하고 다니는 행색마저 천둥벌거숭이인 저를 아들마냥 챙겨주시는 너그러운 폴짝인들이죠. 앞으로도 폴짝폴짝 개골개골 멋지게 사실 것을 믿어 의심치 않습니다.

　매주 두 번 북카페를 근사한 스튜디오로 만들어주신 폴짝인들도 기억하고 싶습니다. 한두 시간 먼저 도착해 강연과 녹화 준비를 하느라 너무 고생하셨습니다. 녹화가 끝난 뒤 늦은 시간까지 스튜디오를 다시 북카페로 돌려놓느라 분주했던 모습에 마음이 짠했던 때가 많았습니다. 강연장 준비하랴, 녹화하랴, 그리고 편집하랴 정말 수고하셨습니다. 시청자분들이 강연을 흥미진진하게 보았다면 그건 모두 이들 헌신적인 폴짝인들 공입니다. 한송희, 박하늬, 박태립, 최성실, 신채원, 윤기성, 임완식, 김택준, 김용백, 임영훈, 고병윤. 이분들이 이 책 초고의 최초 독자라는 것도 제게는 행운이었습니다. 장자와 강신주와 함께 보냈던 시간이 좋은 기억으로 남았으면 합니다. 함께했던 시간, 제게도 소중한 추억이 되었다는 걸 알려드리고 싶습니다. 에필로그로 마무리되는 지금 이 책과 함께했던 소중한 분들도 빼놓을 수 없습니다. 김유열, 김광호, 오정호, 이주희, 박혜숙, 최재진, 이현정, 박민주, 전상희, 김마리. 제 기억에 남을 책을 선물해준 고마운 폴짝인들, 독자들도 이 책과 함께 폴짝하기를 간절히 바랐던 분들입니다. 함께 폴짝하고 개골거렸던 폴짝인들이 많기도 합니다. 그 덕분에 장자와 강신주의 목소리가 외롭지 않을 수 있었습니다. 구석구석 외롭게 폴짝하는 이웃들 혹은 잠시 의기소침해하는 분들에게 상쾌한 자유의 공기가 조금이라도 도달했다면, 우리 폴짝인들의 합창이 그만큼 근사했다는 증거일 겁니다. 고맙고 감사한 일입니다. 아무튼 "폴짝인의 역사는 이렇게 계속될 겁니다." 자랑스럽고 당당하게! 폴짝폴짝! 개골개골!

사진 출처(2권)

강신주의 장자수업 2
밀쳐진 삶을 위한 찬가

1판 1쇄 발행 2023년 10월 20일
1판 6쇄 발행 2024년 4월 30일

지은이 강신주

펴낸이 김유열
디지털학교교육본부장 유규오 | **출판국장** 이상호 | **교재기획부장** 박혜숙
교재기획부 장효순 | **북매니저** 윤정아, 이민애, 정지현, 경영선

책임편집 이현정, 박민주 | **교정교열** 전상희 | **디자인** 김마리 | **인쇄** 우진코니티

펴낸곳 한국교육방송공사(EBS)
출판신고 2001년 1월 8일 제2017-000193호
주 소 경기도 고양시 일산동구 한류월드로 281
대표전화 1588-1580
이메일 ebsbooks@ebs.co.kr | **홈페이지** www.ebs.co.kr

ISBN 978-89-547-9946-1 (04150)
SET 978-89-547-9944-7